MANHOLT VERLAG

LES HOMMES D'AUJOURD'HUI

Dessin de Coll-Toc

Bureaux : Librairie Vanier, 19, quai Saint-Michel, à Paris

J. K. HUYSMANS

Joris-Karl Huysmans

GEGEN DEN STRICH

Aus dem Französischen von
Brigitta Restorff

Herausgegeben und mit
einem Nachwort versehen von
Ulla Momm

MANHOLT

Die französische Erstausgabe erschien 1884
unter dem Titel »A Rebours«.

© 1991 by manholt verlag, Bremen
Umschlaggestaltung: Frank Bornemann, Bremen
Satz: Types Layoutsatz, Bremen
Druck und Weiterverarbeitung: Clausen & Bosse, Leck
ISBN 3-924903-84-0

Ich muß mich erfreuen außerhalb der Zeit..., wenn der Welt vor meiner Freude auch graut und ihre Gewöhnlichkeit nicht versteht, was ich sagen will.
Ruisbroek der Wunderbare

Vorbericht

Nach den wenigen Bildern zu urteilen, die im Schlosse von Lourps erhalten waren, bestand das Geschlecht derer von Floressas Des Esseintes einst aus athletisch gebauten Haudegen und furchterregenden Kriegern. Eingezwängt in ihre alten Rahmen, zwischen die sich ihre mächtigen Schultern wie T-Striche stemmten, erschreckten sie einen mit ihrem starren Blick, den wie türkische Dolche gekrümmten Schnauzbärten und der bogenförmig vorgewölbten Brust, die die ungeheure Schale des Küraß ausfüllte.

Das waren die Ahnen; die Porträts ihrer Nachkommen fehlten; eine Lücke klaffte in der Reihenfolge der Gesichter dieses Geschlechts. Ein einziges Bild gab das Kettenglied ab, fädelte Vergangenheit und Gegenwart aneinander: ein geheimnisvolles, verschlagenes Antlitz mit müden, leblosen Zügen, mit Backenknochen, die eine strichartig aufgetupfte Schminke hervorhob, straffem, perlendurchwundenem Haar und einem gespannten, angemalten Hals, der aus den Faltenfurchen einer steifen Halskrause ragte.

Bereits in diesem Konterfei eines der engsten Vertrauten des Herzogs von Epernon und des Marquis von O traten die Laster eines ausgelaugten Temperaments, die im Blut überwiegende Lymphe zutage.

Der Verfall dieses alten Hauses hatte ganz offensichtlich stetig seinen Lauf genommen; die Verweiblichung der Männer wurde immer deutlicher, und wie um das Werk der

Zeit zu vollenden, verheirateten die Des Esseintes während zweier Jahrhunderte ihre Kinder untereinander und verbrauchten so noch den Rest ihrer Lebenskraft in blutsverwandten Verbindungen.

Von dieser einstmals so zahlreichen Familie, die fast alle Landstriche der Ile-de-France und der Brie besiedelt hatte, lebte nur noch ein einziger Abkömmling, der Herzog Jean, ein graziler junger Mann von dreißig Jahren, blutarm und nervös, hohlwangig und mit Augen von einem kalten Stahlblau, einer vorragenden, doch geraden Nase und langgliedrigen, zarten Händen.

Durch ein eigentümliches atavistisches Phänomen ähnelte dieser letzte Nachkomme dem Ahnherrn aus alter Zeit, dem Günstling, von dem er den spitz zulaufenden Bart eines außergewöhnlich blassen Blond und den doppelsinnigen, zugleich gelangweilten und gerissenen Ausdruck hatte.

Seine Kindheit war düster gewesen. Bedroht von Skrofeln und niedergeworfen von hartnäckigen Fieberanfällen, war es ihm dennoch mit Hilfe von viel frischer Luft und sorgsamer Pflege gelungen, das Felsenriff der Mannbarkeit zu erklimmen, und nun hatten die Nerven die Oberhand gewonnen; sie bezwangen die Kraftlosigkeit und Ohnmacht der Bleichsucht und bauten die Stufen des Wachstums bis zum Abschluß der Entwicklung auf.

Die Mutter, eine blasse, hochaufgeschossene, schweigsame Frau, starb an Erschöpfung; der Vater seinerseits verschied an einer unbestimmbaren Krankheit. Da stand Des Esseintes in seinem siebzehnten Jahr.

An seine Eltern erinnerte er sich mit Schrecken, ohne Dankbarkeit und Zuneigung. Seinen Vater, der sich für gewöhnlich in Paris aufhielt, kannte er kaum; seine Mutter hatte er als unbeweglich und in einem finsteren Zimmer des Schlosses von Lourps liegend im Gedächtnis. Selten waren Gemahl und Gemahlin vereint, und wenn doch, waren ihm von diesen Tagen farblose Zusammenkünfte haften geblieben, da Vater und Mutter sich an einem runden, einbeinigen Tischchen gegenübersaßen, dem einzig eine Lampe mit einem großen, tief herabreichenden Schirm Licht spendete; denn die Herzogin war außerstande, ohne einen Nervenzusammenbruch Helligkeit und Geräusche zu ertragen. Sie tauschten kaum zwei Worte im Dunkel, dann entfernte sich der Herzog teilnahmslos und sprang so schnell es ging wieder in den erstbesten Zug.

Bei den Jesuiten, zu denen man Jean dann bald in die Schule geschickt hatte, gestaltete sich sein Dasein freundlicher und milder. Die Patres begannen, das Kind zu hätscheln, dessen Intelligenz sie in Erstaunen setzte. Gleichwohl vermochten sie trotz ihrer Bemühungen nicht zu erreichen, daß es sich geordneten Studien widmete; an manchen Arbeiten fand es Geschmack und war sehr früh schon im Lateinischen beschlagen, dafür aber ganz unfähig, zwei Worte Griechisch zu erklären. Für die lebenden Sprachen bewies es keinerlei Neigung und entpuppte sich als völlig verstockt, sobald man es unternahm, ihm die Anfangsgründe der Naturwissenschaften beizubringen.

Seine Familie machte sich wenig Gedanken um ihn. Manchmal besuchte ihn sein Vater im Internat: »Guten Tag, guten Abend, sei artig und arbeite fleißig!« Im Sommer, wenn er Ferien hatte, fuhr er in das Schloß von Lourps. Seine Anwesenheit riß seine Mutter nicht aus ihrer Träumerei. Sie nahm ihn kaum wahr oder betrachtete ihn einige Sekunden fast schmerzlich lächelnd, worauf sie wieder in die künstliche Nacht zurücktauchte, in die die dicken Vorhänge vor den Fenstern das Zimmer hüllten.

Die Domestiken waren verdrossen und alt. Der Knabe, den man sich selbst überließ, stöberte an Regentagen in den Büchern und streifte an schönen Nachmittagen durch die Landschaft.

Große Freude hatte er daran, in das kleine Tal bis nach Jutigny hinunterzusteigen, einem am Fuße der Hügel nistenden Dorfe, einer kleinen Ansammlung von Häuschen, die mit Hauswurzrosetten und Moosflechten durchsetzte Strohhauben trugen. Auf einer Wiese legte er sich in den Schatten der hoch aufgeschichteten Heuhaufen, lauschte dem dumpfen Klappern der Wassermühlen und sog schnuppernd den frischen Hauch ein, der von der Voulzie herüberwehte. Hin und wieder stieß er bis zum Torfmoor, bis zum grün-schwarzen Weiler Longueville vor oder er kletterte auf die vom Wind kahl gefegten Hänge, von wo aus die Weite sich unermeßlich dehnte. Da hatte er auf der einen Seite das Seinetal unter sich, das sich in der Ferne verlor und mit dem Blau des Himmels verschmolz, und sah auf der anderen Seite hoch oben am Horizont die Kirchen und den Turm von Provins, die bei Sonnenlicht im goldenen Staubglast der Luft zu zittern schienen.

Er las oder träumte, löschte seinen Durst bis zum Anbruch der Nacht mit Einsamkeit. Da er unentwegt denselben Gedanken nachhing, gewann sein Geist an Dichte und reiften seine noch vagen Ideen. Nach jedem Ferienaufenthalt kehrte er entschlossener und dickköpfiger zu seinen Lehrern zurück. Diesen entgingen die Veränderungen nicht. Scharfsinnig und listig, wie sie waren, und von Berufs wegen geübt, bis in die tiefsten Winkel der Seelen zu leuchten, täuschten sie sich keineswegs über diese wache, aber ungelehrige Intelligenz. Sie begriffen, daß dieser Schüler den Ruhm ihres Hauses niemals mehren würde, und da seine Familie reich war und sich um seine Zukunft nicht zu sorgen schien, verzichteten sie alsbald darauf, ihn auf die einträglichen Karrieren der Eliteschulen hin auszurichten. Obwohl er mit ihnen gerne über alle theologischen Lehrsätze diskutierte, die ihn ihrer Subtilität und ihrer Spitzfindigkeiten wegen reizten, verfielen sie nie auf den Gedanken, ihn für das Ordensleben auszuersehen; denn ihren Bemühungen zum Trotz war sein Glaube schwach geblieben. Aus Klugheit, aus Angst vor dem Unerkannten ließen sie ihn letztlich die Studien treiben, die ihm gefielen, und die anderen vernachlässigen, weil sie sich diesem unabhängigen Geist nicht wie weltliche Pauker durch Schikanen entfremden wollten.

So lebte er ganz und gar glücklich, spürte kaum das väterliche Joch der Priester. Er setzte nach Gutdünken seine Studien der lateinischen und französischen Sprache fort, und obgleich die Theologie noch keineswegs auf dem Lehrplan seiner Klassen stand, vervollständigte er seine Kenntnisse in dieser Wissenschaft, die er im Schloß von Lourps in der von seinem Urgroßonkel Dom Prosper, des ehemaligen Priors der Domherren von Saint-Ruf, hinterlassenen Bibliothek bereits in Angriff genommen hatte.

Indes, der Augenblick kam, da er die Anstalt der Jesuiten verlassen mußte. Er wurde großjährig und Herr über sein Vermögen. Sein Vetter und Vormund, der Graf von Montchevrel, legte ihm Rechnung. Die Beziehungen, die sie unterhielten, waren von kurzer Dauer, da es zwischen den beiden Männern, der eine alt, der andere jung, keinen Berührungspunkt geben konnte. Aus Neugier, aus Untätigkeit, aus Höflichkeit verkehrte Des Esseintes mit der Familie und durchlitt in ihrem Palais in der Rue de la Chaise niederschmetternde Abende, an denen sich Damen aus der Verwandtschaft, so alt wie die Welt, über Adelsviertel, über Wappenmonde oder ein aus der Mode gekommenes Zeremoniell unterhielten.

Noch unveränderlicher und nichtssagender als diese Witwen von Stand erschienen ihm die um ein Whistspiel versammelten Männer. Hier zeigten sich Des Esseintes die Nachfahren der alten Recken, die letzten Zweige der Feudalgeschlechter in der Gestalt von verschnupften und schrulligen Greisen, die immer dieselben Abgeschmacktheiten, dieselben jahrhundertealten Floskeln von sich gaben. Wie im geschliffenen Stiel eines Kelches schien einzig das Lilienwappen im aufgeweichten Gehirnmark dieser alten Schädel eingeprägt zu sein.

Den jungen Mann überkam unsägliches Mitleid mit diesen in ihrer holzgetäfelten, muschelwerkverzierten Gruft im Pompadour-Stil vergrabenen Mumien, mit diesen übellaunigen Schlafmützen, die nur noch lebten mit starrem Blick auf ein verschwommenes Kanaan, auf ein imaginäres Gelobtes Land.

Nach einigen Zusammenkünften in diesem Milieu beschloß er entgegen allen Einladungen und Vorhaltungen, nie wieder einen Fuß dorthin zu setzen.

So begann er, mit jungen Leuten seines Alters und Standes zu verkehren.

Die einen, die wie er in religiösen Internaten groß geworden waren, hatten von dieser Erziehung eine besondere Prägung zurückbehalten. Sie besuchten den Gottesdienst, gingen Ostern zur Kommunion, verkehrten in katholischen Kreisen und verheimlichten die Sturmangriffe, die sie auf die Mädchen verübten, wie ein Verbrechen voreinander, indem sie den Blick senkten. Es waren zumeist unintelligente, unterjochte Schönlinge, erfolgreiche Faulpelze, die die Geduld ihrer Lehrer zermürbt, aber doch deren Willen Genüge getan hatten, der Gesellschaft gehorsame und fromme Geschöpfe zu liefern.

Die anderen, die man in staatlichen Realschulen oder Gymnasien erzogen hatte, waren nicht so scheinheilig und freier, ohne deshalb interessanter oder engstirniger zu sein. Sie waren Lebemänner, die sich für Operetten und Rennen begeisterten, Karten und Bakkarat spielten und Unsummen auf Pferde, beim Kartenspiel und bei allen den Hohlköpfen teuren Vergnügungen wetteten. Nach einem Jahr des Ausprobierens war ein ungeheurer Überdruß das Ergebnis dieses Umgangs, dessen Ausschweifungen ohne Unterscheidungsvermögen, ohne fiebrigen Prunk, ohne Überreizung des Blutes und der Nerven ihm gemein und billig vorkamen.

Nach und nach zog er sich von ihnen zurück und näherte sich den Literaten, bei denen seine Denkart eigentlich auf mehr Geistesverwandtschaft hoffen durfte und sich hätte aufgehobener fühlen müssen. Es war ein neuerlicher Irrtum. Er war tief empört über ihre gehässigen und engstirnigen Urteile, ihre Konversation, die so banal wie eine Kirchentür war, ihre widerwärtigen Diskussionen, worin sie den Wert eines Werkes nach der Anzahl der Auflagen und dem Verkaufserlös bemaßen. Zu der Zeit war es auch, daß er die Freidenker, die Prinzipienreiter der Bourgeoisie wahrnahm, jene Leute, die alle Freiheiten forderten, um die Meinungen der anderen zu ersticken, jene gierigen und unverschämten Puritaner, die er, was ihre Erziehung betraf, geringer als den Schuhmacher an der Ecke schätzte.

Seine Verachtung für die Menschheit wuchs; er begriff schließlich, daß sich die Welt zum Großteil aus Maulhelden und Dummköpfen zusammensetzte. Er durfte entschieden nicht die geringste Hoffnung hegen, bei anderen die gleichen Sehnsüchte, die gleichen Abneigungen zu entdecken, nicht die geringste Hoffnung, sich mit einer Intelligenz zusammenzutun, die sich, gleich der seinen, in einer regen Abgelebtheit gefiele, nicht die geringste Hoffnung, einen solch scharfen und ausschweifenden Geist wie den seinen mit dem eines Schriftstellers oder Gelehrten zu verbinden.

In seiner Gereiztheit, seinem Unbehagen und seiner Entrüstung über die Belanglosigkeit der Gedanken, die man austauschte und empfing, wurde er wie die Leute, von denen Nicole spricht: er wurde am ganzen Leibe schmerzempfindlich. Es kam dahin, daß er sich fortwährend die Haut wundriß, daß er unter den allmorgendlich in den Zeitungen ausgebreiteten patriotischen und gesellschaftlichen Albernheiten litt, daß er die Tragweite des Erfolgs überschätzte, den ein übermächtiges Publikum ideenlosen und stillosen Werken stets und trotz allem zollt.

Schon träumte er von einer raffinierten Einöde, einer angenehmen Oase, einer reglosen und warmen Arche, in die er sich, weitab von der unaufhörlichen Sintflut der menschlichen Torheit, flüchten würde.

Eine einzige Leidenschaft, die für die Frau, hätte ihn von der allumfassenden Verachtung, die ihn würgte, zurückhalten können, doch auch sie war schon verbraucht. Er hatte die Mahlzeiten des Fleisches mit dem Appetit eines launischen Mannes angerührt, den krankhafte Eßsucht überfällt, den Heißhunger heimsucht und dessen Gaumen rasch abstumpft und Ekel empfindet. Zur Zeit seiner Kumpanei mit den Krautjunkern hatte er an jenen ausgedehnten Soupers teilgenommen, wo betrunkene Frauen beim Dessert ihr Mieder aufhaken und mit dem Kopf auf den Tisch schlagen. Er hatte sich auch in den Kulissen herumgetrieben und Schauspielerinnen und Sängerinnen abgetastet und hatte, zusätzlich zu der den Frauen angeborenen Dummheit, noch die wahnwitzige Eitelkeit der Komödiantinnen ertragen müssen. Dann hatte er bereits berühmt gewordene Dirnen ausgehalten und zum Wohlstand der Agenturen beigetragen, die gegen Bezahlung zweifelhafte Freuden liefern. Schließlich war er, übersättigt und des stets ähnlichen Luxus und der immer gleichen Liebkosungen müde, in die untersten Schichten hinabgetaucht in der Hoffnung, seinen Begierden durch den Kontrast neue Nahrung zu geben, und in der Absicht, seine erschlafften Sinne durch die erregende Unsauberkeit des Elends wieder aufzustacheln.

Was er auch versuchte – ein unendlicher Überdruß

schnürte ihm die Brust. Er mühte sich vergebens, nahm Zuflucht zu den gefährlichen Zärtlichkeiten der Virtuosinnen, aber da ließ seine Gesundheit nach, und der Zustand seiner Nerven verschlimmerte sich. Sein Nacken wurde empfindlich, und die Hand hielt nicht mehr still, zwar griff sie noch zielstrebig einen schweren Gegenstand, zitterte aber und hing nach unten, wenn sie etwas Leichtes wie ein kleines Glas umfaßte.

Die Ärzte, die er konsultierte, jagten ihm Schrecken ein. Es war Zeit, dieses Leben einzustellen, dieses Treiben aufzugeben, das seine Kräfte auslaugte. Eine Weile verhielt er sich ruhig, doch bald geriet das Kleinhirn wieder in Erregung und rief von neuem zu den Waffen. So wie manche Rangen unter dem Einfluß der Pubertät nach verdorbenen oder widerlichen Speisen geradezu gieren, so kam es mit ihm so weit, daß er sich außergewöhnliche Liebschaften, irregeleitete Freuden erträumte und sie auch ausübte. Das aber war das Ende: als wären sie befriedigt, alles ausgeschöpft zu haben, als wären sie zerschlagen vor Müdigkeit, verfielen seine Sinne in Erstarrung, und die Impotenz war nahe. Ernüchtert, allein und erbärmlich leergepumpt fand er sich wieder und erflehte ein Ende, das die Feigheit seines Fleisches ihm verwehrte.

Seine Vorstellung, sich weitab von der Welt zu verkriechen, sich in einen Schlupfwinkel zu verziehen und den brausenden Lärm des unerbittlichen Lebens zu dämpfen, so wie man etwa für manche Kranke die Straße mit Stroh bestreut, nahm immer deutlicher Gestalt an.

Es war auch Zeit, daß er eine Entscheidung traf. Die Berechnungen, die er über sein Vermögen anstellte, entsetzten ihn. Seine Tollheiten und sein liederlicher Lebenswandel hatten den Großteil seines Erbes verschlungen, der andere, in Grundstücken angelegte, brachte lediglich lächerliche Zinsen ein.

Er entschloß sich, das Schloß von Lourps zu verkaufen, das er nicht mehr aufsuchte und in dem er keine ihm teure Erinnerung, kein Bedauern zurückließ. Er machte auch die anderen Vermögenswerte flüssig, erwarb Staatsrenten, brachte auf diese Weise jährliche Einkünfte in Höhe von fünfzigtausend Francs zusammen und legte sich darüber hinaus eine runde Summe zurück, mit der das Häuschen bezahlt und möbliert werden sollte, in dem er in eine endgültige Ruhe einzutauchen gedachte.

Er suchte die Umgebung der Hauptstadt ab und entdeckte oberhalb von Fontenay-aux-Roses an einem abgelegenen Ort in der Nähe einer kleinen Festung ein nachbarloses Gemäuer, das zum Verkauf stand: sein Traum hatte sich erfüllt. In diesem, von den Parisern noch wenig verwüsteten Landstrich war er sich sicher, einen Unterschlupf gefunden zu haben. Die unbequemen Verkehrsverbindungen, die von einem lächerlichen, am äußersten Ende der Stadt haltenden Bummelzug und kleinen, beliebig fahrenden Straßenbahnen mühsam aufrechterhalten wurden, waren ihm eine Beruhigung. Dachte er an das neue Dasein, das er sich einrichten wollte, empfand er eine so heftige Freude, weil er sich bereits zu weit weg, oben auf dem Hang sah, als daß die Pariser Wogen ihn noch hätten erreichen können, und dennoch nahe genug, um sich von der benachbarten Hauptstadt in seiner Einsamkeit bestätigen zu lassen. Und in der Tat: da man nur daran gehindert zu werden braucht, einen Ort aufzusuchen, um sogleich Lust zu verspüren, sich dorthin zu begeben, hatte er, indem er sich nicht ganz den Weg versperrte, zweifellos gute Aussichten, von keinem neuen Bedürfnis nach Gesellschaft, keinerlei Reue überrascht zu werden.

Er schickte Maurer in das Haus, das er erworben hatte, und eines Tages, ohne auch nur jemandem seine Pläne mitgeteilt zu haben, entledigte er sich unvermittelt seines alten

Mobiliars, kündigte seiner Dienerschaft und verschwand, ohne dem Concierge irgendeine Adresse zu hinterlassen.

I

Mehr als zwei Monate vergingen, bevor Des Esseintes in die Stille seines Hauses bei Fontenay eintauchen konnte. Käufe aller Art zwangen ihn noch, in Paris umherzustreifen, die Stadt von einem Ende zum andern zu durchkämmen.

Und indessen: welche Nachforschungen hatte er nicht angestellt, welchen Überlegungen hatte er sich nicht hingegeben, bevor er seine Behausung einem Dekorateur anvertraute!

Seit langem schon kannte er sich aus in den echten und den falschen Farbtönen. Einst, als er noch Frauen bei sich empfing, hatte er ein Boudoir komponiert, in dem sich die Körper inmitten der aus mattem, japanischem Kampferholz geschnitzten, zierlichen Möbel unter einem Zelt aus indischem, rosa Satin mild mit Farbe überhaucht in dem ausgeklügelten Licht, das der Stoff filterte.

Das Zimmer, in dem sich die Spiegel selbst ineinander spiegelten und von den Wänden endlose rosa Boudoirfluchten zurückwarfen, war berühmt gewesen bei den Mädchen, die Gefallen daran hatten, ihre Nacktheit in dieses laue, rosenrote Bad zu tauchen, das sein Parfum durch den vom Möbelholz ausströmenden Minzgeruch erhielt.

Doch auch abgesehen von den Wohltaten dieser geschminkten Luft, die den durch lauter Bleiweiß und den Mißbrauch der Nächte welk gewordenen und verlebten Leibern neues Blut unter die Haut zu spritzen schien, empfand er in dieser überhitzten Umgebung für sich selbst schon eine besondere Freude und eine Lust, die durch die Erinnerung an vergangenes Übel, an frühere Trübsal gewissermaßen aufs höchste gesteigert und angefacht wurden. So hatte er aus Haß, aus Verachtung für seine Kindheit an die Decke dieses Zimmers einen kleinen Käfig aus Silberdraht gehängt, in dem ein gefangenes Heimchen sang wie ehedem in der Asche der Kamine des Schlosses von Lourps. Wenn er diesem so oft gehörten Zirpen lauschte, überstürzten sich all die steifen und stummen Abende mit seiner Mutter, die ganze Hilflosigkeit einer unterdrückten Jugend voller Leid vor seinem inneren Auge, und bei den Stößen der Frau, die er mechanisch streichelte und deren Worte oder Lachen seine Vision unterbrachen und ihn jäh in die Gegenwart, in das Boudoir, auf die Erde zurückholten, erhob sich dann plötzlich ein Aufruhr in seiner Seele, ein Bedürfnis, sich für die erduldete Trübsal zu rächen, eine tolle Lust, durch schändliches Tun die Erinnerungen an die Familie zu beschmutzen, eine wütende Begierde, auf Kissen aus Fleisch zu keuchen und bis zum letzten Tropfen die heftigsten und bittersten der sinnlichen Rasereien auszuschöpfen.

Andere Male wieder, wenn der Lebensüberdruß ihm zusetzte, wenn ihn bei regnerischem Herbstwetter der Abscheu vor der Straße, vor seinem Zuhause, vor dem schlammgelben Himmel und den makadamfarbenen Wolken überfiel, flüchtete er sich in diesen Schlupfwinkel, stieß leicht an den Käfig und sah zu, wie er sich im nicht endenwollenden Spiel der Spiegel fortpflanzte, bis seine trunkenen Augen bemerkten, daß nicht der Käfig sich bewegte, sondern das ganze Boudoir schwankte und kreiste, das Haus mit einem rosa Walzer füllend.

Später dann, zu einer Zeit, da er es für notwendig hielt, sich von den anderen abzuheben, hatte Des Esseintes auch ein Mobiliar von prunkender Seltsamkeit erfunden, und so seinen Salon in eine Anzahl von verschieden tapezierten Nischen aufgeteilt, die durch eine subtile Verwandtschaft, durch eine vage Übereinstimmung der fröhlichen oder düsteren, zarten oder barbarischen Farben einen Bezug zum Charakter der lateinischen und französischen Werke, die er liebte, herstellten. Er verweilte dann in der Nische, deren Ausschmückung ihm am besten dem Wesen des Werkes zu entsprechen schien, das zu lesen ihn eine augenblickliche Laune veranlaßte.

Schließlich hatte er einen hohen Saal herrichten lassen, der für den Empfang seiner Lieferanten gedacht war. Sie traten ein, setzten sich nebeneinander in das Kirchengestühl, indes er auf eine Kanzel stieg und das Dandytum predigte, seine Stiefelmacher und Schneider feierlich aufforderte, auf das strikteste seinen Sendschreiben für den Schnitt Folge zu leisten, und ihnen mit der pekuniären Exkommunikation drohte, sollten sie nicht Wort für Wort die in seinen Mahnschreiben und Bullen enthaltenen Vorschriften beachten.

Er erwarb sich den Ruf eines Exzentrikers, den er vollends erhärtete, indem er sich in weißsamtene Anzüge und Westen aus Goldstoff kleidete, anstelle der Krawatte einen Strauß Parmaveilchen in den tiefen, bogenförmigen Halsausschnitt eines Hemdes steckte, und den Literaten aufsehenerregende Diners gab, unter anderen eines, das so ähnlich schon einmal im 18. Jahrhundert stattgefunden hatte. Um irgendein belangloses Mißgeschick zu begehen, organisierte er einen Leichenschmaus.

Im schwarz ausgeschlagenen Speisezimmer mit seiner Öffnung auf den nun verwandelten Hausgarten hin, der seine mit Kohle bestäubten Wege, sein kleines, jetzt mit einem Basaltrand versehenes und mit Tinte gefülltes Bassin und seine ganz aus Zypressen und Fichten bestehenden Baumgruppen dem Blick darbot, war das Diner auf einem schwarzen Tischtuch serviert worden, auf dem Körbe voller Veilchen und Skabiosen standen und Kandelaber mit grünen Flammen und Leuchter mit brennenden Wachskerzen Licht spendeten.

Während ein verborgenes Orchester Trauermärsche spielte, wurden die Gäste von nackten Negerinnen bedient, die Pantoffel und Strümpfe aus silbernem, mit Perlen besticktem Stoff trugen.

Aus schwarz umrandeten Tellern hatte man Schildkrötensuppe, russisches Roggenbrot, reife Oliven aus der Türkei, Kaviar, Rogen von Meeräschen, geräucherte Blutwurst aus Frankfurt, Wildbret in lakritzen- und schuhwichsenfarbigen Saucen, Trüffelkraftbrühe, ambraduftende Schokoladencrème, Pudding, Blutpfirsiche, Traubenmus, Brombeeren und Herzkirschen gegessen; getrunken hatte man aus dunklen Gläsern die Weine der Limagne und des Roussillon, Tenedos-, Val-de-Penas- und Portweine und nach dem Kaffee und dem Nußbranntwein Kwaß, Porter und Stout genossen.

»Diner anläßlich einer vorübergehend erloschenen Männlichkeit« hatte auf den Einladungskarten gestanden, die wie Todesanzeigen gehalten waren.

Aber diese Überspanntheiten, deren er sich einst rühmte, hatten sich von alleine verbraucht; heute flößten ihm diese kindischen und altmodischen Prahlereien, die unnormalen Kleider und die Ausstaffierung bizarrer Behausungen Verachtung ein. Er beabsichtigte lediglich zu seinem Vergnügen und nicht mehr zum Erstaunen anderer, sich ein bequemes und doch kostbar ausgestattetes Hausinnere zu komponieren, sich eine eigenartige und ruhige Einrichtung zusammenzustellen, die den Bedürfnissen seiner künftigen Einsamkeit gemäß wäre.

Als das Haus bei Fontenay fertig und nach seinen Wünschen und Plänen von einem Architekten gestaltet worden war, als nur noch die Anordnung des Mobiliars und des Zierats bestimmt werden mußte, ließ er von neuem die Reihe der Farben und Schattierungen lange an sich vorüberziehen.

Was er wollte, waren Farben, deren Ausdruck sich im künstlichen Licht behauptete. Es kümmerte ihn wenig, ob sie im Tageslicht fade oder herb waren, lebte er doch fast nur des Nachts, davon überzeugt, daß man sich um diese Zeit behaglicher zu Hause fühlte und einsamer und der Geist ohnedies nur in der Berührung mit dem Dunkel wirklich in Erregung geriet und Funken schlug. So verschaffte es ihm auch eine besondere Lust, sich inmitten der dunklen und schlafenden Häuser rings als Einziger, der noch wach und auf war, in einem großzügig erleuchteten Zimmer aufzuhalten, eine Art von Lust, der vielleicht auch ein Anflug von Eitelkeit, eine ganz eigene Befriedigung beigemengt war, wie sie Nachtarbeiter empfinden, wenn sie beim Lüpfen der Fenstervorhänge bemerken, daß alles um sie herum erloschen ist, stumm ist, tot ist.

Bedächtig, einen nach dem andern, wählte er die Farbtöne aus.

Blau geht bei Kerzenlicht in ein Scheingrün über; ist es so dunkel wie Kobalt und Indigo, wird es schwarz; ist es hell, spielt es ins Graue; ist es indes eindeutig und sanft wie Türkis, dunkelt es nach und wird frostig.

Es konnte somit keine Rede davon sein, es zum vorherrschenden Ton eines Zimmers zu machen, es sei denn, man gab es einer anderen Farbe zur Unterstützung bei.

Andererseits wird Bleigrau griesgrämig und dumpf; Perlgrau verliert seinen bläulichen Schimmer und verwandelt sich in ein schmutziges Weiß; Braun ermattet und wird kalt. Was Dunkelgrün, Kaisergrün und Myrtengrün betrifft, so verhalten sie sich wie Tiefblau und verschmelzen mit Schwarz. Blieben noch ein blasseres Grün wie das

Pfauengrün und Zinnoberrot und Lackrot, doch aus denen vertreibt das Licht das Blau und bewahrt lediglich ihr Gelb, das wiederum einen unechten Ton, einen trüben Geschmack annimmt.

Auch an Lachsrot, Maisgelb und Rosa war nicht zu denken, da das Weibische an ihnen die einsamen Gedanken stören würde. Über Violett, das sich auflöst, brauchte ebenfalls nicht nachgesonnen zu werden; einzig Rot behauptete sich abends, doch was für ein Rot! ein zähflüssiges Rot, ein gemeines Dunkelweinrot. Im übrigen kam es ihm herzlich unnötig vor, auf diese Farbe zurückzugreifen, da man, nahm man eine bestimmte Dosis Santonin ein, ohnehin violett sieht und es daher leicht ist, die Farbe seiner Wandbespannung zu ändern, ohne daran zu rühren.

Nachdem diese Farben ausschieden, blieben lediglich noch drei: Rot, Orange und Gelb.

Er zog allen Orange vor, weil es exemplarisch die Wahrheit einer Theorie bestätigte, die für ihn von fast mathematischer Genauigkeit war: daß nämlich zwischen der sinnlichen Natur eines wirklich künstlerischen Menschen und der Farbe, die seine Augen auf eine speziellere und lebendigere Weise sehen, eine Harmonie besteht.

Ließ er in der Tat die große Mehrheit der Menschen außer Acht, deren ordinäre Netzhaut weder den jeder Farbe innewohnenden Rhythmus noch den geheimnisvollen Zauber ihrer Abstufungen und Schattierungen wahrnimmt, ließ er ebenfalls jene bürgerlichen Augen außer acht, die unempfänglich sind für den Pomp und den triumphierenden Glanz der vibrierenden und kraftvollen Farben, und zog er einzig die Leute mit den raffinierten, an Literatur und Kunst geschulten Pupillen in Betracht, so schien ihm gewiß, daß das Auge desjenigen unter ihnen, der von Idealen träumt, der Illusionen fordert und Schleier beim Sonnenuntergang braucht, im allgemeinen vom Blau und den ihm verwandten Tönen umschmeichelt wird, wie Mauve, Flieder und Perlgrau, unter der Voraussetzung jedoch, daß sie zart bleiben und nicht die Grenze überschreiten, wo sie ihre Persönlichkeit aufgeben und sich in ein reines Violett, ein offenes Grau verwandeln.

Leute hingegen, die nach Husarenart leben, die Vollblütigen, die schönen Sanguiniker und soliden Mannsbilder, die Vorgeplänkel und Umwege verschmähen und, sogleich den Kopf verlierend, lospreschen, finden zumeist Gefallen am strahlenden Glanz von Gelb und Rot, an den Paukenschlägen des Zinnoberrot und Chromgelb, die sie blind und trunken machen.

Indes, die Augen geschwächter und nervöser Menschen, deren sinnlicher Appetit nach durch Räuchern und Pökeln pikanten Speisen verlangt, die Augen der Überreizten und Abgezehrten lieben meist innig jene aufregende und krankhafte Farbe mit ihrer fiktiven Strahlkraft, ihrem beißenden Fieber: das Orange.

Über Des Esseintes' Wahl konnte somit nicht der geringste Zweifel bestehen, gleichwohl ergaben sich noch unübersehbare Schwierigkeiten. Während Rot und Gelb bei künstlichem Licht noch stärker leuchten, trifft dies auf ihre Vermischung, das Orange, nicht immer zu, das aufbraust und sich oft in das Rot der Kapuzinerkressenblüte, in ein Feuerrot verwandelt. Bei Kerzenlicht untersuchte er alle Orangenuancen und entdeckte eine, die ihm beständig zu bleiben und sich den Ansprüchen, die er stellte, nicht zu entziehen schien. Nun, nach Beendigung dieser Vorarbeiten, achtete er darauf, soweit wie möglich, zumindest für sein Arbeitszimmer, keine Stoffe und Teppiche aus dem Orient zu verwenden, die sich jetzt, da die reich gewordenen Händler sie in den Modewarengeschäften für ein Butterbrot erstanden, schlicht widerlich und ordinär ausnahmen.

Letztlich beschloß er, seine Wände wie Bücher einschlagen zu lassen: mit grob-, aber flachgenarbtem Saffian und Kapleder, das mit mächtigen Stahlplatten unter einer gewaltigen Presse dünn und glatt gemacht worden war. Nachdem der Putz angebracht war, ließ er Zierleisten und darüber liegende Holzverkleidungen in einem dunklen, lackglänzenden Indigo streichen, wie es die Stellmacher für die Wagenflächen verwenden. Die ein wenig gewölbte, ebenfalls mit Saffianleder ausgeschlagene Decke schloß, ähnlich einem riesigen, von seiner Orangenhaut eingefaßten Ochsenauge, einen Firmamentkreis aus königsblauer Seide auf, in dessen Mitte silberne, einst von der Kölner Weberzunft für einen Chorrock gestickte Seraphime mit schnellem Flügelschlag in die Höhe strebten.

Als die Ausgestaltung beendet war, klang des Abends alles zusammen, versöhnte und beruhigte sich: die Holzverkleidungen behaupteten ihr starkes Blau, das gleichsam erwärmt wurde von den Orangefarben, die sich ihrerseits unverfälscht durchsetzten, da der aufdringliche Schein des Blaus sie hervorhob und gewissermaßen schürte.

Bei den Möbeln hatte Des Esseintes nicht lange zu suchen. Der einzige Luxus dieses Raums sollte in Büchern und seltenen Blumen bestehen. Sich vorbehaltend, später die nackt gebliebenen Zimmerwände mit einigen Zeichnungen oder Gemälden zu zieren, beschränkte er sich darauf, am Großteil seiner Wände Bücherregale und -fächer aus Ebenholz anzubringen, das Parkett mit Fellen wilder Tiere und Blaufuchspelzen zu übersäen und neben einem massiven Geldwechslertisch aus dem 15. Jahrhundert tiefe Ohrensessel und ein altes, schmiedeeisernes Kirchenpult aufzustellen, eines jener antiken, auf das der Diakonus einst das Choralbuch gelegt hatte und das nun einen der gewichtigen Foliobände des GLOSSARIUM MEDIAE ET INFINAE LATINITATIS des Seigneur du Cange trug.

Die Fenster, deren craquelierte, bläuliche, von Flaschenböden mit goldgesprenkelten Ausbuchtungen bedeckte Scheiben den Blick auf die Landschaft abfingen und nur ein blindes Licht einließen, wurden ihrerseits von Vorhängen aus alten Stolen umrahmt, deren nachgedunkeltes und gleichsam geräuchertes Gold im Gewebe eines fast toten Fuchsrot erlosch.

Auf dem Kamin schließlich, dessen Verkleidung gleichfalls aus dem prachtvollen Stoff einer florentinischen Dalmatika zugeschnitten worden war, stand zwischen zwei goldkupfernen, aus der früheren Abtei Bois de Bièvre stammenden Monstranzen im byzantinischen Stil eine wundervolle Meßtafel aus drei getrennten, wie aus Spitzen gearbeiteten Teilen und trug unter ihrem Glassturz drei Stücke von Baudelaire, die in prächtigen Meßbuchlettern auf echtes Velinpapier geschrieben und mit herrlichen Kolorierungen versehen worden waren: rechts und links die Sonette mit den Titeln ›La Mort des Amants‹ und ›L'Ennemi‹, in der Mitte das Prosagedicht mit der Überschrift ›Anywhere out of the world. – Irgendwo, außerhalb der Welt‹.

II

Nach dem Verkauf seiner Güter behielt Des Esseintes die beiden alten Domestiken, die seine Mutter umsorgt und zugleich die Stelle von Verwaltern und Hausmeistern im Schloß von Lourps eingenommen hatten, das bis zu seiner Ausschreibung unbewohnt und leer geblieben war.

Er holte es nach Fontenay, das Ehepaar, das an die regelmäßige Arbeit von Krankenwärtern, von Pflegern, die stündlich und löffelweise Arznei und Heiltrank verabreichen, und an das Schweigegebot von Klostermönchen ohne Verbindung mit der Außenwelt in Räumen mit geschlossenen Fenstern und Türen gewöhnt war.

Der Ehemann wurde mit der Reinigung der Zimmer und den Einkäufen betraut, die Frau mit der Zubereitung der Mahlzeiten. Er trat ihnen das erste Stockwerk des Hauses ab, verpflichtete sie, dicke Filzschuhe zu tragen, ließ Dämmstreifen entlang der gut geölten Türen anbringen und ihren Fußboden hoch mit schweren Teppichen auslegen, so daß er über seinem Kopf nie das Geräusch ihrer Schritte hörte.

Er sprach mit ihnen auch den Sinn einiger Klingelzeichen ab, bestimmte die Bedeutung des Läutens je nach dessen Anzahl, Kürze oder Länge und bezeichnete ihnen auf seinem Schreibtisch die Stelle, wo sie allmonatlich, während er schlief, das Rechnungsbuch zu hinterlegen hätten, und richtete es überhaupt so ein, daß er sie selten sprechen oder sehen mußte.

Da die Frau aber bisweilen am Haus vorüberzugehen hatte, um einen Schuppen zu erreichen, in dem das Holz lagerte, wollte er, daß ihr über seine Fensterscheiben huschender Schatten ihm wenigstens nicht unangenehm war, und ließ ihr daher eine Tracht aus flandrischer Seide mit einer weißen Haube und einer breiten, schwarzen, hochgeschlagenen Kapuze anfertigen, wie sie in Gent noch heute die Frauen in den Beginenklöstern tragen. Huschte der Schatten dieser Kopfbedeckung in der Dämmerung dann an ihm vorbei, hatte er das Gefühl, in einem Kloster zu sein, und erinnerte sich an jene stillen, frommen Enklaven, jene toten Viertel, die abgeschlossen und versteckt in einem Winkel einer aktiven, lebendigen Stadt liegen.

Er bestimmte ebenfalls die unverrückbaren Stunden seiner Mahlzeiten, welche übrigens wenig aufwendig und sehr bescheiden waren, da sein schwacher Magen ihm nicht mehr erlaubte, reichhaltige oder schwere Speisen zu verzehren.

Im Winter, wenn der Tag sich neigte, nahm er um fünf Uhr ein leichtes Mittagessen aus zwei weichen Eiern, gebratenem Fleisch und Tee zu sich; gegen elf Uhr aß er zu Abend, trank Kaffee, manchmal Tee oder Wein die Nacht über, nippte gegen fünf Uhr morgens an einer Puppenmahlzeit, bevor er sich zu Bett begab.

Diese Mahlzeiten, deren Anordnung und Speisenfolge ein für alle Mal zu Beginn jeder Jahreszeit bestimmt wurden, nahm er an einem Tisch inmitten eines kleinen Zimmers ein, das von seinem Arbeitskabinett durch einen ausgepolsterten, hermetisch geschlossenen Flur getrennt war, der in die beiden angrenzenden Zimmer weder Gerüche noch Geräusche eindringen ließ.

Dieses Speisezimmer ähnelte einer Schiffskabine mit seiner gewölbten, von halbkreisförmigen Balken getragenen Decke, seinen Zwischenwänden und seinem Fußboden aus amerikanischer Pechkiefer, mit seinem kleinen, wie ein Bullauge in eine Ladepforte, in die Täfelung geschnittenen Fenster.

Ganz wie die japanischen Schachteln, die man ineinander stecken kann, war auch dieser Raum in einen größeren eingefügt, der ursprünglich das vom Architekten gebaute Speisezimmer war.

Zwei Fenster waren in dieses eigentliche Speisezimmer gebrochen worden; das eine war nun unsichtbar, weil verdeckt von einer Zwischenwand, die ein Mechanismus indes nach Belieben niederdrückte, damit frische Luft zugeführt werden konnte, die dank dieser Öffnung um den Kasten aus amerikanischer Pechkiefer wehte und in ihn eindrang; das andere war zwar sichtbar, lag es doch dem in die Täfelung geschnittenen Bullauge genau gegenüber, aber verstellt. Ein großes Aquarium nahm den ganzen Platz ein zwischen dem Bullauge und diesem wirklichen Fenster, das man in die richtige Wand eingelassen hatte. Um die Kabine zu erhellen, bahnte sich das Tageslicht seinen Weg somit durch das Fenster, dessen Scheiben durch einen unbeschichteten Spiegel ersetzt worden waren, durch das Wasser und schließlich durch das Glas des Bullauges.

Dampfte im Herbst der Samowar auf dem Tisch, während die Sonne gerade vollends unterging, wurde das Wasser des Aquariums, das den ganzen Morgen über glasig und trüb gewesen war, rötlich und siebte auf die beigefarbenen Zwischenwände feuerglühende Lichtzungen.

Nachmittags mitunter, wenn Des Esseintes zufällig wach und auf war, ließ er den Mechanismus der Schläuche und Röhren betätigen, die das Aquarium leerten und wieder mit reinem Wasser füllten, ließ gefärbte Essenzen hineintropfen und schenkte sich so nach Lust und Laune den Anblick von grünbrackigen, Opal- oder Silbertönen, wie sie die echten Flüsse je nach der Himmelsfarbe, der mehr oder weniger starken Sonnenhitze, den mehr oder minder drohenden Regengüssen, kurz: je nach Stand der Jahreszeit und Witterung annehmen.

Er stellte sich dann vor, auf dem Zwischendeck einer Brigg zu sein, und neugierig betrachtete er wundervolle, mechanische Fische, die sich wie ein Uhrwerk aufziehen ließen und jetzt vor der Scheibe der Ladepforte vorüberschwammen und sich im künstlichen Gras verhakten; oder er untersuchte, den Teergeruch einatmend, den man, bevor er hineinging, ins Zimmer blies, an der Wand hängende Farbstiche, die, wie in den Postschiffs- oder Lloydagenturen, Dampfschiffe auf dem Weg nach Valparaiso oder La Plata darstellten, und gerahmte Tabellen, auf denen die Routen der Royal-mail-steam-Paket-Linie, der Gesellschaften Lopez und Valéry und die Frachtgebühren und Anlegehäfen der Atlantikpostlinien verzeichnet waren.

War er müde geworden, diese Pläne zu studieren, ruhte er seine Augen aus, indem er Chronometer und Kompaß, Sextanten und Zirkel, Ferngläser und die verstreut liegenden Karten auf einem Tisch betrachtete, auf dem ein einziges, in Seekalbsleder gebundenes Buch, die ›Abenteuer des Arthur Gordon Pym‹, auffiel, das eigens für ihn auf reinfasrigem, blattweise verlesenem Büttenpapier mit einer Möwe als Wasserzeichen gedruckt worden war.

Er konnte auch Angelruten, braun gegerbte Netze, Ballen fuchsroten Segeltuchs und einen winzigen, schwarz angemalten Korkanker anschauen – all das zu einem Haufen neben der Tür zusammengeworfen, die über einen dick gepolsterten Gang zur Küche führte. Und wie der Flur, der Speisezimmer und Arbeitskabinett verband, schluckte auch dieser Gang alle Gerüche und Geräusche.

Auf diese Weise verschaffte er sich, ohne sich vom Fleck zu rühren, die rasch wechselnden, fast momenthaften Eindrücke einer Fernreise, und dieses Vergnügen an der Ortsveränderung, das es eigentlich nur in der Erinnerung gibt und nahezu nie in der Gegenwart, nie in eben der Minute, da es sich ereignet, dieses Vergnügen genoß er in vollen Zügen, in aller Behaglichkeit, ohne Anstrengung und Ärger in dieser Kabine, deren ausgeklügelte Unordnung, deren Bestand auf Zeit und gleichsam vorläufige Einrichtung ziemlich genau dem vorübergehenden Aufenthalt, den er hier nahm, und der begrenzten Zeitspanne seiner Mahlzeiten entsprach und einen vollkommenen Gegensatz zu seinem Arbeitskabinett darstellte, einem aufgeräumten und endgültig eingerichteten Zimmer, das mit allem versehen war, was es zur standhaften Aufrechterhaltung eines ans Haus gebundenen Daseins bedurfte.

Eine Fortbewegung kam ihm ohnedies überflüssig vor, die Vorstellungskraft schien ihm leicht die vulgäre Realität der Tatsachen ersetzen zu können. Seiner Meinung nach war es möglich, die Gelüste zu stillen, die im normalen Leben angeblich so schwierig zu befriedigen sind, und zwar durch eine kleine List, mittels einer hochverfeinerten Verfälschung des Gegenstandes, auf den sich diese Gelüste richten. Läßt sich heutzutage nicht jeder Feinschmecker in den für ihre ausgezeichneten Keller berühmten Restaurants die edlen Gewächse munden, die aus minderen, nach der Methode des Herrn Pasteur behandelten Weinen hergestellt wurden? Denn ob echt oder verschnitten, diese Weine haben alle das gleiche Aroma, die gleiche Farbe, das gleiche Bouquet. Folglich ist das Vergnügen, das man beim Kosten dieser verfälschten und künstlichen Getränke hat, ganz genau das gleiche wie das, das man empfände, ließe man sich den natürlichen und reinen Wein auf der Zunge zergehen, der übrigens auch für Gold nicht aufzutreiben wäre.

Überträgt man diese hintersinnige Herleitung, diese geschickte Lüge in die Welt des Intellekts, muß es ganz zweifellos und ebenso leicht wie in der stofflichen Welt möglich sein, eingebildete Wonnen zu genießen, die den wahren in jeder Hinsicht gleichkommen, muß man zum Beispiel in seiner Ofenecke ganz zweifellos lange Entdeckungsfahrten machen können, wobei dem störrischen und trägen Geist notfalls durch die anregende Lektüre eines von Fernreisen erzählenden Werks aufzuhelfen wäre, muß man sich ganz zweifellos – ohne sich von Paris fortzurühren – auch das wohlige Gefühl eines Bades im Meer verschaffen können. Man hätte sich lediglich in das Vigier-Bad zu begeben, das sich mitten auf der Seine auf einem Schiff befindet.

Läßt man dort sein Badewasser salzen und ihm nach dem Rezept des Arzneibuchs Natriumsulfat und wasserstoffhaltiges Magnesium und Kalk beimengen, zieht man sodann aus einer sorgsam mit einer Schraube verschlossenen Schachtel eine Rolle Schnur oder ein ganz kleines Kabelstück, die man eigens in einer der großen Seilereien geholt hat, deren weitläufige Verkaufsräume und Untergeschosse die Gerüche nach Seefisch und Hafen durchziehen, atmet man tief die Düfte ein, die diese Schnur oder dieses Kabelende noch an sich haben, betrachtet man eine exakte Photographie des Kasinos, liest man mit Inbrunst den Joanne-Reiseführer, der die Schönheit des Strandes beschreibt, an dem man sein möchte, läßt man sich dann noch von den Wellen wiegen, die das Kielwasser der hart am Bäderponton vorbeifahrenden Ausflugsdampfer in der Badewanne aufwühlt, und lauscht man überdies dem Klagen des unter den Brückenbögen gefangenen Windes und dem dumpfen Grollen der Omnibusse, die zwei Schritt über einem auf dem Pont Royal fahren, ist die Illusion des Meeres unbestreitbar, unabweislich und vollkommen.

Man muß sich nur darauf verstehen, muß seinen Geist auf einen einzigen Punkt konzentrieren und hinreichend von sich absehen können, um eine Halluzination herbeizuführen und die Wirklichkeit durch den Traum von der Wirklichkeit zu ersetzen.

Wie denn überhaupt für Des Esseintes die Künstlichkeit das Erkennungszeichen des menschlichen Genies zu sein schien.

Ihm zufolge hat die Natur ihre Zeit gehabt. Durch die abstoßende Einförmigkeit ihrer Landschaften und Himmel hat sie die Aufmerksamkeit und Geduld der Menschen mit verfeinertem Geschmack endgültig erschöpft. Wie ist sie im Grunde doch platt, diese Spezialistin, die sich auf ein einziges Gebiet beschränkt, was ist sie doch für eine kleinliche Krämerin, die unter Auschluß aller anderen Artikel nur einen einzigen führt, welch eintöniger Baum- und Wiesenladen, welch banale Meeres- und Gebirgsagentur wird hier betrieben!

Es gibt im übrigen keine als subtil oder grandios gelobte Erfindung, die das menschliche Genie nicht ebenfalls hervorbringen könnte, keinen Wald von Fontainebleau, keinen Mondschein, die von elektrischen Lichtstrahlen überflutete Kulissen nicht herbeizuzaubern vermöchten, keinen Wasserfall, den die Hydraulik nicht täuschend ähnlich nachahmte, keinen Felsen, den Pappmaché nicht nachbildete, keine Blume, der prächtiger Taft und zart bemalte Tapeten nicht gleichkämen!

Kein Zweifel, diese ewige Schwätzerin hat die gutmütige Bewunderung der wahren Künstler nun abgenutzt, und der Augenblick ist gekommen, da man sie, wo irgend möglich, durch Künstlichkeit ersetzen muß.

Und sogar: auch wenn man dasjenige ihrer Werke betrachtet, das als das erlesenste gilt, diejenige ihrer Schöpfungen besieht, deren Schönheit einhellig als die eigenartigste und vollkommenste gepriesen wird: die Frau; hat da der Mann nicht seinerseits und ganz allein ein beseeltes und künstliches Wesen geschaffen, das ihr an plastischer Schönheit nicht nachsteht? Wo gibt es hienieden ein in der Freude des Fleisches gezeugtes und unter Schmerzen dem Mutterleib entsprungenes Wesen, dessen Modell, dessen Typus betörender und herrlicher wäre als jener der beiden Lokomotiven, die auf der Strecke der Nordeisenbahn verkehren?

Die eine, die Crampton, ist eine anbetungswürdige, zarte, hochgewachsene Blondine mit schriller Stimme, eingezwängt in ein funkelndes Kupferkorsett und über die biegsame, nervöse Gestrecktheit einer Katze verfügend, eine schmucke, goldgelbe Blondine, deren außerordentliche Anmut Schrecken verbreitet, wenn sie, ihre Stahlmuskeln spannend, den Schweiß auf ihren warmen Flanken dampfen läßt, die riesige Rosette ihres fein ziselierten Rades in Gang setzt und an der Spitze der Schnellzüge und der Stürme voller Leben davonschießt.

Die andere ist die Engerth, eine gewaltige, düstere Brünette mit dumpfen, rauhen Schreien und stämmigen, in einen gußeisernen Harnisch gepreßten Lenden, ein Ungetüm von einem Tier mit einer wilden Mähne aus schwarzem Rauch und sechs niedrigen, aneinandergekuppelten Rädern; welch verheerende Kraft, wenn sie, die Erde unter sich zum Zittern bringend, plump und schleichend den schweren Schwanz ihrer Güter schleppt!

Unter den zarten, blonden und den majestätischen, brünetten Schönheiten gibt es gewiß keine einer derartig grazilen Schlankheit und furchterregenden Kraft. So also darf man sagen: der Mensch hat es auf seine Art ebenso gut gemacht wie der Gott, an den er glaubt.

Solche Überlegungen drängten sich Des Esseintes auf, wenn die Brise den dünnen Pfiff des Spielzeugzuges, der wie ein Kreisel zwischen Paris und Sceaux trudelte, bis zu ihm trug. Sein Haus lag vielleicht zwanzig Minuten vom Bahnhof von Fontenay entfernt, doch die Höhe, auf der es saß, und seine Abgeschiedenheit ließen das Getöse der widerlichen Menschenmengen, die eine Bahnhofsgegend sonntags unweigerlich anzieht, nicht bis zu ihm hinaufdringen.

Was das Dorf selbst anging, so kannte er es kaum. Durch sein Fenster hatte er eines Nachts die stille Landschaft betrachtet, die sich unter ihm bis zum Fuße eines Hügels hinabzog, auf dessen Gipfel die Kasernen des Waldes von Verrière standen.

In der Dunkelheit stiegen links und rechts verschwommene Massen stufenförmig auf, die von anderen Kasernen und Forts in der Ferne beherrscht wurden, deren steile Böschungen im Mondlicht wie mit silbernen Deckfarben auf einen düsteren Grund getupft schienen.

Die Ebene, verkürzt durch die schattenwerfenden Hügel, leuchtete in der Mitte wie stärkemehlbestäubt und wie mit weißer Cold Cream überzogen; in der lauen Luft, die über die blassen Gräser hinstrich und in der gewöhnliche Gewürzdüfte hingen, schüttelten vom Mond mit Kreide eingeriebene Bäume ihr fahles Laub und vervielfachten ihre Stämme, deren Schatten wie dicke, schwarze Striche über den gipsigen Boden liefen, auf dem kleine Steine wie Tellersplitter funkelten.

Weil sie so geschminkt war und so künstlich aussah, mißfiel diese Landschaft Des Esseintes durchaus nicht. Doch seit jenem Nachmittag, den er im Weiler Fontenay mit der Suche nach einem Haus verbracht hatte, war er tagsüber auf den Straßen nicht wieder spazierengegangen. Die Vegetation dieser Gegend erweckte ohnehin nicht das geringste Interesse bei ihm, besaß sie doch nicht einmal den prekären und kläglichen Charme, der von den rührenden und kränkelnden Pflanzen ausgeht, die im Schutt der Vorstädte in der Nähe der Wälle mühsam wachsen. Zudem hatte er im Dorf an jenem Nachmittag dickbäuchige Bourgeois mit Backenbärten und schnauzertragende Leute in Uniform bemerkt, die ihre Magistratsbeamten und ihre Kommisköpfe wie Monstranzen spazierenführten. Seit dieser Begegnung hatte sich sein Abscheu vor dem menschlichen Antlitz noch vergrößert.

Während der letzten Monate seines Pariser Aufenthalts, als er, von allem enttäuscht, niedergeschlagen von der Hypochondrie und zermalmt vom Trübsinn, so empfindliche Nerven bekommen hatte, daß der Anblick eines unerfreulichen Gegenstandes oder Menschen sich ihm tief ins Gehirn grub und es mehrerer Tage bedurfte, um diesen Eindruck nur wieder ein wenig zu verwischen, bedeutete jedes menschliche Gesicht, an dem er auf der Straße vorüberging, eine der schlimmsten Qualen für ihn.

Wirklich: er litt beim Anblick bestimmter Physiognomien, er betrachtete die väterliche oder abstoßende Miene mancher Gesichter fast als eine Beleidigung, er verspürte Lust, den mit gelehrter Miene und geschlossenen Augenlidern flanierenden Herrn oder diesen anderen, der sich, auf seinen Absätzen wippend, vor den Spiegeln zulächelte, zu ohrfeigen, aber auch jenen, der ganze Gedankenwelten in seinem Kopf zu bewegen schien und dabei doch nur mit zusammengezogenen Brauen Butterbrote und die Rubrik Vermischtes in der Zeitung verschlang.

Er witterte bei den anderen eine solch tief verwurzelte Dummheit, einen solchen Abscheu vor dem, was er dachte, eine solche Verachtung für die Literatur, die Kunst, für alles, was er anbetete, er fühlte dies alles so fest eingepflanzt und verankert in diesen kleinen Händlerhirnen, die einzig mit Gaunereien und Geld beschäftigt und lediglich für jene niedrige Zerstreuung mittelmäßiger Geister, für die Politik, offen waren, daß er wutentbrannt nach Hause zurückkehrte und sich mit seinen Büchern einschloß.

Aus ganzem Herzen schließlich haßte er die neue Generation, jene Schichten entsetzlicher Flegel, die in den

Restaurants und Cafés unbedingt laut sprechen und lachen müssen, die einen, ohne um Verzeihung zu bitten, auf dem Trottoir anrempeln und einem, ohne sich zu entschuldigen oder gar zu grüßen, die Räder eines Kinderwagens zwischen die Beine stoßen.

III

Ein Teil der an den Wänden seines orange-blauen Kabinetts angebrachten Bücherregale enthielt ausschließlich lateinische Werke, und zwar solche, die die Intelligentia, durch erbärmliche, an den Fakultäten wiedergekäute Vorlesungen gezähmt, unter dem Gattungsbegriff »Dekadenzliteratur« zusammenfaßt.

Tatsächlich reizte ihn die lateinische Sprache, so wie sie zu der Zeit gepflegt wurde, die die Professoren noch immer hartnäckig das große Jahrhundert nennen, sehr wenig. Diese beschränkte Sprache mit ihren abgezirkelten, fast unveränderlichen Wendungen ohne syntaktische Geschmeidigkeit, ohne Farben und Feinheiten; diese an allen Nahtstellen abgeschabte Sprache, deren holprige, aber doch bildkräftige Ausdrücke früherer Epochen man ausgelichtet hatte, konnte bestenfalls die von den Rhetoren und Dichtern fortwährend wiederholten pathetischen Gassenhauer und vagen Gemeinplätze formulieren. Sie strömte einen solchen Mangel an Wißbegierde, eine solche Langeweile aus, daß man in seinen Sprachstudien schon bis zum französischen Stil des Jahrhunderts Ludwigs XIV. vordringen mußte, um auf eine ebenso willentlich geschwächte, ebenso feierlich schlaffe und trübe Sprache zu stoßen.

Unter anderen schien ihm der sanfte Vergil, der, den die Studienaufseher den Schwan von Mantua nennen – zweifellos, weil er in dieser Stadt nicht geboren wurde –, einer der schrecklichsten Schulmeister, einer der finstersten und ödesten Schwätzer zu sein, den die Antike jemals hervorgebracht hatte; seine sauber gewaschenen und herausgeputzten Schäfer, die sich gegenseitig eimerweise sentenziöse und eiskalte Verse über dem Kopf ausleeren, sein Orpheus, den er mit einer tränenüberströmten Nachtigall vergleicht, sein Aristäus, der wegen Bienen flennt, und sein Äneas, diese unentschlossene und fließende, wie aus einem Schattenspiel stammende Gestalt mit hölzernen Gebärden, die hinter dem schlecht beherrschten und schlecht geölten Transparent des Gedichts einherstolziert, erbitterten ihn. Aber er hätte sie noch hingenommen, diese langweiligen Albernheiten, die diese Marionetten wechselseitig in die Kulissen sprechen; er hätte auch die schamlosen Anleihen bei Homer, Theokrit, Ennius und Lukrez hingenommen und den unverhohlenen Diebstahl, den uns Macrobius im zweiten Gesang der ›Äneis‹ nachwies, worin fast wortwörtlich ein Gedicht Pisanders wiedergegeben wird, kurz: die ganze unaussprechliche Plattheit dieses Haufens von Gesängen, wäre da nicht die Machart der Hexameter gewesen, vor denen ihn noch mehr schauderte: blechern klangen sie und schepperten und dehnten ihre mit dem Litermaß abgemessenen Wortmengen nach den starren Vorschriften einer pedantischen und trockenen Prosodie; wäre da nicht die Anordnung dieser heruntergeraspelten und gestelzten Verse mit ihrer offiziellen Haltung, ihrer unterwürfigen Verbeugung vor der Grammatik gewesen, dieser Verse, die eine unerschütterliche Zäsur maschinenhaft zerhackte, die durch den Zusammenprall eines Daktylus mit einem Spondeus stets auf die gleiche Weise am Zeilenschluß akzentuiert waren.

Diese der perfektionierten Schmiede des Catull entlehnte, ewig gleiche Metrik ohne Phantasie und Erbarmen, die überquoll vor Phrasen, Füllseln und Flickwörtern, deren Verzierungen alle ähnlich und voraussehbar waren, dieses Elend des homerischen Epithetons, das unentwegt vorkam, um nichts zu bezeichnen, nichts anschaulich zu machen, dieses ganze armselige Vokabular mit seinen tonlosen und faden Farben: all das war eine Marter für ihn.

Billigerweise muß hinzugesetzt werden, daß, wenn auch seine Bewunderung für Vergil äußerst mäßig war und er sich von den glänzenden Ausführungen Ovids nur sehr eingeschränkt und vage angezogen fühlte, sein Abscheu vor der elephantenhaften Grazie eines Horaz, vor dem Geschwätz dieses hoffnungslosen Tölpels, der mit den geschminkten Zoten eines alten Possenreißers schön tat, nun aber grenzenlos war.

In der Prosa entzückten ihn die Redseligkeit, die langatmigen Metaphern und verworrenen Abschweifungen Ciceros ebensowenig. Die Verweise, die er großsprecherisch erteilte, die Flut seiner abgedroschenen, patriotischen Loblieder, die Emphase seiner feierlichen Ansprachen, die Schwergewichtigkeit seines fleischigen, reichen, doch eher schmalzigen und des Marks und der Knochen entbehrenden Stils, die unerträglichen Schlacken seiner langen, den Satz eröffnenden Adverben, die immer gleichen Formulierungen seiner an Fettsucht leidenden und durch die Fülle der Konjunktionen schlecht gegliederten Satzperioden, und schließlich seine ermüdende Gewohnheit, zu Tautologien zu greifen, konnten ihn kaum verführen. Und ebensowenig wie Cicero begeisterte ihn der für seine lakonische Kürze berühmte Cäsar; denn hier zeigte sich das andere Extrem: die Dürre eines Trockenfurzers, die Sterilität eines Notizzettels und eine ungebührliche Verstopfung.

Alles in allem fand er weder bei diesen Schriftstellern noch bei jenen, an denen doch die vermeintlich Gebildeten ihre größte Freude hatten, geistige Nahrung: weder bei Sallust, obwohl dieser nicht so farblos wie die anderen war, weder bei Titus Livius, der sentimental und pompös, oder bei Seneca, der geschwollen und blaß, oder gar bei Sueton, der schwammig und larvenartig, noch bei Tacitus, der in seiner gekünstelten Kürze der kraftvollste, schärfste und muskulöseste von ihnen allen war. Kalt ließen ihn auch die Dichter Juvenal, trotz einiger gut gestiefelter Verse, und Persius, trotz dessen geheimnisvoller Anspielungen. Des Esseintes übersprang Tibull und Propertius, Quintilian und Plinius den Älteren und den Jüngeren, Statius, Martialis von Bilbilis, Terenz sogar und Plautus, dessen mit Neologismen, Komposita und Diminutiven gespickter Jargon ihm wohl hätte gefallen können, dessen gemeine Komik und derbe Scherze ihm aber zuwider waren, und begann, sich erst ab Lukanus wieder für die lateinische Sprache zu interessieren, weil sie sich da schon erweitert hatte, schon ausdrucksvoller und weniger vergrämt war. Ihre ausgefeilte Armatur, ihre emaillierten, juwelenbestückten Verse nahmen ihn gefangen, doch vermochten die ausschließliche Sorge um die Form, die Klangfarben und der metallische Glanz ihm nicht ganz die Gedankenleere und die schwülstige Aufgeblähtheit zu verbergen, die die Haut der ›Pharsalia‹ ausbeulte.

Der Autor, den er wirklich liebte und der ihn auf immer die spektakuläre Gewandtheit des Lukanus aus seinem Lesestoff verbannen ließ, hieß Petronius.

Hier war er, der scharfsinnige Beobachter, der feine Analytiker, der wunderbare Maler; ruhig, unvoreingenommen und ohne Haß beschrieb er den Alltag in Rom, schilderte er in den munteren kleinen Kapiteln des ›Satyricon‹ die Sitten seiner Zeit.

Gemächlich die Tatsachen vermerkend und sie in einer endgültigen Form festhaltend, entrollte er das kleine Dasein des Volkes, die Ereignisse, die es bewegte, seine Roheit und seine Brunst.

Da erkundigt sich der Aufseher über die Logierhäuser nach den Namen der kürzlich eingetroffenen Reisenden; dort schleichen in Bordellen Leute um nackte Frauen herum, die zwischen Aushangzetteln stehen, während man durch die angelehnten Zimmertüren flüchtig die herumtollenden Paare wahrnimmt. In den beleidigend luxuriösen Villen mit all ihrem wahnwitzigen Reichtum und Prunk wie auch in den dürftigen Herbergen, die mit ihren zerwühlten, verwanzten Gurtbetten abwechselnd im Buch auftauchen, tummelt sich die damalige Gesellschaft: unkeusche Spitzbuben auf der Jagd nach einem unverhofften Vorteil, so Ascyltus und Eumolpus, Lustgreise mit hochgehobenen Gewändern und bleiweißbekleisterten und akazienrot bemalten Wangen, sechzehnjährige, fleischige, gelockte Liebesknaben, Frauen, die von hysterischen Anfällen geschüttelt werden, Erbschleicher, die ihre Söhne und Töchter den Ausschweifungen der Erblasser andienen. Sie alle erscheinen auf den Seiten, streiten auf den Straßen, befühlen sich in den Bädern, schlagen sich halbtot wie in einer Pantomime.

Und wie das erzählt wird! In einem eigenartig kruden, farbsicheren Stil, einem Stil, der aller Dialekte mächtig ist, sich Ausdrücke aus allen in Rom vertretenen Sprachen holt, der alle Grenzen, alle Fesseln des sogenannten großen Jahrhunderts aufhebt, indem er jeden sein Idiom sprechen läßt: die Freigelassenen ohne Erziehung ihr Pöbellatein, ihr Gossenkauderwelsch, die Fremden ihre barbarische, durch afrikanische, syrische und griechische Einsprengsel bastardisierte Mundart, die schwachköpfigen Pedanten wie der im Buch vorkommende Agamemnon eine Rhetorik der unechten Wörter.

All diese Menschen sind mit einem einzigen, sicheren Strich gezeichnet: sie lümmeln sich um einen Tisch, führen die albernen Reden von Betrunkenen, geben senile Maximen und unsinnige Redensarten von sich und drehen ihre Fratze Trimalchio zu, der in den Zähnen stochert, der Gesellschaft Nachttöpfe anbietet, sie mit dem Gesundheitszustand seiner Eingeweide unterhält und Winde fahren läßt, während er sie auffordert, es sich behaglich zu machen.

Dieser realistische Roman, diese aus dem nackten, römischen Leben herausgeschnittene Scheibe, die, was immer man darüber sagen mag, weder auf eine Erneuerung noch auf eine Satire abzielte und eines künstlichen Endes und einer Moral nicht bedurfte, diese Geschichte ohne Intrige und Handlung, die die Abenteuer des Wildbrets von Sodom in Szene setzte, mit gleichmütiger Eleganz die Freuden und Leiden der Liebeshändel und der Paare analysierte und in einer strahlenden, wie vom Goldschmied bearbeiteten Sprache die Laster einer abgelebten Zivilisation, eines zerbröckelnden Reiches schilderte, ohne daß der Verfasser auch nur einmal hervorträte, ohne daß er auch nur den geringsten Kommentar abgäbe, ohne daß er das Tun oder Denken seiner Figuren billigte oder verdammte, diese Geschichte fesselte Des Esseintes, und er sah in ihrer stilistischen Raffinesse, in der eindringlichen Beobachtung und methodischen Entschlossenheit ahnungsvoll eigenartige Bezüge, merkwürdige Analogien zu den wenigen modernen französischen Romanen, die er ertrug.

Natürlich trauerte er ›Eustion‹ und ›Albutia‹ nach, jenen beiden Werken des Petronius, die Planciades Fulgentius erwähnt und die für immer verloren waren; doch der Bibliophile in ihm tröstete den Gelehrten, wenn er mit andächtigen Händen die prachtvolle Ausgabe betastete, die er vom ›Satyricon‹ besaß: die Ausgabe im Oktavformat, auf der die Jahreszahl 1585 und der Name von J. Dousa, Leyden, standen.

Von Petronius aufwärts stieß seine Sammlung lateinischer Werke in das zweite Jahrhundert nach Christus vor, überging den Rhetor Fronto mit seinen altmodischen, schlecht angeglichenen, schlecht wieder aufpolierten Begriffen, schritt auch über die ›Attischen Nächte‹ des Aulus Gellius, dessen Freund und Schüler, hinweg, der zwar ein scharf denkender Kopf und eine Spürnase, doch ein in einem klebrigen Schlamm stapfender Schriftsteller war, und machte erst bei Apuleius halt, von dem seine Sammlung die 1469 in Rom im Folioformat gedruckte Erstausgabe enthielt.

Dieser Afrikaner machte ihm Freude. Die lateinische Sprache befand sich auf ihrem Höhepunkt in seinen ›Metamorphosen‹, sie führte Morast und so manches, aus allen Provinzen zugeflossenes Wasser mit sich, und alles vermischte sich und ging auf in einem bizarren, exotischen, bis jetzt fast ungehörten Ton; Manierismen und ganz neue Einzelheiten der lateinischen Gesellschaft wurden hier in Neologismen abgebildet, die für die Konversation in einem römischen Winkel Afrikas geschaffen worden waren. Auch die Jovialität des offenkundig fetten Mannes und sein südländischer Überschwang belustigten ihn. Er nahm sich wie ein geiler, unbekümmerter Bursche aus neben den christlichen Apologeten, die doch im selben Jahrhundert lebten, neben dem einschläfernden Minucius Felix, einem Pseudo-Klassiker, der in seinem ›Octavius‹ die noch von Cicero angedickten Ölextrakte in Umlauf brachte, ja sogar neben Tertullian, den er vielleicht mehr der von Aldus gedruckten Ausgabe wegen denn um seines Werkes willen behielt.

Obwohl er in Theologie recht beschlagen war, ließen ihn die Auseinandersetzungen der Montanisten mit der katholischen Kirche und die Polemiken gegen die Gnosis kalt. Daher schlug er kaum noch Tertullians Schutzrede für die Christen und die ›Abhandlung über die Geduld‹ auf, trotz des erstaunlichen, bündigen Stils voller Zweideutigkeiten, der auf Partizipialkonstruktionen beruhte, Gegensätze aufeinander prallen ließ, gespickt war mit Wortspielen und Spitzen, bunt schillerte von Vokabeln, die aus der Rechtswissenschaft und aus der Sprache der griechischen Kirchenväter herausgepickt worden waren. Er las höchstens noch einige Seiten des Werkes ›De cultu feminarum‹, in dem Tertullian den Frauen zum Vorwurf macht, sich mit Juwelen und kostbaren Stoffen zu schmücken, und ihnen den Gebrauch von Kosmetik verbietet, weil diese versucht, der Natur nachzuhelfen und sie schöner zu machen.

Er mußte lächeln über diese Vorstellungen, die den seinen so schnurstracks zuwiderliefen. Die Rolle, die Tertullian in seinem Bistum Karthago gespielt hatte, schien ihm indes genug Stoff zu wirren Träumen zu bieten. In Wahrheit zog ihn mehr der Mensch als dessen Werk an.

Dieser hatte in der Tat in stürmischen Zeiten gelebt, die unter Caracalla, unter Makrinus, unter dem erstaunlichen Hohepriester von Emesa, Heliogabal, von schrecklichen Unruhen heimgesucht wurden. Gleichwohl arbeitete er unbeirrt an seinen Predigten, dogmatischen Schriften, Verteidigungsreden und Bibelauslegungen, während das Römische Reich in seinen Grundfesten erzitterte, während der Wahnsinn Asiens tobte und der Schmutz des Heidentums alles überflutete. Mit größter Kaltblütigkeit empfahl er körperliche Enthaltsamkeit, frugale Mahlzeiten und nüchterne Kleidung, indes der auf Silberstaub und Goldsand schreitende Heliogabal, das Haupt mit der Tiara geschmückt, die Gewänder juwelendurchwirkt, inmitten seiner Eunuchen handarbeitete wie eine Frau, sich Kaiserin heißen ließ und jede Nacht den Kaiser wechselte, den er sich vorzugsweise aus den Reihen der Barbiere, Sudelköche und Zirkuskutscher aussuchte.

Dieser Gegensatz entzückte ihn. Hinzu kam, daß das Lateinische, das unter Petronius zu höchster Entfaltung gelangt war, sich bereits zu zersetzen begann. Die christliche Literatur faßte Fuß und brachte mit den neuen Ideen auch neue Wörter, ungebräuchliche Konstruktionen, unbekannte Verben und Adjektive mit entlegenen Bedeutungen sowie die bis dahin in der römischen Sprache seltenen, abstrakten Wörter mit sich, die Tertullian als einer der ersten verwendete.

Nur hatte dieser nach dem Tod Tertullians mit seinem Schüler Cyprianus, mit Arnobius und dem schwammigen Laktantius fortschreitende Verfall seinen Reiz verloren. Noch war er nicht morbide genug, unbeholfen fiel er in eine ciceronianische Emphase zurück und hatte noch nicht den typischen Hautgout an sich, den der Dunst des Christentums im vierten Jahrhundert und vor allem in den folgenden Jahrhunderten der heidnischen Sprache verleihen sollte, die dann schon in Verwesung übergegangen war wie ein Stück Wildbret und sich zur selben Zeit auflöste, da die Zivilisation der Alten Welt zerbröckelte, da die von der Jauche der Jahrhunderte zerfressenen Reiche unter dem Ansturm der Barbaren in sich zusammenfielen.

Ein einziger christlicher Dichter, Commodian von Gaza, vertrat in seiner Bibliothek die Dichtkunst des 3. Jahrhunderts. Das 259 verfaßte ›Carmen apologeticum‹ stellt eine Sammlung von Unterweisungen in gekünstelten Akrostichen und volkstümlichen Hexametern dar, deren Zäsur nach Art des heroischen Verses gesetzt ist, die ohne Rücksicht auf Silbenzahl und Hiatus verfaßt wurden und oft mit Reimen einhergehen, wie sie später im Kirchenlatein so häufig vorkommen sollten.

Diese geschraubten, dunklen, nach Raubtier riechenden Verse voller Begriffe aus der Umgangssprache, voller Wörter, deren ursprüngliche Bedeutung verdreht wurde, forderten und interessierten ihn sogar mehr als der überreife und bereits grünspanbezogene Stil der Geschichtsschreiber Ammianus Marcellinus und Aurelius Victor, des Briefschreibers Symmachus und des Sammlers und Grammatikers Macrobius. Er zog sie sogar den echten, skandierten Versen der gesprenkelten und herrlichen Sprache vor, die Claudianus, Rutilius und Ausonius sprachen. Sie waren damals die großen Meister der Dichtkunst, sie füllten das sterbende Imperium mit ihren Schreien: der Christ Ausonius mit seinem ›Cento nuptialis‹ und seinem redseligen, gezierten Gedicht ›Mosella‹, Rutilius mit seinen Hymnen auf den Ruhm Roms, seiner Verdammung der Juden und Mönche und seiner Reise von Italien nach Gallien, einem Gedicht, in dem ihm die Wiedergabe bestimmter optischer Eindrücke gelingt: die Leere der sich im Wasser spiegelnden Landschaften, die Trugbilder der Dunstschleier, die aufsteigenden Nebel, die die Berge einhüllen; und Claudianus, der leibhaftige Lukanus gewissermaßen, der das ganze 4. Jahrhundert beherrscht, mit dem schrecklichen Hornstoß seiner Verse. Dieser Dichter schmiedete einen glänzenden, klangvollen Hexameter, hieb in einem Funkenregen mit treffsicherem Schlag das Eptitheton hin; er erreichte eine gewisse Größe, hob sein Werk durch eine starke Inspiration. Im weströmischen Reich, das jetzt immer mehr verfällt, in den Wirren des fortwährenden Gemetzels ringsum, unter der ständigen Bedrohung durch die Barbaren, die sich nun in Scharen vor den Toren des Imperiums drängen, deren Angeln nachgeben, erweckt er die Antike wieder zum Leben, besingt er den Raub der Proserpina, trägt er seine starken und mächtigen Farben auf und stürmt mit brennenden Fackeln in die Dunkelheit, die sich über die Welt legt.

Das Heidentum lebt wieder auf in ihm, es läßt zum letzten Mal seine Fanfare ertönen und seine letzten großen Dichter das Christentum überragen, das fortan ganz die Sprache überschwemmen wird, das jetzt für immer Alleinherrscher in den Künsten sein wird mit Paulinus, dem Schüler Ausonius', mit Juvencus, dem spanischen Priester, der die Evangelien in Versen paraphrasiert, mit Victorinus, dem Verfasser der ›Makkabäer‹, mit Sanktus Burdigalensis, der in einer Vergil nachempfundenen Ekloge die Hirten Egon und Bukulus die Krankheiten ihrer Herden beklagen läßt, und mit der ganzen Reihe der Heiligen: mit Hilarius von Poitiers, dem Verteidiger des Nicäischen Glaubensbekenntnisses, mit dem sogenannten Athanasius des Okzidents, mit Ambrosius, dem Autor unverdaulicher Bibelauslegungen, dem langweiligen christlichen Cicero; mit Damasius, dem Verfertiger lapidarer Epigramme; mit Hieronymus, dem Übersetzer der Vulgata, und seinem Gegner Vigilantius von Comminges, der den Heiligenkult, den Mißbrauch der Wunder und das Fasten angreift, und der bereits mit Argumenten, die sich durch alle Zeitalter ziehen werden, gegen Klostergelübde und das Priesterzölibat anpredigt.

Und endlich im fünften Jahrhundert mit Augustinus, dem Bischof von Hippo. Den kannte Des Esseintes nur zu gut, war er doch der höchst angesehene Kirchenschriftsteller, der Begründer der christlichen Orthodoxie, der, den die Katholiken als ein Orakel, als den größten Meister betrachten. Deshalb schlug er ihn auch nicht mehr auf, obwohl er in seinen ›Bekenntnissen‹ den Ekel vor dem Irdischen gesungen und im ›Gottesstaat‹, stöhnend vor Mitleid, durch schmerzstillende Verheißungen eines besseren Geschicks die schreckliche Not des Jahrhunderts zu lindern gesucht hatte. Schon zur Zeit, da Des Esseintes Theologie getrieben hatte, war er seiner Predigten und Jeremiaden, seiner Theorien über Vorherbestimmung und Gnade und seiner Kämpfe gegen die Kirchenspaltung müde, ja überdrüssig gewesen.

Lieber blätterte er in der ›Psychomachia‹ des Prudentius, des Erfinders des allegorischen Gedichts, das sich später im Mittelalter dann austobte und in den Werken Apollinaris Sidonius', dessen mit Geistesblitzen, spitzen Bemerkungen, veralteten und rätselhaften Ausdrücken gespickte Korrespondenz ihn reizte. Gern las er auch in den panegyrischen Gedichten, in denen dieser Bischof zur Unterstützung seiner eitlen Lobhudeleien die heidnischen Gottheiten anruft, und trotz aller Vorbehalte konnte er sich einer Schwäche für die Geziertheit und das zwischen den Zeilen Mitschwingende dieser Poesie nicht erwehren, hatte das doch ein Kunstmechaniker fabriziert, der seine Maschine pflegt, ihr Räderwerk ölt und bei Bedarf auch komplizierte und überflüssige Getriebe erfindet.

Außer mit Sidonius beschäftigte er sich noch mit dem Panegyriker Merobaudes, mit Sedulius, dem Verfasser gereimter Gedichte und Schulhymnen, die sich die Kirche für die Bedürfnisse ihrer Gottesdienste teilweise zu eigen machte, mit Marius Victorinus, dessen finstere Abhandlung über die ›Verderbtheit der Sitten‹ hier und da wie von phosphoreszierenden Glühwürmchen erhellt wird, mit Paulinos von Pella, dem Dichter des klirrenden ›Eucharisticon‹, und mit Orientius, dem Bischof von Auch, der in den Distichen seiner ›Mahnbriefe‹ die Zügellosigkeit der Frauen verdammt, die die Völker in den Abgrund stürzt, wie er behauptet.

Das Interesse, das Des Esseintes der lateinischen Sprache entgegenbrachte, wurde nicht geringer, jetzt, da sie ganz verfaulte, ihre Glieder abfielen und ihr Eiter floß und sie in all der Verwesung ihres Korpus kaum noch feste Bestandteile aufzuweisen hatte, die ihr die Christen herauslösten, um sie in der Lake ihrer neuen Sprache einzulegen.

Die zweite Hälfte des 5. Jahrhunderts war angebrochen, die furchtbare Zeit, in der abscheuliche Wirren die Erde erschütterten. Die Barbaren verwüsteten Gallien; das gelähmte Rom, geplündert von den Westgoten, fühlte das Leben in seinen Adern erstarren, es sah seine äußersten Teile, den Okzident und den Orient, blutüberströmt um sich schlagen und von Tag zu Tag schwächer werden.

In der allgemeinen Auflösung, während die Cäsaren nacheinander ermordet werden, im Lärm des Abschlachtens, vor dessen Blut Europa vom einen Ende bis zum andern trieft, erschallt plötzlich ein schreckliches Geschrei, das Getöse erstickt und die Stimmen übertönt. Vom Ufer der Donau preschen zu Tausenden Männer hervor auf ihren gedrungenen Pferden und eingehüllt in Überwürfe aus Rattenfell, greuliche Tartaren mit Riesenköpfen und platten Nasen, das Kinn zerklüftet von Schmarren und Narben, mit bartlosen, gelben Gesichtern, den Bauch fast an der Erde, überziehen sie die Gebiete des oströmischen Reiches in einem Wirbelsturm. Alles versank im Staub des Galopps, im Rauch der Feuersbrünste. Finsternis breitete sich aus, und die bestürzten Völker zitterten, hörten die entsetzliche Windhose donnernd daherbrausen. Die Hunnenhorde machte Europa dem Erdboden gleich, fiel über Gallien her und zerschellte auf den Katalaunischen Feldern, wo Aetius sie in einem furchtbaren Angriff zermalmte. Die blutüberschwemmte Ebene wogte wie ein Purpurmeer, zweihunderttausend Leichen versperrten den Weg, brachen die Stoßkraft dieser Lawine, die, in andere Bahnen abgetrieben, explodierend in Blitzschlägen, über Italien niederging, wo die überrollten Städte wie Heuschober loderten.

Das weströmische Reich zerbrach unter dem Ansturm; das mit dem Tode ringende Leben, das sich in Verblödung und Unflat noch dahingeschleppt hatte, erlosch. Das Ende des Universums schien nahe. Die von Attila vergessenen Städte waren dezimiert von Hunger und Pest, auch das Lateinische schien untergehen zu wollen in den Ruinen der Welt.

Jahre vergingen. Die barbarischen Idiome nahmen allmählich Regeln an, kristallisierten sich aus ihrem Urgestein heraus und bildeten wirkliche Sprachen. Das aus dem Zusammenbruch von den Klöstern gerettete Latein vergrub sich in den Orden und Kurien; hier und da leuchteten langsam und kalt einige Dichter hervor: der Afrikaner Dracontius mit seinem ›Hexameron‹, Claudius Mamertus mit seinen liturgischen Gedichten, Avitus von Vienna, Biographen wie Ennodius, der die Wunder des heiligen Epiphanius erzählt, des scharfsinnigen und verehrten Diplomaten, des redlichen und wachsamen Hirten; oder wie Eugippius, der uns das unvergleichliche Leben des heiligen Severin nachgezeichnet hat, jenes geheimnisvollen Einsiedlers und demütigen Asketen, der den in Tränen badenden Völkern, toll vor Leid und Angst, wie ein barmherziger Engel erschienen war; Schriftsteller wie Veranius von Gévaudan, der eine kleine Abhandlung über die Enthaltsamkeit verfaßte; wie Aurelian und Ferreolus, die Glaubensvorschriften zusammentrugen; oder Geschichtsschreiber wie Rotherius von Agde, berühmt für seine verlorengegangene Geschichte der Hunnen.

Die Werke der dann folgenden Jahrhunderte machten sich rar in Des Esseintes' Bibliothek. Das sechste Jahrhundert war noch vorhanden mit Fortunatus, dem Bischof von Poitiers, dessen Hymnen und ›Vexilla regis‹, die dem Aas der lateinischen Sprache entnommen und mit den Duftstoffen der Kirche gewürzt worden waren, ihn an manchen Tagen nicht in Ruhe ließen, mit Boethius, mit dem alten Gregor von Tours und Jornandes. Da sich aber im siebten und achten Jahrhundert – abgesehen von den Werken im späteren, verdorbenen Latein der Chronisten Fredegar und Paulus Warnefried und abgesehen von den Gedichten im Choralbuch des Bangor, in dem er bisweilen die zu Ehren des heiligen Comgill gesungene, alphabetische und einreimige Hymne wieder ansah – die Literatur fast ausschließlich auf Heiligenviten, auf die vom Klostermönch Jonas verfaßte Legende des heiligen Kolumban und die von Beda Venerabilis nach Aufzeichnungen eines unbekannten Mönchs geschriebene Legende des seligen Cuthbert beschränkte, begnügte er sich in trübsinnigen Augenblicken eben damit, im Werk dieser Hagiographen zu blättern und einige Abschnitte in den Lebensbeschreibungen der heiligen Rusticula und der heiligen Radegunde wiederzulesen, die eine durch Defensorius, einen Synodalen von Ligugé, auf uns gekommen, die andere durch die schlichte und naive Baudonivia, eine Nonne aus Poitiers.

Denn eigentlich reizten ihn die seltsamen Werke der lateinisch-angelsächsischen Welt viel mehr: die ganze Serie der Rätsel eines Aldhelm, eines Tatwine und Eusebius, jener Nachfahren des Symphosius, vor allem aber die vom heiligen Bonifaz in Akrostichen geschmiedeten Rätsel, deren Lösung durch die Anfangsbuchstaben der Verszeilen gegeben wurde.

Mit dem Ende dieser beiden Jahrhunderte ließ auch die Verlockung für ihn nach. Er war wenig begeistert vom erdrückenden Gewicht der karolingischen Lateiner, der Alcuin und Eginhard, und so begnügte er sich mit den Chroniken des Anonymus von Sankt Gallen als Muster der Sprache im neunten Jahrhundert, mit Freculf und Regino, mit dem von Abbo dem Gebeugten verfertigten Gedicht über die Belagerung von Paris, mit dem ›Hortulus‹, dem Lehrgedicht des Benediktiners Walafrid Strabo, dessen dem Lobpreis des Kürbis als dem Symbol der Fruchtbarkeit gewidmetes Kapitel ihm Vergnügen machte, mit dem Gedicht des Ermoldus Nigellus, das die Heldentaten Ludwigs des Frommen feiert, ein Gedicht, verfaßt in regelmäßigen Hexametern, in nüchternem, dunklem Stil, in eisernem, in den klösterlichen Wassern gehärtetem Latein, mit hier und da einigen Gefühlssplittern im harten Metall und mit dem ›De viribus herbarum‹, dem Gedicht des Macer Floridus, der ihn wegen seiner poetischen Rezepte und den sehr befremdlichen Eigenschaften, die er bestimmten Pflanzen und bestimmten Blumen nachsagt, besonders ergötzte: so etwa der Osterluzei, die, vermengt mit Ochsenfleisch, einer schwangeren Frau auf den Unterleib gelegt, diese unweigerlich mit einem Knaben niederkommen läßt, oder dem Borretsch, der als Aufguß in ein Speisezimmer gesprengt, die Tischgenossen erheitert, so der Pfingstrose, deren zerstoßene Wurzel auf immer von der Fallsucht heilt, oder dem Fenchel, der, legt man ihn einer Frau auf die Brust, ihr die Körpersäfte klärt und für schmerzlosere Perioden sorgt.

Abgesehen von einigen nicht klassifizierten, modernen oder undatierten Spezialwerken, abgesehen von bestimmten kabbalistischen, medizinischen und botanischen Büchern, von einigen Einzelbänden der Patrologie von Migne, die nicht mehr auffindbare christliche Dichtungen enthielt, abgesehen von der Anthologie der kleinen lateinischen Dichter von Wernsdorff und auch von Meursius, von Forbergs klassischem Handbuch der Erotologie und von der Möchialogie und den Diakonischen Richtlinien zum Gebrauch für Beichtväter, die Des Esseintes alle nur sehr selten abstaubte, blieb seine lateinische Bibliothek beim Anfang des zehnten Jahrhunderts stehen.

Tatsächlich waren nämlich die Kuriosität und komplizierte Naivität der christlichen Sprache zugrunde gegangen. Der Redeschwall der Philosophen und Scholasten, die Wortklauberei des Mittelalters sollten bald die Herrschaft ausüben. Der Schutt der Chroniken und Geschichtsbücher, die Druckstöcke der Kartulare türmten sich immer höher, und die stammelnde Anmut, die manchmal erlesene Ungelenkheit der Mönche, die die poetischen Reste der

Antike zu einem frommen Ragout zusammenrührten, waren erloschen; die Fabriken von Verben mit ihrem geläuterten Saft, von weihrauchduftenden Substantiven, von bizarren Adjektiven aus grob geschnittenem Gold mit dem barbarischen und reizenden Geschmack von gotischem Schmuck waren zerstört. Mit den alten, von Des Esseintes so zärtlich geliebten Ausgaben war es vorbei, und, in einem kolossalen Sprung über die Jahrhunderte hinweg, reihten sich in den Regalen nun die Bücher, die übergangslos, der Epochen nicht achtend, geradewegs bei der französischen Sprache des gegenwärtigen Jahrhunderts anlangten.

IV

Eines Spätnachmittags hielt ein Wagen vor dem Haus bei Fontenay. Da Des Esseintes nie Besuch empfing und sich nicht einmal der Briefträger in diese menschenleere Gegend vorwagte, denn er hatte ihm weder Zeitungen oder Zeitschriften noch Briefe auszuhändigen, zögerten die Dienstboten, weil sie sich fragten, ob sie öffnen sollten. Beim Anschlag des mit Wucht gegen die Mauer geworfenen Klöppels schoben sie tapfer die Klappe des Spions zur Seite, der in die Tür eingeschnitten war, und gewahrten einen Herrn, dessen Brust vom Hals bis zur Körpermitte ganz von einem riesigen goldenen Panzer bedeckt war. Sie meldeten es ihrem Herrn, der zu Mittag aß.

»Ausgezeichnet, führen Sie ihn herein«, sagte er, denn er erinnerte sich, einst einem Edelsteinhändler seine Anschrift zur Ausführung einer Bestellung gegeben zu haben.

Der Herr grüßte und setzte im Speisezimmer auf dem Parkett aus amerikanischer Pechkiefer seinen Panzer ab, der schwankte, sich ein wenig hob und den schlangenartigen Kopf einer Schildkröte vorstreckte, der sich aber, plötzlich verstört, sogleich wieder unter seinen Panzer zurückzog.

Diese Schildkröte war ein wunderlicher Einfall, den Des Esseintes noch einige Zeit vor seiner Abreise aus Paris gehabt hatte. Als er eines Tages einen schimmernden

Orientteppich betrachtet hatte und mit den Augen dem silbrigen Schein gefolgt war, der über das aladingelbe und pflaumenviolette Wollgewebe lief, hatte er sich gesagt: es wäre angebracht, etwas auf diesen Teppich zu setzen, das sich bewegt und dessen dunkler Ton die Lebendigkeit dieser Farben noch verstärkt.

Besessen von der Idee war er ziellos durch die Straßen gestreift, und als er beim Palais-Royal angelangt war, hatte er sich vor dem Schaufenster von Chevet an die Stirn geschlagen: da saß in einem Becken eine riesige Schildkröte. Er hatte sie gekauft und sich dann, nachdem er sie auf den Teppich gesetzt hatte, vor ihr niedergelassen und sie mit zusammengekniffenen Augen lange betrachtet.

Es war nicht zu leugnen: die Negerkopffarbe und der starke Siennaton des Rückenschildes trübten den Schimmer des Teppichs, anstatt ihn zu beleben; der sonst vorherrschende Silberglanz leuchtete jetzt kaum noch, er verfloß mit den kalten Tönen der abgewetzten Zinkfarbe, die die Ränder dieser harten, mattierten Schale säumte.

Er biß sich in die Fingernägel, suchte nach Mitteln, diese Unvereinbarkeit zu versöhnen, die offenkundige Zwietracht dieser Töne zu verhindern. Schließlich kam er darauf, daß sein ursprünglicher Gedanke, das Feuer des Stoffes durch den Kontrast eines auf ihm plazierten, düsteren Gegenstandes schüren zu wollen, falsch war. Im Grunde war dieser Teppich noch zu grell, zu ungestüm, zu neu. Die Farben waren noch nicht stumpf und blaß genug. Das Verhältnis mußte umgekehrt, die Töne mußten gedämpft und erstickt werden durch das Gegengewicht eines hell leuchtenden Objekts, das alles um sich herum in den Schatten stellte, das auf bleiches Silber ein goldenes Licht warf. Ging man das Problem so an, ließ es sich leichter lösen. Er beschloß folglich, den Panzer seiner Schildkröte mit einer Goldglasur überziehen zu lassen.

Als das Tier dann vom Praktiker wiederkam, der es in Pension genommen hatte, gleißte es wie eine Sonne, strahlte auf dem Teppich, dessen Farben verdrängt wurden und zurückwichen vor dem Widerschein dieses westgotischen Schildes mit seinen Schuppen, die ein Künstler von barbarischem Geschmack dachziegelartig übereinander geschichtet hatte.

Zuerst war Des Esseintes entzückt von der Wirkung, meinte dann, daß dieses riesenhafte Schmuckstück noch immer einen groben Entwurf darstelle und erst wirklich vollendet sei, wenn darin seltene Edelsteine eingelegt worden seien.

Aus einer japanischen Sammlung suchte er eine Zeichnung heraus, die einen strahlenförmig, von einem dünnen Stengel aufstrebenden Blumenschwarm abbildete. Er trug sie zu einem Juwelier, skizzierte einen Umriß, der den Strauß mit einem ovalen Rahmen umgab, und vermeldete dem verdutzten Edelsteinhändler, daß Laub und Blütenblätter jeder einzelnen Blume in Juwelen ausgeführt und unmittelbar in das Schildpatt des Tieres eingearbeitet werden sollten.

Die Wahl der Steine hielt ihn auf: der Diamant nahm sich besonders gewöhnlich aus, seitdem alle Geschäftsleute einen am kleinen Finger trugen; die Smaragde und Rubine des Orients waren zwar weniger entwertet und sprühten auch Funken, erinnerten aber zu sehr an die grünen und roten Augen mancher Omnibusse, die Scheinwerfer in diesen beiden Farben längs ihrer Schläfen angebracht haben; was die Topase anbelangte, sowohl die Rauchtopase als auch die hellen, so waren sie wohlfeile Steine und einem Kleinbürgertum teuer, das seine Kostbarkeiten gern in einen Glasschrank zwängt. Andererseits, und obwohl die Kirche dem Amethyst einen geistlichen, zugleich salbungsvollen und ernsten Charakter erhalten hatte, war auch dieser Stein durch die Berührung mit den blutroten Ohren und den Wurstfingern der Metzgersgattinnen heruntergekommen, die sich zu einem mäßigen Preis mit echten, schweren Juwelen schmücken wollten. Einzig der Saphir hatte sich unter all diesen Steinen sein von der industriellen und pekuniären Dummheit noch unberührtes Feuer bewahrt. Seine in klarem, kaltem Wasser knisternden Funken schützten seinen verschwiegenen, hochmütigen Adel gewissermaßen vor jeder Beschmutzung. Leider sprühten seine kühlen, frischen Flammen nicht mehr im künstlichen Licht; der blaue Glanz fiel in sich selbst zurück und schien einzuschlafen, um erst wieder bei Tagesanbruch funkelnd zu erwachen.

Es schien ausgemacht: keiner dieser Edelsteine konnte Des Esseintes zufriedenstellen. Ohnehin waren sie zu zivilisiert und zu bekannt. Er ließ entlegenere und bizarrere Mineralien durch seine Finger gleiten und sonderte schließlich eine Reihe echter und falscher Steine aus, deren Vermischung eine faszinierende und verwirrende Harmonie erzielen mußte.

Und so komponierte er nun sein Blumengebinde: die Blätter sollten aus einem hervorstechenden und ganz bestimmten Grün bestehen: aus spargelgrünen Chrysoberyllen, lauchgrünen Chrysolithen und olivgrünen Olivinen und sich auf diese Weise von den Zweigen aus Almadin und rotviolettem Uwarowit abheben, die den spröden Paillettenglanz des Weinsteinglimmers haben, der innen in den Holzfässern glitzert.

Für die abseits vom Stiel und entfernt vom Garbenbund stehenden Blüten verwendete er Bergblau, verwarf aber strikt den orientalischen Türkis, der zu Broschen und Ringen verarbeitet wird und zusammen mit der banalen Perle und der widerlichen Koralle die niederen Stände entzückt; er wählte ausschließlich Türkise aus dem Okzident,

Steine, die eigentlich nur fossiles Elfenbein sind, durchsetzt mit kupferfarbenen Bestandteilen, und deren hellgrünes Blau verschliert, undurchsichtig, schweflig, wie gallig gelb wirkt.

Nachdem dies erledigt war, konnte er jetzt die Blätter der in der Mitte des Straußes voll entfalteten Blüten, der Blüten also, die der Straußachse am nächsten standen, in lichtdurchlässige, glasig und morbid glänzende, fiebrig und grell strahlende Mineralien fassen, die einzig aus ceylonesischen Katzenaugen, aus Cymophanen und Saphirinen bestanden.

Denn diese drei Steinarten schleuderten geheimnisvolle und perverse Blitze, die schmerzhaft widerwillig aus der eisigen Tiefe ihres trüben Wassers hervorbrachen.

Da war das grünlich graue Katzenauge mit seinen konzentrisch verlaufenden Adern, die sich je nach Lichteinfall zu bewegen und zu wandern schienen; da war der Cymophan mit seinem azurblauen Moiré, das über die im Innern schwimmende Milchfarbe züngelte; und da war der Saphirin, der auf schokoladenfarbenem, dumpf braunem Grund die bläulichen Flammen des Phosphor entfachte.

Der Edelsteinhändler zeichnete sich die Stellen auf, wo die Steine eingelegt werden sollten. »Und der Panzerrand?« sagte er zu Des Esseintes.

Der hatte zunächst an einige Opale und Hydrophane gedacht. Doch diese durch das Zögerliche ihrer Farben und das Ungewisse ihrer Strahlkraft interessanten Steine waren gar zu ungehorsam und untreu. Der Opal hatte eine geradezu rheumatische Sensibilität, das Spiel seiner Reflexe änderte sich mit der Feuchtigkeit, der Hitze und Kälte, und der Hydrophan brannte nur im Wasser und ließ seine graue Glut erst lodern, wenn man ihn befeuchtete.

Er entschied sich schließlich für Steine, deren Reflexe sich abwechseln sollten: für den mahagoniroten Hyacinth von Compostella, den meergrünen Aquamarin, den wie

Essig so blaßroten Ballasrubin und den schieferbleichen Rubin aus Södermannland. Ihr schwaches Schillern erhellte hinlänglich das düstere Schildpatt und ließ die Blütenjuwelen unversehrt, die sie mit einer schmalen, ätherisch leuchtenden Girlande säumten.

In eine Ecke seines Speisezimmers gepreßt, betrachtete Des Esseintes nun die Schildkröte, die im Halbdunkel funkelte.

Er fühlte sich ganz und gar glücklich. Seine Augen berauschten sich am strahlenden Glanz der auf goldenem Grund flammenden Blütenkronen. Plötzlich bekam er ungewöhnlicherweise Appetit und tauchte seine mit einer besonders köstlichen Butter bestrichenen Röstbrotscheiben in eine Tasse Tee, in eine untadelige Mischung aus Si-a-Fajun, Mo-ju-tann und Khansky, gelbe Teesorten, die nur ganz selten mit Karawanen von China nach Rußland gelangten.

Er trank dieses flüssige Parfum aus chinesischem Porzellan, das man Eierschalenporzellan nennt, so durchsichtig und dünn ist es; und so wie er einzig diese wunderbaren Tassen gelten ließ, so bediente er sich auch beim Besteck ausschließlich echt vergoldeten Silbers, das sein Gold schon etwas verloren hatte und das Silber unter der goldmüden Schicht ein klein wenig hervorscheinen ließ, was ihm einen Anflug alter, ganz erschöpfter, ganz moribunder Anmut verlieh.

Als er den letzten Schluck getrunken hatte, ging er in sein Kabinett zurück und ließ sich von dem Diener die Schildkröte nachtragen, die sich partout nicht bewegen wollte.

Schnee fiel. Im Schein der Lampen wuchsen Eisgräser hinter den bläulichen Scheiben, und der Rauhreif glitzerte wie geschmolzener Zucker in den Flaschenböden der goldgesprenkelten Fensterscheiben.

Tiefe Stille hüllte das in der Finsternis erstarrte Haus ein.

Des Esseintes überließ sich seinen Träumen. Die mit Scheiten beladene Glut füllte das Zimmer mit heißen Schwaden; er öffnete das Fenster.

Wie ein langer Wandbehang aus farbenverkehrtem Hermelin erhob sich vor ihm der schwarze, weißgefleckte Himmel.

Ein eisiger Wind fegte, beschleunigte den tollen Schneewirbel und stieß die Farbanordnung um.

Der heraldische Umhang des Himmels wendete sich und wurde durch die zwischen den Flocken verstreuten Nachtsprengsel zu einem echten weißen, schwarzgefleckten Hermelin.

Er schloß das Fenster. Der jähe, übergangslose Wechsel von der glühenden Hitze zum Reif des hohen Winters hatte ihn erschauern lassen. Er kauerte sich am Feuer nieder und kam auf den Gedanken, ein geistiges Getränk zu sich zu nehmen, das ihn erwärmen würde.

Er begab sich in das Speisezimmer, wo ein in eine Zwischenwand eingelassener Schrank auf winzigen Sandelholzgestellen eine Reihe kleiner, nebeneinander stehender Fäßchen enthielt, deren Unterbauch von silbernen Hähnen durchbohrt war.

Er nannte diese Versammlung von Likörfäßchen seine Mundorgel.

Eine Stange konnte alle Hähne erreichen und sie einer einzigen Bewegung unterwerfen, so daß man, war die Stange erst einmal eingeschoben, nur noch auf einen in der Holzverkleidung verborgenen Knopf zu drücken brauchte, damit alle zugleich aufgedrehten Hähne die unter ihnen unsichtbar aufgestellten Becher mit Likör füllten.

Die Orgel stand jetzt offen. Die Register mit den Schildchen »Flöte, Horn und Celesta« waren herausgezogen und betriebsbereit. Des Esseintes trank hier und da einen Tropfen, spielte sich innere Symphonien vor und verschaffte sich so in der Kehle Empfindungen, die denen entsprachen, die die Musik dem Ohr vermittelt. Ihm zufolge entsprach nämlich der Geschmack eines jeden Likörs dem Klang eines Instruments: der trockene Curaçao zum Beispiel der Klarinette, deren Gesang säuerlich und samten ist; der Kümmel der Oboe, deren sonores Timbre näselnd klingt; Pefferminz- und Anislikör der Flöte, die sich zugleich zuckersüß und gepfeffert, piepsig und lieblich anhört, wohingegen der Kirsch, um das Orchester zu vervollständigen, den zornigen Ton der Trompete hat: Gin und Whisky feuern den Gaumen an mit ihrem durchdringenden Horn- und Posaunenschall; Tresterschnaps explodiert wie das ohrenbetäubende Getöse der Tuben, während die Rakis von Chios und die Mastixliköre den Donner der mit ganzer Wucht geschlagenen Becken und Trommeln in der Mundhaut rollen lassen.

Er glaubte auch, daß diese Ähnlichkeiten noch erweitert werden, daß Streichquartette in der Gaumenhöhle erklingen konnten mit der Violine , die der alte, rauchige und feine, schrille und zarte Branntwein vertrat; mit der Bratsche, die der robustere, brummigere und dumpfere Rum vortäuschte; mit dem wie ein Cello so schmerzlichen und langanhaltenden, so wehmütigen und schmeichlerischen Magenbitter; mit dem Kontrabaß, so reichhaltig, gediegen und schwarz wie alter, reiner Bitter. Man konnte gar, wollte man ein Quintett bilden, ein fünftes Instrument, die Harfe, hinzunehmen, der durch eine plausible Verwandtschaft die vibrierende Würze und blasierte, schlanke argentinische Note des trockenen Kümmels entsprach.

Die Ähnlichkeit ging noch weiter: in der Musik der Liköre gab es Tongeschlechter. So stellte, um nur eine Tonart anzuführen, der Benediktiner sozusagen den Mollton der Spirituosen dar, deren Durton in den Partituren der Händler mit dem Vorzeichen der grünen Chartreuse versehen wird. Nun, da er diese Gesetze aufgestellt hatte, war es ihm dank gelehrter Versuche gelungen, sich auf der Zunge stumme Melodien und schweigende, pompöse Trauermärsche zu spielen und in seinem Mund Pfefferminzlikörsoli und Magenbitter- und Rumduos zu hören.

Es glückte ihm sogar, sich wirkliche Musikstücke in den Kiefer zu übertragen, indem er dem Komponisten Schritt für Schritt folgte und dessen Gedanken, beabsichtigte Wirkungen und Nuancen durch Vereinigungen oder Gegenüberstellungen verwandter Liköre und durch sich annähernde und kunstvolle Mischungen wiedergab.

Früher komponierte er auch selbst Melodien, verfaßte er ländlich-idyllische Tonsätze mit dem gutmütigen Johannisbeerlikör, der ihm die perlenden Koloraturen der Nachtigall in die Kehle steigen ließ, und mit dem zarten Kakao-Schuwa, der sirupartige Schäferlieder wie die ›Romances d'Estelle‹ und das ›Ah! vous dirai-je, Maman‹ der guten alten Zeit trällerte.

Doch an diesem Abend verspürte Des Esseintes nicht die geringste Lust, den Geschmack der Musik zu hören. Er begnügte sich damit, der Tastatur seiner Orgel nur eine Note zu entlocken, indem er sich einen kleinen Becher mitnahm, den er zuvor mit echtem irischen Whisky gefüllt hatte.

Er schmiegte sich wieder in seinen Sessel und sog bedächtig schnuppernd den vergorenen Hafer- und Gerstensaft ein. Ein starker Kreosotgeschmack verpestete ihm den Mund.

Beim Trinken folgten seine Gedanken allmählich der von seinem Gaumen beschworenen Empfindung, sie hielten Schritt mit der Würze des Whisky und weckten, angeregt durch die unheilvolle Genauigkeit des Geschmeckten, seit Jahren versunkene Erinnerungen.

Die scharfe Blume rief ihm einen identischen Geschmack

ins Gedächtnis zurück, der ihm damals auf der ganzen Zunge gelegen hatte, als die Zahnärzte in seinem Zahnfleisch herumfuhrwerkten.

Seine Gedanken, nun einmal auf der Fährte, überflogen zunächst alle Ärzte, deren Bekanntschaft er hatte machen müssen, konzentrierten sich dann aber auf einen einzigen, der durch seinen exzentrischen Eindruck ihm ganz besonders haften geblieben war.

Drei Jahre war es her. Mitten in der Nacht überfiel ihn plötzlich rasendes Zahnweh; er klopfte sich die Wange, stieß gegen die Möbel und lief wie ein Wahnsinniger in seinem Zimmer auf und ab.

Schuld war ein bereits plombierter Backenzahn und an Heilung war nicht zu denken. Nur die Zange der Dentisten konnte dem Übel abhelfen. Er fieberte dem Tag entgegen, entschlossen, die gräßlichsten Operationen über sich ergehen zu lassen, wenn sie nur diesen Schmerzen ein Ende machten.

Sich die Backe haltend, fragte er sich, wie er es anstellen solle. Die Zahnärzte, die ihn behandelten, waren reiche Geschäftsleute, die kaum in Betracht kamen. Mit ihnen mußte man Konsultationen, Sprechzeiten vereinbaren. »Das ist unzumutbar, ich kann es nicht mehr aufschieben«, sagte er und entschied, zum erstbesten zu gehen, zu einem Zahnklempner des niederen Volks zu laufen, zu einem der Männer mit der eisernen Faust, die, wenn sie auch die übrigens herzlich nutzlose Kunst der Kariesbehandlung und des Löcherverstopfens nicht verstanden, so doch mit unvergleichlicher Geschwindigkeit die hartnäckigsten Stümpfe auszureißen wußten. Bei denen war schon frühmorgens geöffnet, und man mußte nicht warten. Endlich schlug es sieben Uhr. Er stürzte aus dem Haus und, sich des bekannten Namens eines Zahntechnikers entsinnend, der den Titel »Volksdentist« führte und an einer Quaiecke wohnte, schnellte er auf die Straße, indes er in sein Taschentuch biß und die Tränen unterdrückte.

Hechelnd, mit schweißnassen Schläfen stand er vor dem Haus, das an einem riesigen schwarzen Holzschild, auf dem breit und in großen, kürbisfarbenen Lettern der Name ›Gatonax‹ prangte, und das an zwei kleinen verglasten Schaukästen zu erkennen war, in denen sich Gipszähne in durch Messingdraht miteinander verbundenen Zahnfleischbögen aus rosa Wachs sauber aufreihten. Eine schreckliche Bangigkeit bemächtigte sich seiner, ein Schauder lief ihm über die Haut, Linderung trat ein, der Schmerz hörte auf, der Zahn schwieg.

Stumpfsinnig verharrte er auf dem Trottoir. Schließlich hatte er seine Angst überwunden und war eine dunkle Treppe hinaufgestiegen, hatte vier Stufen auf einmal genommen bis hinauf ins dritte Stockwerk. Dort fand er sich vor einer Tür, auf der eine Emailletafel in himmelblauen Buchstaben den Namen des Holzschildes wiederholte. Er hatte an der Klingelschnur gezogen, dann, entsetzt über den roten Auswurf, der großflächig an den Stufen klebte, auf dem Absatz kehrtgemacht, entschlossen, sein Leben lang Zahnschmerzen zu erdulden, als ein gellender Schrei durch die Wand drang, das Treppenhaus erfüllte und ihn vor Grauen auf der Stelle festnagelte. Just in diesem Augenblick öffnete sich eine Tür, und eine alte Frau bat ihn einzutreten.

Die Scham war stärker gewesen als die Furcht, und so hatte er sich in ein Eßzimmer führen lassen. Eine andere Tür hatte geschlagen und einem scheußlichen Dragoner in schwarzem Kittel und schwarzen Hosen, steif wie Holz, den Weg freigegeben. Des Esseintes folgte ihm in ein anderes Zimmer.

Von da an verwirrten sich seine Erinnerungen; undeutlich sah er vor sich, wie er in einen Stuhl gegenüber dem

Fenster gesunken war und, mit einem Finger auf seinen Zahn deutend, gestammelt hatte: »Er ist bereits plombiert worden, ich fürchte, da ist nichts mehr zu wollen.«

Der Mann hatte diese Erklärungen kurzerhand unterbunden, indem er ihm einen riesigen Zeigefinger in den Mund rammte. Danach hatte er ein Instrument von einem Tisch genommen, während er etwas in seinen spitz gezwirbelten, gewichsten Schnauzbart murmelte.

Damit hatte der große Auftritt seinen Anfang genommen. Des Esseintes, die Finger in die Armlehnen gekrallt, hatte etwas Kaltes innen an der Wange gespürt, worauf ihm hundert Sterne vor den Augen tanzten und er, noch nie erlebte Schmerzen leidend, begonnen hatte, mit den Füßen zu schlagen und wie ein Tier zu blöken, das man mordet.

Ein Knirschen wurde hörbar, der Backenzahn war abgebrochen. Da schien ihm, daß man ihm den Kopf abrisse, ihm den Schädel zertrümmerte. Er verlor den Verstand und brüllte markerschütternd. Wütend verteidigte er sich gegen den Mann, der sich von neuem auf ihn warf, als wollte er ihm den Arm bis in den Magen stoßen, jetzt aber abrupt einen Schritt zurücktrat und, den am Kiefer hängenden Körper hochziehend, Des Esseintes roh nach hinten in den Stuhl zurückfallen ließ, indes er keuchend und den Fensterrahmen ausfüllend, seine Zange schwenkte mit einem blauen Zahn, an dem etwas Rotes hing!

Vernichtet hatte Des Esseintes eine Schale mit Blut vollgespuckt, durch eine Gebärde zu der eintretenden Alten die Opfergabe seines Zahnstumpfes ausgeschlagen, den in eine Zeitung einzuwickeln sie sich anschickte, und hatte nach Bezahlung von zwei Francs die Flucht ergriffen und unterwegs seinen blutigen Speichel auf die Stufen gespieen. Fröhlich, um zehn Jahre verjüngt und den banalsten Dingen Aufmerksamkeit schenkend, hatte er sich auf der Straße wiedergefunden.

»Brr!« schüttelte er sich betrübt unter dem Ansturm dieser Erinnerungen. Er erhob sich, um den gräßlichen Zauber dieser Vision zu brechen, und sorgte sich nun, da ihn das Leben wiederhatte, um die Schildkröte.

Sie bewegte sich noch immer nicht. Er befühlte sie; sie war tot. Weil sie zweifellos an ein ortsgebundenes Dasein, an ein bescheiden unter ihrem armen Panzer verbrachtes Leben gewöhnt war, hatte sie den gleißenden Luxus, den man ihr aufzwang, den funkelnden Chormantel, den man ihr umlegte, die Edelsteine, womit man, gleich einer Monstranz, ihren Rücken bepflasterte, nicht ertragen können.

V

Während er sich immer heftiger danach sehnte, einer hassenswerten Zeit voll unwürdiger Gemeinheiten den Rücken zu kehren, war für ihn das Bedürfnis immer herrischer geworden, keine Gemälde mehr sehen zu müssen, die einen Menschen darstellen, der sich in Paris zwischen seinen vier Wänden abmüht oder geldsuchend durch die Straßen irrt.

Nun, da er an der Existenzform seiner Zeit keinen Anteil mehr nahm, hatte er beschlossen, in seiner Zelle auch keine Larven des Abstoßenden oder des Jammers zuzulassen, und es verlangte ihn nach einer subtilen, erlesenen Malerei, die, unseren Sitten und Tagen entrückt, hinabgetaucht war in einen alten Traum, in antike Verderbtheit.

Zur Ergötzung seines Geistes und zur Freude seiner Augen sehnte er sich nach einigen Werken voller Suggestion, die ihn in eine unbekannte Welt werfen, ihm die Fährten zu neuen Ahnungen aufdecken, ihm das Nervensystem durch gelehrte Hysterien, verwickelte Albträume, laszive und grauenhafte Visionen in Aufruhr versetzen sollten.

Einen Künstler vor allem gab es, dessen Talent ihn in langanhaltenden Wellen entzückte: Gustave Moreau.

Er hatte seine zwei Meisterwerke erworben und träumte nächtelang vor dem einen, dem Gemälde der Salome, das so beschaffen war:

Ein mächtiger Thron, dem Hochaltar einer Kathedrale

gleich, stand in einem basilikaähnlichen Palast mohammedanischen und zugleich byzantinischen Stils unter zahlreichen Gewölben, die emporwuchsen aus gedrungenen, an romanische Pfeiler erinnernde, mit buntglasierten Mauersteinen durchsetzten, mit Mosaiken übersäten, mit Lapislazuli und Sardonyx ausgelegten Säulen.

In der Mitte des Tabernakels über dem Altar, dem Stufen in der Form halber Brunnenschalen vorgelagert waren, saß der Vierfürst Herodes mit einer Tiara auf dem Haupt, die Beine geschlossen, die Hände auf den Knien.

Sein Antlitz war gelb, pergamenten, faltengeringt, altersschwach; der lange Bart floß wie eine weiße Wolke über die Myriaden von Edelsteinsternen auf dem goldverbrämten Gewand, das ihm die Brust umschloß.

Rings um diese reglose, in der hieratischen Pose eines indischen Gottes erstarrten Statue schwelten Essenzen und verströmten Duftschwaden, aus denen, wie die glitzernden Augen eines Tieres, das Gleißen der in die Thronlehnen eingelassenen Steine hervorbrach. Der Dunst stieg auf und schlängelte sich unter die Rundbögen, wo sich der blaue Rauch mit dem Goldstaub der breiten Lichtstrahlen verwob, die durch das Kuppelgewölbe einfielen.

Im perversen Duft dieser Essenzen, in der Schwüle dieser Kirche nun Salome, wie sie, mit dem zu herrischer Geste ausgestreckten linken Arm und im rechten, angewinkelten in Gesichtshöhe eine große Lotosblüte haltend, auf den Zehenspitzen langsam zu den Klängen einer Gitarre vorwärtsschreitet, deren Saiten von einer am Boden hockenden Frau geschlagen wurden.

Auf ihrem Antlitz zeichnen sich Andacht, Feierlichkeit, fast Erhabenheit ab, und so beginnt sie den lüsternen Tanz, der die matten Sinne des greisen Herodes wachrütteln soll. Ihre Brüste kreisen, die Warzen richten sich auf unter der Reibung der wirbelnden Halsschnüre; die festgeklebten

Diamanten blitzen auf der feuchtglänzenden Haut; Armbänder, Gürtel und Ringe speien Funken; auf ihrem perlenbesetzten, silberberankten, golddurchwirkten Prunkgewand entflammt das Kettenhemd aus Geschmeide, dessen Maschen Juwelen sind: gleich herrlichen Insekten mit karmesingeäderten, morgenrotgelbübertupften, stahlblaugesprenkelten, pfauengrüngetigerten Flügeln, deren Glanz blendet, irrlichtert es über das matte Fleisch, die teerosenfarbene Haut, züngelt es wie eine Feuerschlange.

In sich selbst versponnen, das Auge fast schlafwandlerisch starr, sieht sie weder den erschauernden Vierfürsten noch ihre Mutter, die schreckliche Herodias, die sie scharf beobachtet, noch gar den Hermaphroditen oder Eunuchen, der mit dem Säbel in der Faust unten am Thron steht, eine furchterregende Gestalt, die bis zu den Wangen verhüllt ist und deren Kastratenzitzen wie Flaschenkürbisse unter dem orangegescheckten Überwurf baumeln.

Von solch einer Salome, die Künstler und Dichter so quälend heimsucht, war Des Esseintes schon seit Jahren besessen. Wie oft hatte er nicht in der alten Bibel Pierre Variquets, die von den Theologiedoktoren der Universität zu Loewen übersetzt worden war, das Matthäusevangelium gelesen, das in unbefangenen und bündigen Sätzen die Enthauptung Johannes des Täufers, des Vorboten, erzählt! Wie oft war er über diesen Zeilen ins Träumen geraten:

»Da aber Herodes seinen Jahrestag beging, da tanzte die Tochter der Herodias vor ihnen. Das gefiel Herodes wohl.

Darum verhieß er ihr mit einem Eide, er wolle ihr geben, was sie fordern würde.

Und wie sie zuvor von ihrer Mutter angestiftet war, sprach sie: Gib mir her auf einer Schüssel das Haupt Johannes des Täufers!

Und der König ward traurig; doch um des Eides willen und derer, die mit ihm zu Tisch saßen, befahl er's ihr zu geben. Und schickte hin und enthauptete Johannes im Gefängnis.

Und sein Haupt ward hergetragen in einer Schüssel und dem Mägdlein gegeben; und sie brachte es ihrer Mutter.«

Doch weder Matthäus noch Markus, weder Lukas noch die anderen Evangelisten ließen sich über die berauschenden Reize, die lodernde Verderbtheit der Tänzerin aus. Sie blieb konturenlos, verlor sich geheimnisvoll und ohnmächtig im fernen Nebel der Jahrhunderte, blieb unzugänglich für sachliche und exakte Geister, faßbar nur den zerrütteten, geschärften, von einer Nervenkrankheit gleichsam visionär gewordenen Gehirnen, widerspenstig, undurchdringlich für die Maler des Fleisches, für Rubens, der sie als flandrische Metzgersfrau verkleidete, unverständlich allen Schriftstellern, die nie imstande waren, die verstörende Überspanntheit der Tänzerin, die raffinierte Größe der Mörderin einzufangen.

Im Kunstwerk Gustave Moreaus, das dieser ungeachtet der biblischen Wahrheiten geschaffen hatte, sah Des Esseintes endlich die übermenschliche und fremdartige Salome verwirklicht, von der er geträumt hatte. Hier war sie nicht mehr nur die tanzende Schmierenkomödiantin, die durch eine unzüchtige Drehung der Hüften einem Greis den Schrei der Begierde und der Brunst entreißt, die durch die Bewegung ihrer Brüste, den Stößen des Bauches und durch das Beben ihrer Schenkel die Kraft eines Königs bricht und seinen Willen dahinschmelzen läßt; sie wurde gleichsam zur symbolischen Gottheit der unzerstörbaren Wollust, zur Göttin der unsterblichen Hysterie, zur verfluchten Schönheit, vor allen anderen erwählt wegen der Starre, die ihren Leib steif und die Muskeln hart machte; sie wurde zum widernatürlichen, teilnahmslosen, unverantwortlichen, fühllosen Tier, das wie die Helena der Antike alles vergiftet, was ihm nahekommt, was seiner ansichtig wird, was es berührt. So aufgefaßt, gehörte sie in die fernöstlichen Theogonien; sie entsprang nicht mehr biblischen Traditionen, durfte nicht einmal mehr dem leibhaftigen Abbild Babylons, der königlichen Hure der Offenbarung, gleichgesetzt werden, die doch wie sie mit Kleinodien und Purpur herausgeputzt, wie sie geschminkt war; denn jene wurde ja nicht von einer schicksalhaften Macht, durch eine höhere Gewalt in die verlockenden Niederungen der Ausschweifung geworfen.

Der Maler selbst hatte offenbar seine Absicht, sich über die Jahrhunderte hinwegzusetzen, weder Herkunft, Land noch Epoche anzugeben, deutlich machen wollen, indem er seine Salome in diesen unerhörten, stilverworrenen, grandiosen Palast stellte, sie in prunkvolle Phantasiegewänder hüllte, ihr, gleich einer Mitra, ein eigenartiges Diadem in der Form eines phönizischen Turms auf den Kopf setzte, wie Salammbo eines trägt, und ihr schließlich das Zepter der Isis, die heilige Blume Ägyptens und Indiens, die große Lotosblüte in die Hand gab.

Des Esseintes suchte nach dem Sinn dieses Emblems. Hatte es jene phallische Bedeutung, die ihm die ursprünglichen Kulte Indiens beimaßen? Kündigte es dem alten Herodes eine Opferung von Jungfräulichkeit, einen Blutaustausch, eine unreine, unter der ausdrücklichen Bedingung eines Mordes erbetene und dargebotene Wunde an? Oder stellte es das Sinnbild der Fruchtbarkeit, den Hindu-Mythos des Lebens, das zwischen Frauenhänden ruhende Dasein dar, das die zuckenden Hände von Männern an sich reißen und erdrücken, die der Wahnsinn überfallen und ein Sinnentaumel verwirrt hat?

Vielleicht hatte der Maler, indem er seine rätselhafte Göttin mit dem ehrfurchtgebietenden Lotus bewaffnete, aber auch an die Tänzerin, an die sterbliche Frau, an das besudelte Gefäß gedacht, Ursache aller Sünden und aller

Verbrechen; vielleicht hatte er sich der Riten des alten Ägypten erinnert, der Bestattungszeremonien der Einbalsamierung, da Heilkundige und Priester den Leichnam der toten Frau auf eine Jadebank betten, ihm mit gebogenen Nadeln das Hirn aus den Nasenlöchern und durch einen Schnitt in seine linke Seite die Eingeweide aus dem Bauch ziehen und ihm dann, bevor sie ihm Nägel und Zähne vergolden, bevor sie ihn mit Erdpech und Essenzen einreiben, in die Geschlechtsteile, um sie zu reinigen, die keuschen Blütenblätter der göttlichen Blume stecken.

Wie dem sein mochte – eine unwiderstehliche Faszination ging von dem Gemälde aus, doch das ›Die Erscheinung‹ genannte Aquarell war vielleicht noch beunruhigender.

Hier erhob sich Herodes' Palast wie eine Alhambra auf zierlichen, in maurischen Mosaiken irisierenden, wie mit Silberbeton, wie mit Goldzement verkitteten Säulen; Arabesken stiegen aus Lapislazulirauten auf, rankten sich über die mit Perlmutt ausgelegten Kuppeln, wo sich regenbogenfarbige Lichtketten und Prismenfeuer schlängelten.

Der Mord war vollzogen; gleichmütig stand jetzt der Scharfrichter da, die Hände auf dem Knopf seines langen, blutbefleckten Degens.

Das abgeschlagene Haupt des Heiligen hatte sich von der auf die Fliesen gelegten Platte erhoben und blickte starr, fahl war es, bleich der offene Mund, karmesinrot der Hals, von dem Tränen tropften. Ein kreisförmiges Mosaik umgab das Antlitz, von dem ein Schein ausging, der unter den Säulengängen zu Lichtstrahlen aufschoß, die schreckliche Auferstehung des Hauptes beleuchtend, die glasigen Augäpfel entzündend, die sich gleichsam erstarrt an der Tänzerin festgesaugt hatten.

Mit einer Gebärde des Entsetzens wehrt Salome die grausige Vision ab, die sie festbannt, die sie reglos auf den

Zehenspitzen verharren läßt; ihre Augen weiten sich, ihre Hand umkrampft die Kehle.

Sie ist fast nackt; in der Glut des Tanzes haben sich die Schleier gelöst, ist der Brokat gefallen; sie ist nur noch mit Geschmeide und lichten Steinen bekleidet; ein Mieder umschließt ihr eng wie ein Brustharnisch die Mitte, und wie eine prachtvolle Agraffe schleudert ein wundervoller Edelstein Blitze aus der Furche zwischen den Brüsten; tiefer, auf den Hüften, umspannt sie ein Gürtel, er verbirgt den Ansatz der Schenkel, gegen die ein riesiges Gehänge schlägt, aus dem Ströme von Karfunkeln und Smaragden fließen; auf dem nackt gebliebenen Leib schließlich, zwischen Mieder und Gürtel, wölbt sich der Bauch mit seiner Nabelgrube, deren Loch einem aus Onyx gestochenen, milchigen, fingernagelrosa getönten Siegel gleicht.

Unter den vom Haupt des Täufers ausgehenden heißen Strahlen beginnen alle Facetten der Juwelen zu brennen; die Steine werden lebendig, zeichnen den Frauenleib mit weißglühenden Strichen, belecken ihn am Hals, an den Beinen und Armen mit Feuerzungen so hochrot wie Kohlen, so violett wie Gasflammen, so blau wie angezündeter Alkohol, so weiß wie Sternenlicht.

Der grausige Kopf lodert, blutet noch immer, Klumpen von dunklem Purpur in Bart und Haarspitzen absetzend. Einzig für Salome sichtbar, macht sein matter Blick weder Herodias, die ihrem endlich zum Ziele gelangten Haß nachsinnt, noch den Vierfürsten beklommen, der, leicht vornübergeneigt und die Hände auf den Knien, keuchend, außer sich über die Nacktheit des Raubtiergeruch ausdünstenden, in Balsam getauchten und in Weihrauch- und Myhrrenschwaden dampfenden Weibes.

Wie der alte König verharrte Des Esseintes überwältigt, vernichtet, taumelnd vor der Tänzerin, die weniger majestätisch, weniger hochmütig, aber betörender ist als die

Salome des Ölgemäldes. In der fühllosen, unbarmherzigen Statue, im unschuldig gefährlichen Idol offenbarten sich Erotik und die Schrecken des menschlichen Wesens; der große Lotus war verschwunden, die Göttin versunken; ein grauenvoller Albtraum würgte hier die vom wirbelnden Tanz in Ekstase geratene Hystrionin, die vor Entsetzen versteinerte und hypnotisierte Kurtisane.

Hier war sie wirklich Dirne; sie gehorchte ihrem Temperament einer hitzigen und grausamen Frau; sie lebte auf raffiniertere und wildere, verabscheuungswürdigere und erlesenere Weise; sie weckte tatkräftiger die erschlafften Sinne des Mannes, behexte und bändigte mit größerer Sicherheit seinen Willen mit ihrem Zauber einer großen, venerischen Blume, die auf gotteslästerlichem Boden gewachsen, in ruchlosen Treibhäusern gezogen worden war.

Wie Des Esseintes zu sagen pflegte, hatte das Aquarell noch nie, zu keiner Zeit, eine solche Farbenpracht zu erreichen vermocht; noch nie hatte die Armseligkeit chemischer Farben ein ähnliches Aufleuchten von Edelsteinen, ein solches Schimmern der von Sonnenstrahlen getroffenen Glasscheiben, einen derartig märchenhaften, blindmachenden Prunk der Stoffe und Leiber auf dem Papier zustande gebracht.

Und Des Esseintes, ganz der Betrachtung hingegeben, grübelte über die Vorbilder dieses großen Künstlers, dieses mystischen Heiden und Erleuchteten nach, der sich so der Welt entziehen konnte, daß er mitten in Paris die grausamen Visionen und zauberischen Apotheosen anderer Zeitalter aufblitzen sah. Seine künstlerische Herkunft konnte Des Esseintes kaum zurückverfolgen; hier und da undeutliche Anklänge an Mategna und Jacopo de Barbari; hier und da spukten verschwommen da Vinci und ein Farbenfieber à la Delacroix; doch der Einfluß dieser Meister war letztlich nicht erkennbar; in Wahrheit stammte Gustave Moreau von niemandem ab. Ohne wirkliche Vorfahren und vermutlich auch ohne Nachkommen, stand er einzig da in der zeitgenössischen Kunst. Er ging hinab bis zu den Quellen der Ethnographie, bis zu den Ursprüngen der Mythologien, deren blutige Rätsel er verglich und entwirrte; er vereinigte und verschmolz in eine einzige die dem Fernen Osten entsprossenen und durch den Glauben anderer Völker umgestalteten Legenden und rechtfertigte so seine architektonischen Mischformen, sein verschwenderisches und überraschendes Durcheinander von Stoffen, seine hieratischen und dunklen Allegorien, die das unruhige Raffinement einer ganz modernen Überreiztheit noch schärfer schliff; er war zeitlebens ein Überempfindlicher, heimgesucht von Symbolen der Perversität und einer übermenschlichen Liebe, einer ohne Hingabe und Hoffnung begangenen Schändung des Göttlichen.

Es war in seinen verzweifelten und gelehrten Werken ein einzigartiger Zauber, eine Beschwörung, die einen im Innersten aufwühlte, die an manche Gedichte Baudelaires erinnerte, und man verharrte verwundert, träumerisch, fassungslos vor dieser Kunst, die die Grenzen der Malerei überschritt und der Kunst der Beschreibung ihre subtilsten Anspielungen, der Kunst des Limosin ihr herrlichstes Leuchten und der Kunst des Steinschneiders und des Graveurs ihre erlesensten Nuancen entlehnte. Diese beiden Abbilder der Salome, für die Des Esseintes eine schrankenlose Bewunderung hegte, lebten vor seinen Augen, da sie an den Wänden seines Arbeitskabinetts auf eigens ihnen vorbehaltenen Flächen zwischen den Bücherregalen hingen.

Doch die Gemäldekäufe, die er zur Ausschmückung seiner Einsamkeit getätigt hatte, waren damit keineswegs beendet.

Obwohl er das ganze erste und einzige Stockwerk seines Hauses geopfert hatte, das er persönlich nicht bewohnte, hatte allein das Erdgeschoß eine große Anzahl von Rahmen erfordert, um die Wände zu dekorieren.

Dieses Erdgeschoß war so aufgeteilt:

Ein Ankleidezimmer mit Verbindungstür zum Schlafzimmer nahm die eine Hausecke ein; vom Schlafzimmer gelangte man in die Bibliothek, von der Bibliothek in das Speisezimmer, das in der anderen Hausecke lag.

Diese Räume, die eine der Hausfassaden bildeten, ergaben eine gerade Linie und waren durchsetzt mit Fenstern, die auf das Tal von Aunay gingen.

Hinter der anderen Front der Behausung verbargen sich vier Zimmer, die in ihrer Anordnung genau den ersten glichen. So lag die Küche über Eck und schloß sich an das Speisezimmer an. Eine große Diele, durch die man die Wohnung betrat, grenzte an die Bibliothek, eine Art Boudoir an das Schlafzimmer, das einen Winkel beschreibende Ankleidezimmer an die Toilette.

All diese Räume erhielten von der dem Tal von Aunay gegenüberliegenden Seite Licht und schauten auf den Turm von Le Croy und auf Châtillon.

Die Treppe hatte man außen an eine der Schmalseiten des Hauses gedrückt; so drangen die Schritte der Diener, unter denen die Stufen erbebten, weniger deutlich, gedämpfter an Des Esseintes' Ohr.

Das Boudoir hatte er in heftigem Rot ausschlagen und an alle Wände des Raumes ebenholzgefaßte Stiche von Jan Luyken, ein alter, holländischer, in Frankreich nahezu unbekannter Kupferstecher, hängen lassen.

Er besaß von diesem eigenwilligen und unheimlichen, wilden und grausamen Künstler den Zyklus ›Religiöse Verfolgungen‹, entsetzliche Stiche, die alle Martern enthielten, die der Wahnwitz der Religionen erfinden konnte, Stiche, auf denen die Zurschaustellung menschlicher Leiden tobte, Körper, die in der Glut rösteten, Schädel, deren Decke ein Schwertstreich abgehoben, Drahtstifte aufgebohrt und Sägen aufgerissen hatten, Gedärm, das aus dem Bauch gezogen und sich nun um Spulen wickelte, Nägel, die umständlich mit Zangen ausgerissen wurden, ausgelaufene Augen, Lider, die mit spitzen Nadeln umgestülpt wurden, ausgerenkte, sorgfältig gebrochene Gliedmaßen, bloßgelegte, mit Klingen langsam abgeschabte Knochen.

Diese Werke voller Greuelphantasien, die nach verbranntem Fleisch stanken, Blut ausschwitzten und widerhallten vom Geschrei des Grauens und der Bannflüche, verursachten Des Esseintes, den sie wie erstickt in diesem roten Kabinett festhielten, eine Gänsehaut.

Doch über den Schauder hinaus, den sie auslösten, über das beängstigende Talent dieses Mannes und die einzigartige Lebendigkeit, die seine Figuren beseelte, entdeckte man bei seinem erstaunlichen Menschengewimmel, bei seinen Volksströmen, die mit einer an Callot erinnernden Gewandtheit des Stifts, aber auch mit einer solchen Kraft hingeworfen waren, die dieser amüsante Kritzler nie besaß, eine bemerkenswerte Wiedergabe von Milieus und Epochen: Architektur, Kleidermode und Sitten zur Zeit der Makabäer, unter den Christenverfolgungen in Rom, während der Herrschaft der Inquisition in Spanien, im mittelalterlichen Frankreich und zur Zeit der Bartholomäusnacht und der Dragonade waren mit peinlicher Sorgfalt erforscht und höchst kenntnisreich aufgezeichnet worden.

Diese Stiche waren Fundgruben, man konnte sie, ohne ihrer müde zu werden, stundenlang betrachten. Da von ihnen eine tiefe Suggestion ausging, die eine Fülle von Überlegungen anregte, halfen sie Des Esseintes oft, die Tage, die sich gegen Bücher sträubten, totzuschlagen.

Luykens Leben stellte für ihn noch einen zusätzlichen Reiz dar; es erklärte übrigens das Halluzinatorische seines Werks. Der glühende Calvinist, der verstockte Sektierer, der vernarrt war in Loblieder und Gebete, verfaßte religiöse Gedichte, die er bebilderte. Er schrieb die Psalmen in Verse um, versenkte sich in die Lektüre der Bibel, woraus er verzückt, verstört wiederauftauchte, das Hirn umnebelt von blutrünstigen Themen, sein Mund entstellt von den Verwünschungen der Reformation, von ihren Schreckens- und Wutgesängen.

Daneben verachtete er die Welt, überließ den Armen seine Habe, lebte von einem Stück Brot; schließlich hatte er sich mit einer alten, von ihm fanatisierten Dienerin eingeschifft, und er ging an Land, wo sein Schiff gerade ans Ufer stieß, überall das Evangelium predigend; er versuchte, überhaupt nicht mehr zu essen, und war nahezu verrückt, fast wild geworden.

In dem größeren Nebenzimmer, in der mit zigarrenkistenfarbenem Zedernholz getäfelten Diele reihten sich andere Stiche, andere bizarre Zeichnungen übereinander:

So die ›Komödie des Todes‹ von Bresdin, wo in einer unwirklichen Landschaft, die mit Bäumen, Dickicht und Büschen gespickt ist, deren Formen Dämonen und Gespenster vorspiegeln, die bevölkert ist von rattenköpfigen Vögeln, mit Schwänzen aus Gemüse, wo auf einem mit Wirbelknochen, Rippen und Schädeln übersäten Acker knorrige, rissige Weiden stehen, auf denen Skelette mit ausholenden Armbewegungen Blumensträuße schwingen und ein Triumphgeheul anstimmen; und wo ein Christus in einen Schäfchenwolkenhimmel hinaufflüchtet, ein Einsiedler, den Kopf zwischen den Händen, in der Tiefe einer Grotte nachdenkt, und ein auf dem Rücken liegender Elender, die Füße neben einer Wasserlache, erschöpft von Entbehrungen und ausgezehrt von Hunger stirbt.

Oder der ›Barmherzige Samariter‹ desselben Künstlers, eine riesige, vom Stein abgezogene Federzeichnung: ein extravaganter Wirrwarr aus Palmen, Ebereschen, Eichen, die ungeachtet der Jahreszeiten und der Witterungsverhältnisse alle zugleich gewachsen waren, ein hochwuchernder Dschungel, vollgestopft mit Affen, Eulen und Uhus und ganz ausgebeult von alten, wie Mandragorawurzeln verkrümmten Baumstümpfen, ein Zauberwald, in der Mitte aufgebrochen von einer Lichtung, die in der Ferne hinter einem Kamel und der Gruppe des Samariters mit dem Verletzten schemenhaft einen Fluß und eine Märchenstadt sehen ließ, die sich den Horizont hinaufwand und in einen seltsamen, vogelgepunkteten, wellendurchkräuselten, von den geballten Wolken wie aufgeblähten Himmel stieg.

Man hätte meinen können, vor der Zeichnung eines frühen Meisters, eines Pseudo-Dürers zu stehen, die ein opiumbenebeltes Hirn ausgebrütet hatte; aber obwohl Des Esseintes die Raffinesse der Details und das Imposante dieses Blattes sehr mochte, verweilte er doch lieber vor den anderen Bildern, die das Zimmer schmückten.

Diese waren signiert: Odilon Redon.

Sie umschlossen in ihren goldgeränderten Rundstäbchen aus Naturbirne unglaubliche Erscheinungen: einen auf einem Kelch ruhenden Kopf im merowingischen Stil; einen Bärtigen, der mit dem Finger eine kolossale Kanonenkugel berührt, Bonze und öffentlicher Versammlungsredner zugleich; eine furchtbare Spinne, die in der Mitte ihres Leibes ein menschliches Antlitz barg; manche Kohlezeichnungen drangen noch tiefer in den Schrecken der Wahnvorstellungen ein: hier gab es einen riesigen Spielwürfel, auf dem traurig ein Augenlid blinzelte, dort ausgetrocknete, unfruchtbare Landschaften, verbrannte Ebenen, Bodenerschütterungen, Vulkanausbrüche, die die in Aufruhr geratenen Wetterwolken festbannten, fahle Himmel, die stillstanden. Bisweilen schienen die Bildgegenstände dem Albtraum der Wissenschaft zu entspringen, aus vorgeschichtlichen Zeiten zu stammen: eine monströse Flora blühte da auf Felsen, überall erratische Blöcke, Geschiebemergel, Gestalten, deren affenähnlicher Typus, deren ausladende Kinnbacken, wülstige Brauenbögen und fliehende Stirnen, deren abgeplattete Hirnschalen an den Kopf der Vorfahren, an den Schädel aus dem frühen Quartär erinnerten, da der Mensch sich noch von Früchten nährte und der Sprache entbehrte, da er der Zeitgenosse des Mammut, des Wollnashorns und des großen Bären war. Diese Zeichnungen standen jenseits von allem; die meisten sprengten die Grenzen der Malerei, begründeten eine singuläre Phantastik, eine Phantastik des Kranken und Rauschhaften.

Und tatsächlich weckten solche von übergroßen Augen, von irren Augen ausgehöhlten Gesichter, solch unmäßig vergrößerten oder wie durch eine Glaskaraffe verzerrten Leiber bei Des Esseintes Erinnerungen an Typhusfieberanfälle, trotz der glühenden Nächte verbliebene Erinnerungen an schauderhafte Visionen seiner Kindheit.

Wenn ihn vor diesen Zeichnungen, ähnlich wie vor bestimmten ›Sprichwörtern‹ Goyas, an die sie gemahnten, oder wie nach der Lektüre Edgar Poes, dessen halluzinatorische Luftspiegelungen und Schreckenseffekte Odilon Redon in eine andere Kunstgattung transponiert zu haben schien, ein unerklärliches Unwohlsein überfiel, rieb er sich die Augen und versenkte sich in die Betrachtung einer strahlenden Gestalt, die sich heiter und gelassen aus den bewegten Blättern heraushob, der Gestalt der Melancholie, die in niedergeschlagener und trauriger Haltung vor der Sonnenscheibe auf einem Felsgestein sitzt.

Wie durch einen Zauber lichtete sich die Finsternis; eine liebliche Traurigkeit, eine gewissermaßen sehnsüchtige Trostlosigkeit glitten in seine Gedanken, und er sann lange nach vor diesem Werk, das mit seinen über die Fettstiftstriche gestreuten gouachierten Stellen den Ton einer wassergrünen, blaßgoldenen Klarheit anschlug, inmitten der ununterbrochenen Schwärze der Kohlezeichnungen und Stiche.

Neben dieser Reihe von Arbeiten Redons, die nahezu die gesamte Wandtäfelung der Diele schmückten, hatte er in sein Schlafzimmer eine wilde Skizze von Theotokópulos gehängt, einen eigenartig kolorierten Christus, in schrecklichen Farben übertrieben gezeichnet von krankhafter Energie; es war ein Bild aus der zweiten Phase des Malers, als er schon von der Vorstellung heimgesucht wurde, Tizian nicht mehr gleichzukommen.

Dieses schauerliche Gemälde mit seinen wächsernen und leichengrünen Farbtönen entsprach Des Esseintes zufolge einer bestimmten Auffassung von Möblierung.

Für ihn gab es nur zwei Arten, ein Schlafzimmer auszustatten: entweder machte man daraus einen erregenden Alkoven, einen Ort nächtlicher Ergötzung, oder aber einen Ort der Einsamkeit und der Ruhe, eine Zuflucht für die Gedanken, eine Art Betkammer.

Im ersten Fall zwang sich allen Empfindsamen, besonders den durch ihre Überspanntheit Erschöpften, der Louis-XV-Stil auf, wußte doch einzig das 18. Jahrhundert die Frau in eine lasterhafte Atmosphäre zu hüllen, indem es die Umrisse der Möbel nach der Form ihrer Reize zeichnete, mit den Wellenlinien und Wülsten von Holz und Kupfer ihre lustvollen Wehen, ihre krampfartigen Windungen nachahmte, durch lebhafte und kräftige Dekorationen die süßliche Schlaffheit der Blonden würzte und den pikanten Geschmack der Brünetten durch Tapisserien in sanften, wäßrigen, fast schalen Tönen milderte.

Ein solches Zimmer hatte er einst in seiner Pariser Wohnung, es enthielt ein großes weißes Lackbett, was ein zusätzlicher Sinnenreiz war für die Verderbtheit eines alten Liebhabers, der lüstern wieherte angesichts der falschen Keuschheit, der scheinheiligen Scham von Backfischen à la Greuze, der künstlichen Unschuld eines liederlichen, nach Kind und jungem Mädchen riechenden Bettes.

Im zweiten Fall – und nun, da es mit den lästigen Erinnerungen an sein früheres Leben vorbei sein sollte, kam einzig dieser in Betracht – mußte das Schlafzimmer als Mönchszelle ausgestattet werden. Da aber häuften sich die Schwierigkeiten, lehnte er doch für seine Person die karge Häßlichkeit einer Zuflucht ab, in der man Buße tut und betet.

Nachdem er das Problem von allen Seiten wieder und wieder beleuchtet hatte, kam er zu dem Schluß, daß sich das anzustrebende Ziel dergestalt zusammenfassen ließe: nämlich mit fröhlichen Gegenständen etwas Trauriges darzustellen, oder, anders gesagt, unter Beibehaltung seines häßlichen Charakters, dem ganzen, auf diese Weise behandelten Raum den Stempel von Eleganz und Distinguiertem aufzudrücken, die Optik des Theaters umzukehren, dessen eitler Tand luxuriöses, teures Tuch vortäuscht, und den genau entgegengesetzten Effekt zu erreichen durch die Verwendung herrlicher Stoffe, die wie Lumpen aussahen, mit einem Wort: eine echt erscheinende Karthäuserklause herzurichten, die es freilich nicht war.

Und so ging er zu Werke: um die ockerfarbene Tünche, das Verwaltungs- und Kirchengelb zu erreichen, ließ er seine Wände mit Safranseide bespannen; um den solchen Räumen eigenen, schokoladenbraunen Sockel wiederzugeben, bedeckte er den unteren Teil der Wände mit Holzfurnier, so dunkelviolett wie Amarant. Die Wirkung war verführerisch und konnte, wenn auch entfernt, an die unangenehme Strenge des Vorbildes denken lassen, der sie in Abwandlung folgte. Die Decke wurde mit ungebleichter Leinwand ausgeschlagen, Gips täuschend ähnlich, ohne jedoch über dessen grellen Glanz zu verfügen. Und was das kalte Pflaster der Zelle betraf, so gelang ihm die Nachbildung recht gut dank eines Teppichs mit großem, rotem Karomuster, das helle Stellen in der Wolle aufwies und damit die Abnutzung durch Sandalen und den Abrieb durch Stiefel vorgab.

Er möblierte dieses Zimmer mit einem kleinen Eisenbett, einer falschen Mönchspritsche, die aus altem, aufpolierten Schmiedeeisen hergestellt und am Kopf- und Fußende durch buschige Verzierungen aufgewertet wurde, durch voll erblühte, sich mit Weinranken verschlingende Tulpen, die vom Geländer der prachtvollen Treppe eines ehemaligen, herrschaftlichen Stadthauses stammten.

Ein antikes Betpult, in das ein Nachtgeschirr paßte und auf das man ein Meßbuch legen konnte, hielt als Nachttisch her; an die Wand gegenüber schob er einen Chorstuhl, dessen vorspringende Stützen aus massivem Holz geschnitzt waren und über den sich ein großer, durchbrochener Baldachin wölbte. Seine Kirchenleuchter versah er mit echten Wachskerzen, die er in einem auf Kultbedarf spezialisierten Geschäft kaufte; denn er hegte einen ausgesprochenen Widerwillen gegen Petroleum, Ölschiefer, Gas und Stearin, gegen die ganze moderne, so grelle und brutale Beleuchtung.

Morgens in seinem Bett vor dem Einschlafen, den Kopf in den Kissen, betrachtete er seinen Theotokópulos, dessen grausame Farbgebung den lächelnden gelben Stoff ein wenig tadelte und ihn zu ernsterem Tone ermahnte, und stellte sich dann gerne vor, daß er hundert Meilen von Paris entfernt, weitab von der Welt, in der Abgeschiedenheit eines Klosters lebte.

Und die Illusion stellte sich leicht ein, führte er doch fast das Dasein eines Mönchs. So genoß er die Vorzüge des Ordenslebens und vermied gleichwohl dessen Unannehmlichkeiten: die soldatische Disziplin, die Ungepflegtheit, den Schmutz, die Berührung mit anderen, die eintönige Untätigkeit. So wie er aus seiner Zelle ein bequemes, anheimelndes Zimmer gemacht hatte, so hatte er auch sein Leben ganz normal, friedlich ausgefüllt, frei und behaglich eingerichtet.

Wie ein Einsiedler war er reif für die Abgeschiedenheit, erschöpft vom Leben, von dem er sich nichts mehr erhoffte; wie auch ein Klosterbruder war er überwältigt von unendlicher Müdigkeit, dem Bedürfnis nach innerer Sammlung, dem brennenden Wunsch, mit den Weltzugewandten nichts mehr gemein zu haben, die für ihn Verfechter des Nützlichkeitsprinzips und Schwachköpfe waren.

Kurzum: obwohl er sich keineswegs zum Stande der Gnade berufen fühlte, empfand er doch aufrichtige Zuneigung für diese in den Klöstern verborgenen Leute, die von einer haßerfüllten Gesellschaft verfolgt werden, welche ihnen weder die gerechte Verachtung verzeiht, die sie ihr entgegenbringen, noch den festen Willen, durch anhaltendes Schweigen die stetig wachsende Schamlosigkeit ihrer abgeschmackten, albernen Reden zu sühnen und zu büßen.

VI

Des Esseintes, der sich in einen tiefen Ohrensessel geschmiegt, die Füße auf die vergoldeten Knäufe der Feuerböcke gelegt hatte und sich die Pantoffeln von den Scheiten rösten ließ, die prasselnd und wie aufgepeitscht vom wütenden Wind eines Gebläses hohe Flammen schlugen, legte den alten Quartband, in dem er gelesen hatte, auf einen Tisch, reckte sich, steckte sich eine Zigarette an und überließ sich einer köstlichen Träumerei; mit verhängten Zügeln jagte er einer Fährte von Erinnerungen nach, die seit Monaten zugeweht und nun plötzlich durch die Besinnung auf einen Namen wieder vorgezeichnet war, der sich ihm, grundlos übrigens, aufgedrängt hatte.

Mit erstaunlicher Deutlichkeit trat ihm wieder die Verlegenheit seines Kameraden d'Aigurande vor Augen, als der in einer Runde eingeschworener Junggesellen zugeben mußte, gerade die letzten Vorbereitungen zu seiner Heirat zu treffen. Man schrie laut auf, malte ihm aus, wie abscheulich es sei, in derselben Bettwäsche zu schlafen, nichts half: er hatte den Kopf verloren, er glaubte an den Verstand seiner zukünftigen Gattin und behauptete, bei ihr eine ganz außergewöhnliche Befähigung zur Ergebenheit und zur Zärtlichkeit entdeckt zu haben.

Als einziger unter den jungen Leuten bestärkte ihn Des Esseintes in seinem Vorhaben, sobald er erfahren hatte, daß die Braut im Eckhaus eines neuen Boulevards in einer der modernen, rundgeschnittenen Wohnungen zu leben gedachte.

Überzeugt von der unerbittlichen Macht der kleinen Schikanen, die sich auf energische Charaktere verheerender auswirken als die großen, und angesichts der Tatsache, daß d'Aigurande keinerlei Vermögen besaß und die Mitgift seiner Frau gleich Null war, sah er in diesem einfachen Wunsch eine endlose Reihe lächerlicher Übelstände voraus.

Tatsächlich kaufte d'Aigurande rundgezimmerte Möbel, hinten ausgehöhlte, einen Kreis beschreibende Konsolen, bogenförmige Gardinenschienen, Teppiche, die wie Halbmonde zugeschnitten waren, ein ganzes, auf Bestellung hergestelltes Mobiliar. Er gab doppelt so viel wie andere aus, und als dann seine Frau, um Geld verlegen für ihre Toiletten, nicht mehr in dieser Rotunde wohnen, sondern eine rechteckige, billigere Wohnung beziehen wollte, paßte kein Möbelstück mehr. Mit der Zeit wurde dieses sperrige Mobiliar zu einer Quelle unaufhörlichen Ärgers; das bereits vom Zusammenleben angeschlagene Einvernehmen bekam von Woche zu Woche mehr Sprünge; sie gerieten in Zorn übereinander, warfen sich gegenseitig vor, in einem Salon leben zu müssen, wo Kanapees und Konsolen die Wände nicht berührten und trotz der Keile wackelten, sobald man sie nur streifte. Für die ohnehin fast unmöglichen Reparaturen fehlten die Mittel. Alles wurde jetzt zum Gegenstand von Verstimmungen und Streitereien. Alles, von den Schubladen, die sich verzogen hatten in den nicht lotrechten Möbeln, bis zu den Diebereien des Dienstmädchens, das die durch die Auseinandersetzung verursachte Unaufmerksamkeit ausnutzte, um die Kasse zu plündern. Kurz, ihr Leben war unerträglich geworden. Er amüsierte sich außer Haus, sie suchte den Ausweg des Ehebruchs, um ihr regnerisches, schales Leben zu vergessen. Einmütig kündigten sie den Mietvertrag und beantragten die Trennung von Tisch und Bett.

»Mein Schlachtplan war richtig«, hatte sich Des Esseintes damals gesagt, der die Befriedigung eines Strategen empfand, dessen lange vorausberechnete Manöver gelingen.

Und während er jetzt vor seinem Kamin an das Scheitern dieser Ehe dachte, zu deren Zustandekommen er durch seine guten Ratschläge beigetragen hatte, warf er nochmal einen Armvoll Holz ins Feuer und versank flugs wieder in seinen Träumereien.

Andere Erinnerungen von ähnlicher Art drängten sich ihm auf.

Vor einigen Jahren war er abends einmal in der Rue de Rivoli einem vielleicht sechzehnjährigen Schlingel begegnet, einem bläßlichen und pfiffigen Knaben, so verführerisch wie eine Dirne. Er sog mühsam an einer Zigarette, deren von den spitzen Ästen des Caporal-Tabaks durchbohrtes Papier aufriß. Er fluchte und versuchte, an seinem Schenkel Küchenstreichhölzer anzureißen, die nicht brennen wollten; er verbrauchte sie alle, als er dann Des Esseintes bemerkte, der ihn beobachtete, trat er auf ihn zu, legte die Hand an seinen Mützenrand und bat ihn höflich um Feuer. Des Esseintes reichte ihm würzige Dubèque-Zigaretten, knüpfte ein Gespräch an und ermunterte den Jungen, ihm seine Geschichte zu erzählen.

Sie war denkbar einfach; er hieß Auguste Langlois, arbeitete bei einem Kartonagenfabrikanten, hatte seine Mutter verloren und besaß einen Vater, der ihn windelweich prügelte.

Des Esseintes hörte ihm nachdenklich zu. »Komm etwas trinken«, sagte er. Und er führte ihn in ein Lokal, wo er ihm starken Punsch bringen ließ. Der Junge trank wortlos. »Hör mal«, begann Des Esseintes plötzlich, »willst du dich heute abend vergnügen? Ich zahle.« Und er hatte den Kleinen zu Madame Laure mitgenommen, einer Dame, die in der Rue Mosnier im III. Stock ein Sortiment von Blumenbinderinnen in einer Reihe roter Zimmer bereithielt, die mit runden Spiegeln geschmückt und mit Kanapees und Waschschüsseln ausgestattet waren. Dort hatte der verdutzte Auguste, seinen Mützenstoff knetend, ein Bataillon von Frauen angestarrt, die alle zugleich die angemalten Münder aufrissen:

»Oh, der Bengel! Wie niedlich!«

»Aber, hör mal, Kleiner, du bist noch nicht im richtigen Alter«, hatte eine große Brünette mit tiefliegenden Augen und Hakennase hinzugefügt, die bei Madame Laure die unverzichtbare Rolle der schönen Jüdin spielte.

Des Esseintes, der hier fast zu Hause war, hatte sich gesetzt und plauderte leise mit der Besitzerin.

»So hab doch keine Angst, du Dummkopf«, wandte er sich nun an den Knaben. »Wähle ruhig, ich halte dich frei!« Und er schubste den Jungen nach vorn, der zwischen zwei Frauen auf einem Diwan landete. Auf ein Zeichen von Madame rückten sie ein wenig zusammen, schlugen ihre Morgenmäntel über Augustes Knie, hielten ihm ihre, mit einem zu Kopfe steigenden, lauen Rauhreif bepuderten Schultern unter die Nase, und er verharrte reglos mit blutroten Wangen, verzogenem Mund und gesenkten Augen, von unten neugierige Blicke wagend, die hartnäckig auf den Oberschenkeln haften blieben.

Wanda, die schöne Jüdin, küßte ihn, gab ihm gute Ratschläge und ermahnte ihn, Vater und Mutter zu gehorchen, während ihre Hände langsam über den Knaben irrten, dessen blutleeres Gesicht wie leblos hintenüber an ihren Hals sank.

»Du kommst heute abend also nicht zu deinem eigenen Vergnügen«, sagte Madame Laure zu Des Esseintes. »Aber wo zum Teufel hast du diesen Bengel aufgegabelt?« fuhr sie fort, als Auguste verschwunden war, mitgenommen von der schönen Jüdin.

»Auf der Straße, meine Liebe.«

»Dabei hast du nicht einmal einen Rausch«, murmelte die alte Dame, fügte nach kurzem Nachdenken dann aber mütterlich lächelnd hinzu: »Ich verstehe. Du Bastard brauchst ganz junge!«

Des Esseintes zuckte mit den Schultern. »Du liegst falsch, aber ganz falsch«, versetzte er. »Die Wahrheit ist, daß ich einfach einen Mörder heranziehen will. Hör gut zu, wie ich das begründe. Dieser Junge ist unberührt und in einem Alter, da das Blut kocht; er könnte den Mädchen in seinem Viertel nachlaufen, ehrlich bleiben und sich trotzdem vergnügen, kurz: in den Genuß seines kleinen Anteils am eintönigen Glück kommen, das den Armen zusteht. Bringt man ihn jedoch hierher, in all diesen Luxus, von dem er nie etwas ahnte und der sich ihm zwangsläufig tief einprägen wird, und schenkt man ihm nun alle vierzehn Tage dies unverhoffte Glück, wird er sich an die Freuden gewöhnen, die seine Mittel ihm versagen. Nehmen wir ferner an, daß sie ihm binnen nur dreier Monate absolut unentbehrlich geworden sind – und da ich sie in solchen Abständen zuteile, laufe ich nicht Gefahr, ihn zu übersättigen – und daß ich am Ende dieser drei Monate die kleine Rente streiche, die ich dir im voraus für diese gute Tat bezahlen werde, wird er eben stehlen gehen, damit er sich hier aufhalten kann. Er wird alles aufbieten, um sich auf diesem Diwan und unter diesem Gaslicht zu wälzen!

Zum Äußersten getrieben, wird er, hoffe ich, den Herrn töten, der zur Unzeit erscheint, während er versucht, dessen Sekretär aufzubrechen, und damit ist mein Ziel erreicht; ich werde im Rahmen meiner Möglichkeiten dazu beigetragen haben, einen Schuft heranzubilden, einen Feind mehr für diese scheußliche Gesellschaft, die uns prellt.«

Die Frauen machten große Augen.

»Ah, da bist du wieder!« fuhr er fort, als er Auguste, der

rotangelaufen und verschämt sich hinter der schönen Jüdin versteckte, den Salon betreten sah. »Also, sag den Damen auf Wiedersehen, Junge, es ist spät geworden!« Und er erklärte ihm auf der Treppe, daß er alle vierzehn Tage, ohne die Börse öffnen zu müssen, zu Madame Laure gehen könne. Dann, als sie auf der Straße, auf dem Trottoir standen, sah er den verblüfften Jungen an:

»Wir werden uns nicht mehr sehen«, sagte er, »kehre schnellstens zu deinem Vater heim, dessen Hand untätig ist und ihn juckt, und denke stets an dieses gleichsam evangelische Wort: ›Was Du nicht willst, das man Dir tu, das füge allen andern zu!‹ Mit diesem Grundsatz wirst du es weit bringen. Guten Abend. Vor allem aber sei nicht undankbar, laß durch die Gerichtsberichte in den Zeitungen so rasch wie möglich von dir hören!«

»Dieser kleine Judas!« murmelte Des Esseintes, während er die Glut schürte, »bin ich in den vermischten Nachrichten doch nie auf seinen Namen gestoßen! Natürlich war es mir nicht möglich, kein Risiko einzugehen, ich konnte zwar etliche Unwägbarkeiten voraussehen, doch nicht ausschalten, so die Gaunereien der Mutter Laure, die das Geld vielleicht in die Tasche steckte, ohne die Ware zu liefern, oder die Vernarrtheit einer der Frauen in Auguste, wodurch er nach drei Monaten den Verzehr umsonst bekam, oder gar die abgestandenen Laster der schönen Jüdin, die den Jungen erschrecken mochten, der zu ungeduldig und zu jung war, um sich der langsamen Einleitung und vernichtenden Entladung einer kunstvollen Sinnenlust hinzugeben. Wenn er es nicht gerade erst mit dem Gericht zu tun bekommen hat, seit ich in Fontenay weile und keine Gazetten mehr lese, bin ich hereingefallen.«

Er erhob sich und ging im Zimmer auf und ab.

»Schade wäre das schon«, sagte er zu sich, »denn weil ich so handelte, habe ich das weltliche Gleichnis, die Allegorie der Allgemeinbildung verwirklicht, die, nichts weniger als die Verwandlung aller in ebensoviele Langlois' anstrebend, darauf bedacht ist, anstatt den Elenden endgültig und aus Mitleid die Augen auszustechen, sie ihnen im Gegenteil weit und gewaltsam zu öffnen, damit sie ringsum unverdiente und gnädigere Schicksale, plattere und schrillere und folglich begehrenswertere und kostspieligere Freuden wahrnehmen.«

»Und Tatsache ist«, fuhr Des Esseintes seine Gedanken weiterspinnend fort, »Tatsache ist, so wie der Schmerz ein Ergebnis der Erziehung ist, und er mit den wachsenden Ideen immer größer und unabweislicher wird: je mehr man sich bemüht, den Verstand der armen Teufel auszubauen und ihr Nervensystem zu verfeinern, desto mehr wird man in ihnen die so zählebige Saat des seelischen Leids und des Hasses aufgehen lassen.«

Die Lampen rußten. Er schraubte sie hoch und sah auf die Uhr. – Drei Uhr morgens. – Er zündete sich eine Zigarette an und vertiefte sich wieder in die von seinen Grübeleien unterbrochene Lektüre, in die alte lateinische Dichtung ›Vom Lob der Keuschheit‹, die Avitus, der Erzbischof von Vienne, unter der Herrschaft Gundebalds verfaßt hatte.

VII

Seit jener Nacht, wo er ohne offenkundigen Anlaß die wehmütige Erinnerung an Auguste Langlois heraufbeschworen hatte, erlebte er sein ganzes Dasein noch einmal.

Er war jetzt unfähig, ein Wort der Bücher zu verstehen, die er aufschlug; selbst seine Augen lasen nicht mehr; ihm war, als weigerte sich sein von Literatur und Kunst gesättigter Geist, noch mehr aufzunehmen.

Er lebte aus sich selbst, nährte sich von seiner eigenen Substanz, jenen Tieren gleich, die erstarrt den Winter über in einem Loch kauern. Die Einsamkeit hatte wie ein Betäubungsmittel auf sein Gehirn gewirkt. Nachdem sie ihn zuerst erregt und in Spannung versetzt hatte, löste sie eine von verschwommenen Bildern heimgesuchte Benommenheit aus. Sie machte seine Pläne zunichte, brach seine Willenskraft, führte eine Prozession von Träumen an, die er untätig er- duldete und derer sich zu erwehren, er nicht einmal versuchte.

Der wirre Haufen seiner Lesefrüchte und künstlerischen Betrachtungen, den er seit seiner Vereinzelung wie ein Staudamm gegen den Strom der alten Erinnerungen aufgetürmt hatte, war jäh hinweggerissen worden, und die Flut toste heran, überrollte Gegenwart und Zukunft, ertränkte alles im Tiefwasser der Vergangenheit, erfüllte seinen Geist mit einem unermeßlichen Meer von Traurigkeit, auf dem wie lächerliches Treibgut belanglose Episoden aus seinem Leben, ungereimte Nichtigkeiten schwammen.

Das Buch, das er in der Hand hielt, sank auf seine Knie; er gab sich preis, betrachtete voller Ekel und Bestürzung das Defilee der Jahre seines gelebten Lebens; jetzt kreiselten sie, umrieselten die Erinnerung an Madame Laure und Auguste, die wie als fester Pflock, als ein deutliches Ereignis in diesem Wogen standhielt. Was für eine Zeit damals! Es war die Zeit der mondänen Abendgesellschaften, der Pferderennen, der Kartenpartien, der im voraus bestellten und pünktlich Schlag Mitternacht in seinem rosafarbenem Boudoir servierten Liebe! Er entsann sich der Gesichter, Mienen und nichtssagenden Worte, die ihn mit der Hartnäckigkeit von Gassenhauern verfolgt hatten, die man unweigerlich summen muß, die aber plötzlich und unbemerkt wieder versanden.

Diese Phase dauerte nicht lange, sein Gedächtnis hielt Siesta, und er vertiefte sich wieder in seine lateinischen Studien, damit selbst jede Spur dieser Rückblicke verwischt würde.

Indes, der Anstoß war gegeben; eine zweite Phase folgte fast unmittelbar auf die erste und war nun erfüllt mit Erinnerungen an seine Kindheit, vor allem an die bei den Padres verbrachten Jahre.

Diese Erinnerungen waren älter und untrüglicher, sie hatten sich plastisch und deutlich eingegraben. Der dicht bestandene Park, die langen Alleen, die Rabatten, die Bänke, alle greifbaren Einzelheiten waren wieder gegenwärtig in seinem Zimmer.

Dann füllten sich die Gärten, er hörte die Schreie der Schüler, das Lachen der Lehrer, die mit geschürzten, zwischen die Beine geklemmten Soutanen an den Freistunden teilnahmen, Schlagball spielten und ohne Ziererei oder Dünkel wie gleichaltrige Schulkameraden mit den jungen Leuten unter den Bäumen plauderten.

Er dachte an dieses väterliche Joch zurück, das sich

schlecht auf Bestrafung verstand, das sich weigerte, fünfhundert oder tausend Verse als Strafe zu verhängen, sich darauf beschränkte, die nicht gelernte Lektion, indes die anderen sich vergnügten, »nachholen« zu lassen, öfter aber noch auf den bloßen Tadel zurückgriff, das Kind mit wacher, doch sanfter Beaufsichtigung umgab, danach strebte, ihm angenehm zu sein, ihm mittwochs Spaziergänge seiner Wahl erlaubte, alle nicht von der Kirche eingeläuteten, kleinen Feiertage zum Anlaß nahm, um dem Üblichen der Mahlzeiten Kuchen und Wein hinzuzufügen und es mit Landpartien zu erfreuen; es war ein väterliches Joch, das darin bestand, den Zögling nicht zu verrohen, sondern mit ihm zu diskutieren, ihn bereits wie einen Mann zu behandeln und ihm gleichzeitig die Verhätschelung eines verwöhnten Sprößlings angedeihen zu lassen.

Auf diese Weise gelang es ihnen, wirklich Einfluß auf das Kind zu nehmen, Intelligenzen, die sie kultivierten, in einem gewissen Maße zu kneten und sozusagen zu lenken, sie mit bestimmten Ideen zu veredeln und das Wachstum des Denkvermögens durch eine geschmeidige und einfühlsame Methode zu sichern, die sie auch fürderhin anwandten, wobei sie bemüht waren, den Lebensweg ihrer Zöglinge zu begleiten, sie in ihrer Laufbahn zu fördern, indem sie liebevolle Briefe an sie richteten, so, wie sie der Dominikaner Lacordaire seinen ehemaligen Schülern von Sorrèze zu schreiben wußte.

Des Esseintes war sich der Einwirkung wohl bewußt, der er, wie er meinte, ergebnislos ausgesetzt gewesen war; sein sich gegen Ratschläge sträubendes Naturell, empfindlich und neugierig und zu Auseinandersetzungen neigend, hatte verhindert, daß er von ihrer Disziplin geformt und von ihren Lektionen unterjocht wurde. Als er dann das Internat verlassen hatte, war seine Skepsis noch gewachsen. Sein Gang durch eine selbstgerechte, intolerante und bornierte Welt, seine Gespräche mit unintelligenten Kirchenvorstehern und Priestern niederer Weihen, deren Ungeschick den von den Jesuiten so kunstvoll gewobenen Schleier zerriß, hatten seinen unabhängigen Geist nur noch stärker werden lassen und sein Mißtrauen allem Glauben gegenüber noch erhöht.

Kurz: er fühlte sich jeder Bindung, jeden Zwanges ledig, nur daß er, im Gegensatz zu allen, die in weltlichen Gymnasien oder Pensionaten erzogen worden waren, sein Internat und seine Lehrer in bester Erinnerung behalten hatte, so daß er nun mit sich zu Rate ging und anfing, sich zu fragen, ob die bis zu diesem Tag auf einen unfruchtbaren Boden gefallene Saat nicht doch zu keimen beginne.

Tatsächlich befand er sich seit einigen Tagen in einer unbeschreiblichen seelischen Verfassung. Eine Sekunde lang glaubte er, wandte er sich instinktiv der Religion zu, dann wieder verflüchtigte sich sein Hingezogensein zum Glauben bei der geringsten Überlegung; aber er blieb aufgewühlt.

Dabei wußte er gut, ginge er in sich, daß er niemals zum wahrhaft christlichen Geist der Demut und der Buße fähig wäre, wußte er unweigerlich, daß der Augenblick, von dem Lacordaire sprach, der Augenblick der Gnade, »da der letzte Lichtstrahl in die Seele dringt und alle in ihr verstreut existierenden Wahrheiten an eine gemeinsame Mitte bindet«, für ihn niemals käme. Er verspürte nicht das Bedürfnis nach Kasteiung und Gebet, ohne das, hört man auf die Mehrzahl der Priester, keine Bekehrung möglich ist; es drängte ihn nicht danach, einen Gott anzuflehen, dessen Barmherzigkeit ihm zumindest unwahrscheinlich dünkte. Gleichwohl bewirkte die Sympathie, die er seinen ehemaligen Lehrern bewahrte, daß er sich für ihre Arbeiten, ihre Lehren interessierte; der unnachahmliche Tonfall der Gewißheit, die inbrünstigen Stimmen dieser Männer von hochstehender Intelligenz fielen ihm wieder ein, brachten ihn soweit, an seinem Geist und seinen Kräften zu zweifeln. In all seiner Einsamkeit ohne neue Nahrung, ohne frischgewonnene Eindrücke, ohne gedankliche Erneuerung, ohne einen Austausch von Empfindungen, die von außen, die vom Umgang mit der Welt, von einem gemeinsam geführten Leben kamen, in dieser widernatürlichen Verbannung, auf die er sich versteifte, stellten sich alle während seines Pariser Aufenthaltes vergessenen Fragen von neuem als irritierende Probleme.

Die Lektüre lateinischer Werke, die er liebte, Werke, die fast alle von Bischöfen und Mönchen verfaßt worden waren, hatte zweifellos diese Krise mit herbeigeführt. Eingehüllt in eine Klosteratmosphäre und in Weihrauchduft, die ihm zu Kopfe stiegen, hatte er seine Nerven überreizt, und aufgrund von Gedankenverbindungen hatten diese Bücher schließlich die Erinnerungen an sein Leben als junger Mann verdrängt und die seiner Jugendzeit bei den Padres ans Licht gehoben.

»Dagegen wäre nichts zu sagen«, dachte Des Esseintes, der versuchte, vernünftig zu denken und das Eindringen des jesuitischen Elements in Fontenay zurückzuverfolgen, »habe ich doch seit meiner Kindheit und, ohne davon zu wissen, diese Hefe in mir, die noch nicht aufgegangen war; schon daß ich seit jeher religiösen Gegenständen zugetan war, ist vielleicht ein Beweis dafür.«

Trotzdem war er bestrebt, sich das Gegenteil glauben zu machen, ungehalten darüber, nicht mehr unumschränkter Herrscher im eigenen Haus zu sein. Er verschaffte sich die Beweggründe. Notgedrungen hatte er sich dem Geistlichen zuwenden müssen, da einzig die Kirche die Kunst und die verlorengegangene Form der Jahrhunderte aufgenommen hat; noch bis in die häßliche moderne Nachbildung hinein hat sie die Umrisse der Goldschmiedearbeiten festgelegt, hat sie den Charme der wie Petunien hochaufgeschossenen Kelche, der Hostiengefäße mit den reinen Flanken bewahrt und noch im Aluminium, im falschen Email und im gefärbten Glas die Anmut von einst erhalten. Letztlich stammte die Mehrzahl der im Museum von Cluny geordneten Kostbarkeiten, die durch ein Wunder der widerwärtigen Rohheit der Sansculotten entgangen waren, aus den ehemaligen französischen Abteien. So wie die Kirche im Mittelalter Philosophie, Geschichte und Literatur vor der Barbarei geschützt hat, so hat sie die bildende Kunst gerettet, bis in die heutige Zeit die herrlichen Stoffmuster und Vorlagen für die Juwelierwaren geliefert, die die Hersteller von Kultgegenständen so gut verderben, wie sie können, ohne indes imstande zu sein, die erlesene Ausgangsform zu entstellen. Es war deshalb nicht verwunderlich, daß er den überkommenen Nippsachen nachgejagt war, daß er wie viele Sammler diese Reliquien aus den Pariser Antiquitätengeschäften und aus den Trödlerläden auf dem Land geholt hatte.

Aber er mochte noch so gute Gründe anführen – es gelang ihm nicht, sich ganz zu überzeugen. Gewiß, wenn er das Bedachte zusammenfaßte, beharrte er auch weiterhin darauf, die Religion wie eine prächtige Legende, wie einen großartigen Schwindel zu betrachten, und dennoch und trotz aller Erklärungen begann seine Skepsis zu bröckeln.

Denn eine seltsame Tatsache war augenfällig: er war heute weniger gefestigt als in seiner Kindheit, da die Fürsorge der Jesuiten unmittelbar und ihre Lehre nicht zu umgehen war, da er sich in ihren Händen befunden und ihnen ohne familiären Rückhalt, ohne Einflüsse, die von außen einen Gegendruck hätten ausüben können, mit Leib und Seele gehört hatte. Sicherlich hatten sie ihm einen gewissen Geschmack am Wunderbaren eingeflößt, der sich langsam und geheimnisvoll in seiner Seele verwurzelt hatte und der jetzt aufblühte in der Einsamkeit und gleichwohl auf seinen schweigenden, abgesonderten, in der Enge fixer Ideen sich bewegenden Geist einwirkte.

Wie er so die Arbeit seines Denkens untersuchte, sich mühte, die Fäden miteinander zu verknüpfen und die Quellen und Ursachen zu entdecken, gelangte er zu der Überzeugung, daß sein Treiben während seiner mondänen Lebensphase sich aus seiner Erziehung, die er genossen hatte, herleitete. War sein Hang zum Künstlichen, sein Bedürfnis nach Exzentrik so nicht letztlich das Ergebnis nur scheinbarer Studien, überirdischer Verfeinerungen, quasi theologischer Spekulationen; es war im Grunde ein Hintaumeln, ein Anlauf zu einem Ideal, zu einer unbekannten Welt, zu einer fernen Seligkeit, so begehrenswert wie die, die die Heilige Schrift uns verheißt.

Er hielt kurzerhand inne, zerriß das Gespinst seiner Überlegungen.

»Na, na!« sagte er sich verdrießlich,« ich bin noch angeschlagener, als ich glaubte, jetzt argumentiere ich mit mir wie ein Kasuist.«

Er blieb nachdenklich, eine dumpfe Furcht bohrte in ihm. Zugegeben, wenn Lacordaires Theorie zutraf, hatte er sich nicht zu ängstigen, erfolgte der magische Schlag der Bekehrung doch nicht aus heiterem Himmel; um die Explosion herbeizuführen, mußte das Terrain langsam und beständig vermint werden. Aber wie die Romanschriftsteller vom Blitzschlag der Liebe sprechen, so sprechen manche Theologen vom Blitzschlag der Religion. Ließ man diese Lehre gelten, war niemand davor geschützt, getroffen zu werden. Da brauchte man sich nicht mehr selbst zu erforschen, weder auf Vorahnungen zu achten, noch Vorsichtsmaßnahmen zu ergreifen; die Psychologie der Mystik war null und nichtig. Es war so, weil es so war, und das ist alles.

»Oh! Ich verdumme«, sagte Des Esseintes zu sich. »Die

Furcht vor dieser Krankheit wird am Ende die Krankheit selbst herbeiführen, wenn das so weitergeht.«

Es gelang ihm, diesen Einfluß etwas abzuschütteln; seine Erinnerungen legten sich ein wenig, dafür tauchten andere morbide Symptome auf; jetzt suchten ihn einzig Diskussionsthemen heim; Park, Unterrichtsstunden und Jesuiten waren fern; er wurde völlig von Abstraktionen beherrscht. Unwillkürlich dachte er an die widersprüchlichen Auslegungen von Dogmen, an vergessene, in Pater Labbes Werk über die Konzile aufgezeichnete Apostasien. Bruchstücke dieser Schismen, Teile dieser Heräsien, die jahrhundertelang die Kirchen des Westens und des Ostens entzweit hatten, fielen ihm wieder ein. Hier machte Nestorius der Heiligen Jungfrau den Titel der Gottesmutter streitig, weil sie im Mysterium der Fleischwerdung nicht den Gott, sondern ein Menschenwesen in ihrem Schoß getragen habe; dort erklärte Eutyches, daß das Bild Christi dem der anderen Menschen nicht ähnlich sein könne, da die Göttlichkeit in seinem Leib Wohnung genommen und ihn daher von Grund auf verwandelt habe; andere Rechthaber wieder vertraten die These, daß der Erlöser überhaupt keinen Leib gehabt habe und dieser Ausdruck der Heiligen Schrift im übertragenen Sinne zu verstehen sei, wohingegen Tertullian sein berühmtes, quasi materialistisches Axiom ausgab: »Nur das ist unkörperlich, was nicht ist: alles, was ist, hat einen Körper, der ihm zu eigen ist.« Schließlich reizte, bedrängte Des Esseintes noch die alte, jahrelang diskutierte Frage, ob Christus allein an das Kreuz geschlagen wurde oder ob die Trinität, drei Personen in einer, in ihrer dreifachen Wesenheit auf Golgatha gelitten habe – und automatisch stellte er sich selbst diese Fragen wie eine einst gelernte Lektion und gab sich die Antworten darauf.

Einige Tage lang wimmelte es in seinem Hirn von Paradoxien und Spitzfindigkeiten, flogen die gespaltenen Haare und verflochten sich die Regeln, die so kompliziert wie Gesetzesartikel waren, jeden Sinn, jedes Wortspiel zuließen und in die feinsinnigste, barockeste himmlische Juristerei mündeten. Dann verwischte sich auch diese abstrakte Seite, und ihr folgte unter dem Einfluß der an den Wänden hängenden Moreaus etwas Bildhaftes.

Er sah eine ganze Prozession geistlicher Würdenträger vorüberziehen: Archimandriten und Patriarchen, die die goldenen Arme hoben, um die kniende Menge zu segnen und deren weiße Bärte bei Lesung und Gebet in Schwingung gerieten; er sah stumme Büßerzüge in düsteren Krypten verschwinden, er sah riesige Kathedralen aufragen, in denen weiße Mönche von der Kanzel herabdonnerten. Wie de Quincey nach einer Prise Opium beim bloßen Wort »Consul Romanus« ganze Seiten Titus-Livius einfielen, er die Konsulen feierlich vorwärtsschreiten und die prunkenden Reihen des römischen Heeres sich in Bewegung setzen sah, konnte Des Esseintes aufstöhnen bei einem theologischen Begriff, sah er Volksströme und Bischöfe sich schemenhaft vor dem Hintergrund glutroter Basiliken abheben. Diese Schauspiele schlugen ihn in ihren Bann, sie eilten durch die Zeiten, erreichten die modernen religiösen Zeremonien, hüllten ihn in ein Meer von klagender und zärtlicher Musik.

Da hatte er nicht mehr zu rechten und nicht mehr mit sich zu debattieren, die Ehrerbietung und die Furcht, die er empfand, waren unerklärlich; das Kunstverständnis wurde überlagert von den so wohl berechneten Szenen der Katholiken. Bei diesen Erinnerungen zuckten seine Nerven. Doch dann, in einer plötzlichen Auflehnung, einer raschen Volte, keimten ungeheuerliche Gedanken in ihm auf, Gedanken an die in den Beichtspiegeln verzeichneten Freveltaten, an den schändlichen, obszönen Mißbrauch des

Weihwassers und des geweihten Öls. Vor den Augen eines allmächtigen Gottes richtete sich nun ein kraftstrotzender Nebenbuhler auf, der böse Geist, und eine abscheuliche Größe schien ihm zugewachsen zu sein durch ein Verbrechen, begangen mitten in der Kirche von einem Gläubigen, der mit entsetzlichem Jubel, in sadistischer Freude eifrig damit beschäftigt war, Gott zu lästern und die ehrfurchtgebietenden Dinge mit Beschimpfungen zu bedecken und mit Schändlichkeiten zu tränken; Wahnvorstellungen von Magie, schwarzen Messen und Hexensabbat, grauenhafte Visionen von Verzückungen und Teufelsaustreibungen drängten sich ihm auf. Er fragte sich schließlich, ob er sich nicht der Gotteslästerung schuldig mache durch den Besitz ehemals geweihter Gegenstände wie Meßtafeln, Meßgewänder und Altarvorhänge. Und dieser Gedanke an einen sündigen Zustand erfüllte ihn mit einer Art Dünkel und Erleichterung, erkannte er darin doch ein, wenngleich zweifelhaftes, so doch nicht schwerwiegendes oder gotteslästerliches Vergnügen, da er diese Objekte letztlich ja liebte und ihre Bestimmung nicht pervertierte; so wiegte er sich in vorsichtigen und feigen Vorstellungen: der Argwohn seiner Seele verbot ihm offenkundige Verbrechen, raubte ihm die notwendige Beherztheit, um entsetzliche, gewollte und wirkliche Sünden zu begehen.

Allmählich schwanden diese Spitzfindigkeiten. Aus der Höhe seines Geistes gewissermaßen überblickte er das Panorama der Kirche, ihren seit Jahrhunderten erblichen Einfluß auf die Menschheit; er stellte sie sich vor, wie sie, tief betrübt und grandios, dem Menschen das Grauen des Lebens und die Ungnade des Schicksals verkündete, Geduld, Zerknirschung und Opfermut predigte und die Wunden zu verbinden suchte, indem sie auf die blutenden Male Christi wies, göttliche Vorrechte versprach, den Beladenen den besten Teil des Paradieses verhieß, die menschliche Kreatur zum Dulden ermahnte und sie aufforderte, Gott wie ein Sühneopfer ihre Drangsal und Schmach, ihre Schicksalsschläge und Leiden darzubringen. Sie wurde wahrhaft wortgewaltig, war mütterlich zu den Elenden, barmherzig mit den Unterdrückten, bedrohlich für die Unterdrücker und Despoten.

Hier faßte Des Esseintes wieder Fuß. Zweifellos befriedigte ihn das Eingeständnis des menschlichen Abfalls, aber er begehrte auf gegen das unsichere Heilmittel einer Hoffnung auf ein neues Leben. Schopenhauer war genauer; seine Lehre und die der Kirche gingen von einem gemeinsamen Gesichtspunkt aus; auch er stützte sich auf die Ungerechtigkeit und Schändlichkeit der Welt, auch er fiel angesichts der »Nachfolge Christi« in den schmerzlichen Ruf ein: Welch ein Elend, auf der Erde zu leben! Auch er predigte die Nichtigkeit des Daseins, die Vorzüge der Einsamkeit, warnte die Menschheit, daß, was immer sie tue, auf welche Seite sie sich schlage, sie unglücklich bliebe: wenn arm, dann des Leids wegen, das Entbehrungen mit sich bringt, wenn reich, dann der unbezwingbaren Langeweile wegen, die der Überfluß gebiert. Aber er pries einem kein Allheilmittel an, hielt einen nicht, um unvermeidliche Übel zu lindern, mit irgendwelchen Ködern hin.

Er lobte nicht das empörende System der Erbsünde, suchte keineswegs, einem zu beweisen, daß der ein unumschränkt guter Gott ist, der die Strauchdiebe beschützt, den Dummköpfen hilft, die Kindheit zerstört, das Alter verblödet, die Unschuldigen züchtigt; er rühmte nicht die Wohltaten einer Vorsehung, die den unnötigen, unverständlichen, ungerechten und sinnlosen Greuel, den körperlichen Schmerz erfunden hat. Weit davon entfernt, wie die Kirche, die Notwendigkeit von Qualen und Prüfungen rechtfertigen zu wollen, rief er in seinem Mitgefühl voller Entrüstung aus: Wenn ein Gott diese Welt gemacht hat, möchte ich nicht dieser Gott sein; das Elend dieser Welt zerrisse mir das Herz. Ah! Er allein hatte das Wahre getroffen! Was waren all die Rezepturen der Evangelien neben seinen Abhandlungen über die geistige Hygiene? Er gaukelte keine Heilung vor, versprach den Kranken weder Entschädigung noch Hoffnung, aber seine Theorie des Pessimismus war letztlich die große Trösterin der auserwählten Geister und erhabenen Seelen. Sie enthüllte die Gesellschaft als das, was sie war, bestand auf der den Frauen angeborenen Torheit, deutete auf die ausgetretenen Wege, rettete einen vor Enttäuschungen, indem sie einen aufforderte, seine Erwartungen soweit wie irgendmöglich herabzusetzen, ja, erst gar keine zu hegen, wenn die Kraft dazu reichte, und sich schlußendlich glücklich zu schätzen, wenn einem nicht unversehens riesige Dachziegel auf den Kopf fielen.

Diese Theorie, die den gleichen Ausgangspunkt hatte wie die »Nachfolge«, endete ebenfalls, doch ohne sich in geheimnisvollen Irrgärten und auf unwahrscheinlichen Pfaden zu verlaufen, am gleichen Ort, bei der Resignation, beim laisser faire.

Nur, wenn diese Resignation, schlichte Folge der Feststellung eines erbärmlichen Weltzustandes und der Unmöglichkeit, etwas daran zu ändern, den geistig Bemittelten begreiflich wurde, war sie den Armen dafür um so schwerer verständlich, für die eine wohltuende Religion Ansprüche und Zorn besser beschwichtigte.

Diese Überlegungen befreiten Des Esseintes von einem drückenden Gewicht; die Aphorismen des großen Deutschen beruhigten seine fiebernden Gedanken, und doch trugen die Berührungspunkte der beiden Lehren dazu bei, sich gegenseitig in Erinnerung zu bringen, so daß er den poetischen, so zu Herzen gehenden Katholizismus, in dem er gebadet und dessen Wesen er einst mit allen Poren eingesogen hatte, nicht vergessen konnte.

Dieses Wiederaufleben des Glaubens, diese Furcht vor der Gläubigkeit quälten ihn vor allem, seitdem Veränderungen in seiner Gesundheit spürbar wurden; sie fielen zusammen mit neu aufgetretenen nervösen Störungen.

Von frühester Jugend an war er von unerklärlichem Widerwillen, einer Art Schauder gemartert worden, der ihm eisig über den Rücken rieselte und ihm die Zähne aufeinanderschlug, wenn er sah, wie ein Hausmädchen nasse Wäsche auswrang; diese Regungen waren nie verschwunden; noch heute litt er heftig, wenn er hörte, wie Stoff zerrissen wurde, wenn sein Finger über ein Stück Kreide strich, seine Hand über Moiré-Seide fuhr.

Die Exzesse seines Junggesellenlebens, die ständige Hochspannung seines Gehirns hatten seine ursprüngliche Neurose gewaltig verschlimmert, das schon von Haus aus verbrauchte Blut geschwächt; in Paris hatte er sich einer Kaltwasserbehandlung unterziehen müssen, weil ihm die Finger zitterten, gräßliche Schmerzen, Neuralgien ihm das Gesicht entzweischnitten, die in regelmäßigen Schlägen auf die Schläfen hämmerten, in die Augenlider stachen und einen Brechreiz hervorriefen, den er nur im Dunkeln, auf dem Rücken liegend, zu bekämpfen vermochte.

Diese Anfälle waren dank eines geregelteren und ruhigeren Lebens nach und nach verschwunden; jetzt überwältigten sie ihn von neuem, nahmen andere Formen an, liefen durch den ganzen Körper; die Schmerzen verließen den Schädel und gingen hinab zum geblähten, harten Bauch, zu den von glühenden Eisen durchbohrten Gedärmen; ein nervöser, trockener Husten, der ihm die Brust sprengte und stets zur selben Stunde begann und eine bestimmte Anzahl von Minuten dauerte, weckte ihn und würgte ihn in seinem Bett. Schließlich verlor er den Appetit, eine gasartige, heiße Säure, ein trockenes Feuer brannten ihm im Magen; er quoll auf und erstickte fast, konnte nach jedem Versuch, etwas zu sich zu nehmen, weder eine zugeknöpfte Hose noch eine enge Weste mehr ertragen.

Er strich Alkoholisches, Kaffee und Tee, nahm zu Milchgetränken und Kaltwassergüssen Zuflucht, stopfte sich mit Teufelsdreck, Baldrian und Chinin voll. Er wollte jetzt sogar sein Haus verlassen, er ging ein wenig spazieren, über die Felder, als die Regentage kamen und Stille und Leere über sie breiteten. Er zwang sich, einen Fuß vor den andern zu setzen, sich Bewegung zu verschaffen. Zu guter Letzt verzichtete er zeitweilig auf Lektüre und, zerfressen von Langeweile, beschloß er, um sein jetzt untätiges Leben auszufüllen, einen Plan zu verwirklichen, den er aus Trägheit, aus Abneigung gegen jede Störung seit seinem Einzug in Fontenay ständig aufgeschoben hatte.

Da er sich nun nicht mehr an der Magie des Stils berauschen, über den köstlichen Zauber eines seltenen Epithetons erregen konnte, das trotz seiner Genauigkeit dem Vorstellungsvermögen der Eingeweihten grenzenlose, jenseitige Horizonte eröffnet, entschied er, die Ausstattung seiner Wohnung zu vollenden, sich kostbare Treibhausblumen zu beschaffen und sich so eine praktische Beschäftigung zuzugestehen, die ihn zerstreuen, die Nerven beruhigen und das Gehirn erfrischen würde. Auch hoffte er, daß der Anblick ihrer seltsamen und herrlichen Farbtöne ihn ein wenig für die vemeintlichen oder tatsächlichen Farben des Stils entschädigten, die seine literarische Diät ihn vorübergehend vergessen oder versäumen ließ.

VIII

In Blumen war er stets vernarrt gewesen, doch diese Leidenschaft, die sich während seiner Aufenthalte in Jutigny zunächst, ohne Unterscheidung der Gattungen oder Arten, auf die Blume schlechthin bezog, hatte sich schließlich geläutert und auf eine einzige Kaste festgelegt.

Seit langem schon verachtete er die gewöhnlichen Pflanzen, die sich auf den Pariser Marktständen in feuchten Töpfen unter grünen Planen oder rötlichen Sonnenschirmen ausbreiteten.

Zur selben Zeit, als sich sein literarischer Geschmack, seine Beschäftigung mit der Kunst verfeinert hatten und sich nur noch auf Werke richteten, die durch das Haarsieb getrieben und von grüblerischen und subtilen Geistern destilliert worden waren; zur selben Zeit auch, als sein Überdruß an den gängigen Meinungen sich vertiefte, hatte sich seine Zuneigung zu den Blumen von allen Schlacken, allem Bodensatz befreit, sich geklärt und gewissermaßen berichtigt.

Er verglich den Laden eines Gärtners gern mit einem Mikrokosmos, in dem alle Kategorien der Gesellschaft vertreten waren: die armseligen, lumpigen Blumen, die Spelunkenblumen, die erst in ihrer wahren Umgebung sind, wenn sie auf Mansardensimsen stehen, die Wurzeln in Milchdosen oder alte Suppenschüsseln stecken, wie etwa die Levkoje; die affektierten, herkömmlichen, dummen Blumen, deren Platz nur in von jungen Mädchen bemalten

Porzellantöpfen sein kann, solche wie die Rose; schließlich die Blumen vornehmer Herkunft wie die Orchideen, empfindlich und bezaubernd, zitternd und fröstelnd; die exotischen Blumen, im Exil in Paris, im Warmen unter Glaskuppeln; die Prinzessinnen des Pflanzenreichs, die zurückgezogen leben und mit den Straßenpflanzen und der bürgerlichen Flora nichts mehr gemein haben.

Im Grunde hörte er nicht auf, für das von den Gossen- und Bleiausdünstungen entkräftete Blumengesindel der armen Viertel ein gewisses Interesse, ein gewisses Mitleid zu hegen, hingegen verabscheute er Sträuße, die auf die crèmeweißgoldenen Salons der neuen Häuser abgestimmt waren. Der vollkommenen Freude seiner Augen vorbehalten waren indes die vornehmen, seltenen, von weither gekommenen Pflanzen, die mit listiger Sorgfalt unter einem falschen Äquator von dosierter Ofenwärme gehalten wurden.

Doch auch die Wahl, die endgültig auf die Treibhausblume gefallen war, hatte sich unter dem Einfluß seiner allgemeinen Anschauungen, seiner nun feststehenden Meinungen noch verengt. Sein natürlicher Hang zum Künstlichen hatte ihn seinerzeit in Paris die echte Blume zugunsten ihres Abbildes verwerfen lassen, das dank der Wunder des Gummis und der Drähte, des Perkalins und des Tafts, des Papiers und des Samtes wirklichkeitsgetreu verfertigt werden konnte.

So besaß er eine herrliche Sammlung tropischer Pfanzen, die die Finger wahrer Künstler Schritt für Schritt der Natur nachgebildet hatten, die diese Natur noch einmal erschufen, die Blume knospen ließen, sie zum Blühen brachten und sie bis zu ihrem Verwelken vortäuschten; sie vermochten die unscheinbarsten Nuancen, die flüchtigsten Züge ihres Erwachens oder ihres Schlafs wiederzugeben, achteten auf die Verfassung der Blumenblätter, die vom Wind umgestülpt oder vom Regen zerknittert waren; auf die morgenfrühe Blütenkrone träufelten sie Tautropfen aus Gummi; sie gestalteten sie in ihrer Fülle, wenn die Zweige sich biegen von der Schwere des Saftes, sie ließen den trokkenen Stil, den geschrumpften Becher in die Höhe schießen, wenn die Kelche sich entblößen und die Blätter fallen.

Diese bewunderungswürdige Kunst hatte ihn lange Zeit verführt, doch jetzt sann er auf die Zusammenstellung einer anderen Pflanzenwelt.

Nach den künstlichen Blumen, die die echten nachäfften, wollte er natürliche Blumen, die falsche nachahmten.

Er lenkte seine Gedanken in diese Richtung; er hatte keineswegs lange zu suchen, weit zu gehen, lag sein Haus doch mitten im Land der großen Züchter. Er brauchte nur die Treibhäuser der Avenue de Châtillon und des Aunay-Tales zu besichtigen, dann kam er hundemüde zurück, die Börse leer, hingerissen von den Tollheiten der Vegetation, die er gesehen hatte, nur noch an die Arten denkend, die er erworben hatte, und unablässig verfolgt von der Erinnerung an herrliche, bizarre, ovale Blumenbeete.

Zwei Tage später kamen die Wagen.

Eine Liste in der Hand, rief Des Esseintes nacheinander seine Einkäufe auf und prüfte sie auf Vollständigkeit.

Die Gärtner hoben von ihren zweirädrigen Karren eine Sammlung von Kaladien, die auf geschwollenen, haarigen Stengeln riesige, herzförmige Blätter trugen; obwohl sie alle eine Familienähnlichkeit aufwiesen, glich keine der andern.

Es waren außergewöhnliche darunter, rosagetönte, wie die Virginale, die aus Wachstuch, aus englischem Heftpflaster ausgeschnitten schien; reinweiße, so die Albane, die wie aus dem durchsichtigen Brustfell eines Ochsen, wie aus einer transparenten Schweinsblase gemacht war; andere, vor allem die Madame Mame, glichen Zink, parodierten geprägte Metallstücke, waren kaisergrün gefärbt, mit Tropfen von Ölfarbe, mit Flecken von Mennige und Bleiweiß beschmutzt; diese hier, wie die Bosphore, täuschten gestärkten, karmesinrot und myrtengrün gesprenkelten Kattun vor; jene, wie die Aurora Borealis, entfalteten ein Blatt von der Farbe rohen Fleisches, durch das sich purpurne Rippen, ins Violette spielende Nerven zogen, ein aufquellendes Blatt, das blauen Wein und Blut ausschwitzte.

Die Albane und die Aurora vertraten die beiden extremen Tönungen des Temperaments: den Schlagfuß und die Bleichsucht.

Die Gärtner brachten noch andere Sorten; diesmal erweckten sie den Anschein einer künstlichen Haut, über die Streifen falscher Venen liefen, und die meisten, wie zerfressen von Syphilis und Lepra, hatten ein fahles, von Röteln marmoriertes, damastartig mit Flechten überwuchertes Fleisch; andere wiesen die hellrosa Färbung von sich schließenden Narben oder den dunklen Ton von frischem Schorf auf; wieder andere waren aufgewellt von einem Brenneisen, schlugen Blasen von Verbrennungen; noch andere zeigten eine behaarte, von Geschwüren ausgehöhlte und vom Schanker aufgetriebene Epidermis; einige schließlich schienen mit Verbänden bedeckt, mit schwarzem Quecksilberschmalz und belladonnagrüner Salbe beschmiert und mit Staubkörnchen vom gelben Glimmer des Jodoformpuders punktiert.

Wie sie so beieinanderstanden, schimmerten diese Pflanzen vor Des Esseintes weit monströser als in dem Augenblick, da er sie, zusammen mit anderen, wie in einem Hospital, in den verglasten Sälen der Treibhäuser entdeckt hatte.

»Donnerwetter!« entfuhr es ihm begeistert.

Eine neue Pflanze, ähnlichen Typs wie die Kaladien, die

»Alocasia metallica«, erregte ihn ebenfalls. Diese war mit einer bronzegrünen Schicht bestrichen, über die silbrige Glanzlichter huschten; sie war das Meisterwerk des Künstlichen; man hätte meinen können, sie wäre ein Stück Ofenrohr, das der Ofensetzer wie eine Lanzenspitze zugeschnitten hatte.

Danach luden die Männer flaschengrüne, rautenförmige Blätterbüschel ab; in der Mitte reckte sich ein Stengel empor, an dessen Ende ein großes, wie eine Pimentschote lackiertes Herz-As ein wenig zitterte; und wie um alle bekannten Pflanzenformen Lügen zu strafen, schoß aus der Mitte dieses tief zinnoberroten Herz-Asses ein fleischiger, wolliger, weißgelber Schweif heraus, kerzengerade bei den einen, an der Herzspitze oben korkenzieherartig geringelt wie ein Schweineschwanz bei den andern.

Es war die Anthurie, ein kürzlich aus Kolumbien nach Frankreich eingeführtes Aronstabgewächs; sie war Teil eines Postens aus jener Familie, zu der auch ein Amorphophallus gehörte, eine Pflanze aus Kotschinchina, mit fischmesserförmig geschnittenen Blättern und langen, schwarzen, mit Narben bedeckten Stengeln, gleich verwundeten Negergliedern.

Des Esseintes jubilierte.

Man holte einen neuen Schub von Ungeheuern aus den Wagen: Echinopsis, die aus Wattekompressen Blüten von stumpfem Rosa wachsen ließ; Nidularien, die zwischen ihren Säbelklingen einen geschundenen, klaffenden Schlund öffnen; eine Anzahl von »Tillandsia Lindeni«, die traubenmostfarbene, schartige Schabeisen ausstreckten; Cypripedien mit komplizierten, unzusammenhängenden Umrissen, ersonnen von einem irren Erfinder. Diese ähnelten einem Holzschuh, einer Innentasche, über der sich eine menschliche Zunge mit gespanntem Bändchen nach hinten rollte, wie man sie auf den Tafeln eines Werkes abgebildet sieht, das Hals- und Munderkrankungen behandelt; zwei kleine brustbeerrote Flügel, die einer Spielzeugmühle zu entstammen schienen, vervollständigten diese wunderliche Vereinigung einer hefe- und schieferfarbenen Zungenunterseite und eines blankpolierten Täschchens, dessen Futter einen zähflüssigen Leim absonderte.

Er konnte die Augen nicht lösen von dieser unwahrscheinlichen, aus Indien kommenden Orchidee; die Gärtner, die diese langen Pausen ärgerten, begannen nun selbst die Etiketten laut abzulesen, die in den von ihnen herbeigeholten Töpfen staken.

Des Esseintes hörte bestürzt die abstoßenden Namen der Grünpflanzen: »Encephalartos horridus«, eine gigantische, rostfarben bemalte Eisenartischocke, wie man sie an Schloßtoren anbringt, um das Hinüberklettern zu verhindern; »Cocos Micania«, eine Art gezackter, schlanker Palme, die rings von hohen, paddel- und rudergleichen Blättern umstanden war; »Zamia Lehmanni«, eine riesige Ananas, ein ungeheurer Chesterlaib, in Heideerde gepflanzt und an der Spitze gespickt mit stachligen Speeren und wilden Pfeilen; »Cibotium spectabile«, das seine Artgenossen durch den Wahnwitz seiner Gestalt überbot und für jeden Traum eine Herausforderung war, warf es doch aus seinem handförmigen Laub einen gewaltigen Orang-Utanschwanz empor, einen zottigen, braunen Schwanz mit einem zum Bischofsstab gekrümmten Ende.

Indes, er betrachtete sie nur flüchtig, wartete ungeduldig auf die Reihe der Pflanzen, die ihn vor allen andern betörten, die pflanzlichen Vampire unter ihnen, die fleischfressenden, die Venusfliegenfalle der Antillen etwa mit samtartigem Rand, die eine Verdauungsflüssigkeit ausscheidet und mit gebogenen, sich übereinander schließenden Stacheln versehen ist, um so ein Gitter über das Insekt zu wölben, das sie gefangenhält; die mit klebrigen Haaren ausgestattete

Drosera der Torfmoore; die Sarracena und den Cephalothus, die ihre gefräßigen Vasen öffnen, imstande, richtiges Fleisch aufzunehmen und zu verdauen; schließlich den Nepenthes, dessen Phantastik alle Grenzen exzentrischer Formen überschreitet.

Er wurde nicht müde, den Topf, in dem diese Extravaganz der Flora steckte, zwischen den Händen hin und her zu drehen. Sie imitierte den Gummibaum, von dem sie das langgestreckte, metallgrüne, dunkle Blatt hatte, an der Spitze des Blattes aber baumelte ein grüner Faden, hing eine Nabelschnur, die eine grünliche, violett-marmorierte Urne trug, eine Art deutscher Porzellanpfeife, ein wunderliches Vogelnest, das gemächlich schaukelte und ein mit Härchen ausgekleidetes Inneres sehen ließ.

»Dies hier geht weit«, murmelte Des Esseintes.

Er mußte sich aus seiner Freude herausreißen, denn die Gärtner, die fertig werden wollten, leerten nun die Karren vollends, stellten Knollenbegonien und schwarze, saturnrot gefleckte Krotone durcheinander auf.

Da bemerkte er, daß noch ein Name auf der Liste übrigblieb: die Cattleya aus Neu-Granada. Man zeigte ihm ein geflügeltes Blütenglöckchen in verwaschenem Lila, fast erloschenem Mauve; er trat hinzu, steckte die Nase hinein und wich jäh zurück; es entströmte ihm ein Geruch nach gefirnister Tanne, nach Spielzeugkiste, der den Graus eines Neujahrstages heraufbeschwor.

Er dachte, daß er gut daran täte, dieser Blume zu mißtrauen, und bedauerte beinahe, zu seiner Sammlung geruchloser Pflanzen diese Orchidee zugelassen zu haben, die nach den denkbar unangenehmsten Erinnerungen duftete.

Jetzt, da er allein war, besah er die Flut der Pflanzen, die in seiner Diele wogte; sie vermischten sich miteinander, kreuzten ihre Schwerter, ihre Dolche, ihre Lanzenspitzen, bildeten eine grüne Waffenpyramide, über der wie barbarische Flaggen Blüten in gleißenden, harten Tönen wehten.

Die Luft im Raum wurde dünn; bald kroch in einer dunklen Ecke, knapp über dem Parkett, ein weißer, milder Lichtschimmer hervor.

Er ging hin und bemerkte, daß die Rhizomorphen beim Atmen diesen Nachtlampenschein abgaben.

»Diese Gewächse sind wirklich verblüffend«, sagte er zu sich; dann trat er zurück und warf einen Blick auf diese Anhäufung: sein Ziel war erreicht; kein einziges sah echt aus; der Mensch schien der Natur Stoff, Papier, Porzellan und Metall geliehen zu haben, damit sie ihre Ungeheuer schaffen konnte. Wo es ihr nicht gelungen war, Menschenwerk nachzuahmen, war sie auf das Kopieren der Membranen von Tieren verfallen, borgte sie sich die lebhaften Färbungen ihres verwesenden Fleisches, die herrlichen Scheußlichkeiten ihrer Fäulnis aus.

»Die reine Syphilis«, dachte Des Esseintes, dessen Blick von den gräßlichen Tigerungen der Kaladien, die ein Strahl des eindringenden Tageslichts streichelte, angezogen wurde und sich nicht mehr zu lösen vermochte. Und jäh hatte er die Vision einer unablässig von diesem Virus vergangener Zeiten heimgesuchten Menschheit. Seit Anbeginn der Welt, von den Vätern auf die Söhne, hatten sich alle Kreaturen das unverwüstliche Erbe, die ewig währende Krankheit weitergegeben, die schon unter den Vorfahren des Menschen gewütet, die gar die jüngst ausgegrabenen, Knochen der Fossilien angefressen hatte!

Ohne je abzuklingen, war sie durch die Jahrhunderte geeilt; heute noch grassierte sie, verbarg sich aber unter heimtückischen Leiden, versteckte sich hinter den Symptomen von Migräne und Bronchitis, von Hitzewallungen und Gichtanfällen; hin und wieder erklomm sie die Oberfläche, griff vorzugsweise ungepflegte, schlecht genährte Leute an, kam in der Gestalt von Goldstücken zum Ausbruch, da sie, voller Ironie, den armen Teufeln den Zechinenschmuck einer indischen Tänzerin auf die Stirn klebte, ihnen, um ihr Elend noch zu verhöhnen, das Abbild des Geldes und des Wohllebens in die Haut ritzte!

Und siehe da, jetzt tauchte sie in ihrem ursprünglichen Glanz auf dem bunten Blattwerk der Pflanzen wieder auf!

»Es ist wahr«, fuhr Des Esseintes fort, zum Ausgangspunkt seiner Überlegung zurückkehrend, »es ist wahr, daß die Natur zumeist unfähig ist, von alleine solch ungesunde und perverse Spezies zu zeugen; sie liefert lediglich den Rohstoff, den Keim und den Boden, die Nährlösung und die Bestandteile der Pflanze, die der Mensch dann nach Belieben großzieht, modelliert, bemalt und zurechtschnitzt.«

Wie starrsinnig, verworren und beschränkt sie auch sein mochte – schließlich unterwarf sie sich, und ihrem Meister gelang es, durch chemische Reaktionen die Erdsubstanz zu verändern, ausgereifte Kombinationen, lange ausgeklügelte Kreuzungen zu verwenden, sich wohldurchdacht der Ableger und methodisch der Pfropfungen zu bedienen, und nun bringt er sie dazu, auf demselben Zweig verschiedenfarbige Blüten wachsen zu lassen, erfindet er für sie neue Kolorierungen, verwandelt er nach Gutdünken die jahrhundertealte Form ihrer Gewächse, schleift er glatt, was holprig ist, führt er zu Ende, was Entwurf war, kennzeichnet er sie mit seinem Siegel, drückt er ihnen den Stempel seiner Kunst auf.

»Es ist nicht zu leugnen«, faßte er seine Grübeleien zusammen, »der Mensch kann in ein paar Jahren eine Selektion bewirken, die die träge Natur immer erst nach Jahrhunderten hervorbringt; wahrhaftig, in solchen Zeiten wie diesen sind die Gärtner die einzigen, die echten Künstler.«

Er war ein wenig erschöpft, und er erstickte in dieser Atmosphäre eingesperrter Pflanzen; die Gänge, die er in den letzten Tagen erledigen mußte, hatten ihn angegriffen. Der Wechsel von der geheizten Wohnung in die frische Luft, von der Reglosigkeit eines Einsiedlerdaseins hinaus in das Getriebe eines ungebundenen Lebens war zu unvermittelt gewesen; er verließ seine Diele, um sich auf seinem Bett auszustrecken. Doch der Geist, noch ganz gefangengenommen von einem einzigen Thema und wie aufgezogen von einer Feder, haspelte, obwohl schlummernd, sein Garn weiter ab, und bald schlingerte er hinüber in die düsteren Tollheiten eines Albtraumes.

Er befand sich in der Dämmerung mitten auf einer Allee, tief im Wald; neben ihm ging eine Frau, die er weder gekannt noch je gesehen hatte; sie war ausgemergelt, hatte strohiges Haar, ein Bulldoggengesicht, Sommersprossen auf den Wangen und unter der platten Nase schief- und vorstehende Zähne. Sie trug eine weiße Dienstmädchenschürze, ein langes, geteiltes Büffelledertuch über der Brust, Halbstiefel wie die preußischen Soldaten und eine schwarze Haube, die mit Rüschen verziert und mit einer Rosette geschmückt war.

Sie sah aus wie eine fliegende Händlerin, konnte auch eine Seiltänzerin vom Jahrmarkt sein.

Er fragte sich, wer diese Frau wohl sei, fühlte er doch, daß sie seit langem schon seine Intimität, sein Leben teilte und darin fest verwurzelt war; er suchte vergeblich ihre Herkunft, ihren Namen, ihren Beruf, ihre Daseinsberechtigung zu ergründen; nichts erinnerte ihn an diese unerklärliche und doch unbestreitbare Verbindung.

Er forschte noch in seinem Gedächtnis, als plötzlich eine seltsame Gestalt zu Pferde vor ihnen auftauchte, eine Minute lang weitertrabte und sich dann auf ihrem Sattel umwandte.

Da stockte ihm das Blut, und das Grauen nagelte ihm die Füße fest. Diese zweideutige, geschlechtslose Gestalt war grün, unter violetten Lidern öffnete sie entsetzliche Augen von einem kalten Hellblau; Ausschlag umgab ihren Mund; unvorstellbar magere Arme, Arme eines Skeletts, nackt bis zu den Ellbogen, stachen aus Lumpenärmeln hervor, zitterten im Fieber, und die fleischlosen Schenkel schlotterten in den zu weiten Schaftstiefeln.

Ihr gräßlicher Blick heftete sich auf Des Esseintes, durchbohrte ihn und vereiste ihn bis ins Mark; die Bulldoggenfrau, die völlig die Beherrschung verloren hatte, drängte sich an ihn und brüllte, als ginge es ihr ans Leben, den Kopf zurückgebogen auf ihrem steifen Hals.

Und sogleich begriff er den Sinn dieser entsetzlichen Vision. Das Bild der Syphilis stand vor ihm.

Die Angst auf den Fersen und seiner nicht mehr mächtig, rannte er in einen Querweg und erreichte in vollem Lauf einen Pavillon, der links zwischen falschen Ebenholzbäumen lag; dort ließ er sich in einem Flur auf einen Stuhl fallen.

Nach einer Weile, als er gerade wieder zu Atem kam, ließ ein Schluchzen ihn den Kopf heben; die Bulldoggenfrau stand vor ihm, jämmerlich und grotesk weinte sie heiße Tränen, behauptete, auf der Flucht ihre Zähne verloren zu haben, aus ihrer Dienstmädchenschürzentasche zog sie Porzellanpfeifen, die sie zerschlug, um sich die Stücke der weißen Stiele in die Löcher ihres Zahnfleisches zu stecken.

»So etwas! Das ist doch unsinnig!« sagte sich Des Esseintes, »diese Porzellanstückchen werden nie im Leben halten«, und tatsächlich, alle fielen sie aus dem Kiefer, eins nach dem andern.

In diesem Augenblick kam der Galopp eines Pferdes näher. Ein furchtbarer Schrecken erfaßte Des Esseintes; die Beine sackten ihm weg; der Galopp überstürzte sich; wie ein Peitschenhieb jagte die Verzweiflung ihn hoch; er warf sich auf die Frau, die nun die Pfeifenköpfe zertrampelte, flehte sie an, innezuhalten, sie nicht durch das Geräusch ihrer Stiefel zu verraten. Sie schlug um sich, er schleifte sie in das hintere Ende des Korridors und würgte sie, um sie am Schreien zu hindern. Auf einmal bemerkte er eine Wirtshaustür mit grüngestrichenen Jalousien und ohne Klinke, er stieß sie auf, nahm Anlauf und blieb stehen.

Vor ihm, mitten auf einer großen Waldlichtung vollführten riesige, weiße Pierrots Karnickelsprünge im Mondlicht.

Tränen der Mutlosigkeit stiegen ihm in die Augen; niemals, nein, niemals könnte er über die Türschwelle treten. »Man würde mich zermalmen«, dachte er, und wie zur Bekräftigung seiner Befürchtung vervielfachten sich die Reihen der riesigen Pierrots; ihre Purzelbäume füllten jetzt den ganzen Horizont, den ganzen Himmel aus, an den sie abwechselnd mit den Füßen und den Köpfen stießen.

Da verstummte das Getrappel des Pferdes. Es war da, hinter einer runden Flurluke; mehr tot als lebendig wandte Des Esseintes sich um, sah durch das Bullauge aufgestellte Ohren, gelbe Zähne, Nüstern, die zwei nach Phenol stinkende Dampfstrahlen ausstießen.

Er fiel in sich zusammen, gab Kampf und Flucht auf; er schloß die Augen, um den grauenvollen Blick der Syphilis nicht zu sehen, der durch die Wand hindurch auf ihm lastete, dem er aber unter seinen gesenkten Lidern dennoch begegnete, den er über seinen feuchten Rücken, über seinen Körper gleiten fühlte, dessen Haare sich in kalten Schweißpfützen sträubten. Er war auf alles gefaßt, erhoffte gar, damit alles ein Ende habe, den Gnadenstoß; ein Jahrhundert, das nur eine Minute dauerte, verging; erschauernd schlug er die Augen wieder auf. Alles war versunken. Übergangslos, wie durch einen Sichtwechsel, einen Kulissentrick bewerkstelligt, entschwebte eine entsetzliche Steinwüste, eine fahle, öde Landschaft, zerklüftet und tot; ein Licht erhellte diesen trostlosen Ort, ein stilles, weißes Licht, das an das Leuchten von in Öl gelöstem Phosphor erinnerte.

Auf dem Boden regte sich etwas, das zu einer sehr bleichen, nackten Frau wurde, deren Beine von grünen Seidenstrümpfen modelliert wurden.

Neugierig betrachtete er sie; wie eine mit zu heißer Brennschere gelockte Mähne kräuselte sich ihr Haar, dessen Spitzen gespalten waren; an ihren Ohren hingen Nepenthes-Urnen; Farbtöne wie von gekochtem Kalbfleisch glänzten in den halboffenen Nasenlöchern. Mit verdrehten Augen rief sie ganz leise nach ihm.

Er hatte keine Zeit zu antworten, denn schon verwandelte sich die Frau; flammende Farben entfachten sich in ihren Pupillen, die Lippen nahmen das wütende Rot der Anthurien an; die Brustwarzen loderten auf, lackglänzend wie zwei rote Pimentschoten.

Da hatte er plötzliche eine Eingebung: »Das ist doch die Blume«, sagte er sich; seine Vernünftelei hielt auch im Albtraum an, kam, wie während des Tages, von der Vegetation auf den Virus.

So beobachtete er die erschreckende Entzündung der Brüste und des Mundes, entdeckte Bister- und Kupferflecken auf der Körperhaut, wich verstört zurück; aber das Auge der Frau faszinierte ihn, und er ging langsam vorwärts, wobei er versuchte, seine Absätze in die Erde zu bohren, um sich nicht fortzubewegen, er ließ sich fallen, stand trotzdem wieder auf, um sich ihr zu nähern; schon berührte er sie fast, als ringsum schwarze Amorphophalli aufschossen und diesem Bauch entgegenragten, der sich hob und senkte wie ein Meer. Er hatte sie beiseite geschoben, zurückgestoßen, einen grenzenlosen Ekel darüber empfindend, wie diese lauwarmen und festen Schäfte zwischen seinen Fingern wimmelten. Dann waren diese widerlichen Gewächse plötzlich wieder verschwunden, und zwei Arme suchten, ihn zu umschlingen. Eine furchtbare Angst ließ sein Herz dröhnend schlagen, denn die Augen, die abscheulichen Augen der Frau, hatten sich in ein schreckliches, kaltes Hellblau verfärbt. Er machte eine übermenschliche Anstrengung, um sich von ihrer Umarmung zu befreien, aber mit unwiderstehlicher Gebärde hielt sie ihn fest, packte sie ihn, und verwirrt sah er unter den in die Luft gestreckten Schenkeln die wilde Nestrosette sich öffnen, blutend klaffte sie zwischen ihren Säbelklingen.

Er streifte mit seinem Körper die scheußliche Wunde der Pflanze; er fühlte, er würde sterben, da schreckte er aus dem Schlaf, halb erstickt und erfroren, wahnsinnig vor Angst und stöhnend:

»Ah! Gott sei Dank, es ist nur ein Traum!«

IX

Die Albträume wiederholten sich; er fürchtete sich davor einzuschlafen. Er lag ganze Stunden auf seinem Bett, bald in quälender Schlaflosigkeit und fieberhafter Erregung, bald in abscheulichen Träumen, die vom Hochschrecken eines Menschen unterbrochen wurden, der den Halt verliert, eine steile Treppe hinabstürzt, in einen Abgrund taumelt, ohne sich festhalten zu können.

War die Neurose ein paar Tage lang abgeklungen, gewann sie danach wieder die Oberhand, zeigte sie sich in neuer Gestalt heftiger und hartnäckiger.

Nun waren ihm die Decken lästig, er erstickte unter den Leintüchern, sein ganzer Körper kribbelte, sein Blut kochte, an den Beinen entlang spürte er Flohstiche; zu diesen Symptomen gesellte sich bald ein dumpfer Schmerz im Kiefer und das Gefühl, ein Schraubstock presse ihm die Schläfen zusammen.

Seine Ruhelosigkeit steigerte sich; leider fehlte es an Mitteln, die unerbittliche Krankheit zu bezwingen. Vergebens hatte er versucht, wassertherapeutische Apparate in seinem Badezimmer anzuschließen. Die Unmöglichkeit, Wasser bis zu der Höhe hinaufzupumpen, auf der sein Haus stand, bereits die Schwierigkeit, sich ausreichend Wasser zu beschaffen in einem Dorf, in dem die Brunnen zu bestimmten Stunden nur spärlich tröpfelten, hatten ihn aufgeben lassen. Da er sich nicht von Wasserstrahlen peitschen lassen konnte, die nur, wenn sie hart und stechend auf die Wirbelsäule prasseln, mächtig genug sind, die Schlaflosigkeit zu besiegen und die Gemütsruhe wiederherzustellen, war er auf die kurzen Beträufelungen in seiner Badewanne oder seinem Zuber, auf einfache kalte Begießungen angewiesen, denen kräftige, von seinem Diener mit einem Roßhaarhandschuh ausgeführte Abreibungen folgten.

Doch diese Pseudoduschen hemmten nicht im mindesten den Lauf der Neurose, höchstens verspürte er ein paar Stunden Erleichterung, die er im übrigen teuer mit der Rückkehr der Anfälle bezahlte, die heftiger und drastischer den Angriff erneuerten.

Sein Überdruß wurde grenzenlos; die Freude, phantastische Pflanzen zu besitzen, war versiegt; er war gegen ihre Formen und ihre Farben bereits abgestumpft; überdies ging die Mehrzahl seiner Gewächse ein trotz der Pflege, die er aufwandte. Er ließ sie aus seinen Räumen entfernen, und da er in einen Zustand äußerster Erregbarkeit geraten war, ärgerte er sich darüber, sie nicht mehr zu sehen; die Leere der Plätze, die sie eingenommen hatten, beleidigte sein Auge.

Um sich zu zerstreuen und die nicht endenden Stunden totzuschlagen, griff er zu seinen Mappen mit den Kupferstichen und ordnete seine Goyas; die Erstdrucke mancher Stiche der ›Caprichos‹, Abzüge, die an ihrem rötlichen Ton erkennbar und einst auf Auktionen für horrendes Geld gekauft worden waren, heiterten ihn auf, und er vertiefte sich in sie, folgte den wunderlichen Einfällen des Malers und ließ sich gefangennehmen von dessen schwindelerregenden Szenen, den auf Katzen reitenden Hexen, den Frauen, die sich mühten, einem Gehenkten die Zähne auszureißen, von den Banditen, Gespenstern in Weibsgestalt, Dämonen und Zwergen.

Dann überflog er die anderen Serien von Goyas Radierungen und Aquatintablättern, seine so makaber grausigen ›Sprichwörter‹, seine so grimmig rasenden Kriegsdarstellungen, schließlich seine Radierung ›Das Halseisen‹, von dem Des Esseintes einen herrlichen Probedruck auf dikkem, ungeleimtem Papier mit sichtbaren Wasserstreifen besonders hätschelte.

Goyas wildes Feuer, sein schroffes, heftiges Talent fesselten ihn, doch die allgemeine Bewunderung, die seine Werke erregten, ließ ihn ein wenig zurückweichen, und so kam es, daß er sie über all die Jahre hinweg nicht eingerahmt hatte aus Angst, der erstbeste Dummkopf, stellte er sie zur Schau, erachtete es für nötig, bei ihrem Anblick Eseleien von sich zu geben und in vorgefertigten Sätzen zu schwärmen.

Ebenso verhielt es sich auch mit seinen Rembrandts, die er von Zeit zu Zeit verstohlen betrachtete; und tatsächlich: wie die schönste Melodie der Welt vulgär und unerträglich wird, sobald die Öffentlichkeit sie trällert, sobald die Drehorgeln sich ihrer bemächtigen, so wird auch das Kunstwerk, bleibt es den falschen Künstlern nicht fremd, fechten es die Toren nicht an, begnügt es sich nicht damit, die Begeisterung einiger weniger hervorzurufen, eben dadurch zu etwas Beschmutztem und Banalem für die Eingeweihten, bekommt es etwas fast Abstoßendes.

Diese Promiskuität der Bewunderung gehörte übrigens zu den Dingen, die ihn am meisten bekümmerten in seinem Leben; unbegreifliche Erfolge hatten ihm einst geliebte Gemälde und Bücher für immer verleidet; angesichts der einhelligen Zustimmung entdeckte er an ihnen schließlich einen unmerklichen Makel, und er verwarf sie, fragte sich, ob sein Spürsinn langsam abstumpfe und ihn trüge.

Er schloß seine Mappen und verfiel, unschlüssig, erneut in Trübsinn. Um seine Gedanken in andere Bahnen zu lenken, versuchte er es mit besänftigendem Lesestoff, damit sein Gehirn sich abkühle mit den Nachtschattengewächsen der Literatur, las er die so netten Bücher für Genesende und Unpäßliche, die tetanusartige oder phosphathaltige Werke nur ermüden würden: Dickens Romane.

Indes, diese Bände bewirkten das Gegenteil von dem, was er sich erhofft hatte: die keuschen Galane, die protestantischen Heldinnen, zugeknöpft bis zum Halse, schmachteten sich unter dem Sternenzelt an, beschränkten sich darauf, den Blick zu senken, zu erröten, vor Glück zu weinen, einander die Hände zu pressen. Die übertriebene Reinheit stürzte ihn sogleich in die entgegengesetzte Maßlosigkeit; kraft des Gesetzes der Gegensätze sprang er von einem Extrem ins andere, entsann er sich erregender und saftiger Szenen, dachte er an die Praktiken von Mann und Frau, an sich mischende Küsse, an Taubenküsse, wie die Schamhaftigkeit der Kirche sie nennt, wenn sie die Lippen öffnen.

Er unterbrach seine Lektüre, hing, fern vom spröden England, kleinen liederlichen Sünden, geilen Raffinessen nach, die die Kirche mißbilligt; eine Erschütterung ging durch seinen Körper; die Impotenz seines Hirns und seines Körpers, die er für endgültig gehalten hatte, schwand; noch tat die Einsamkeit ihre Wirkung auf seine zerrütteten Nerven; wieder einmal wurde er, zwar nicht von der Religion selbst, aber von den bösen Handlungen und den Sünden, die sie verurteilt, heimgesucht; einzig der übliche Gegenstand ihrer Beschwörungen und Drohungen beschäftigte ihn jetzt. Das Körperliche, unempfindlich seit Monaten und von der Aufregung der frommen Lektüre zunächst zum Schwingen gebracht, dann in einem neurotischen Ausbruch durch die englische Scheinheiligkeit aufgeweckt und wieder in Bewegung versetzt, verlangte nun wieder sein Recht, und da die Reizung seiner Sinne ihn auf die Vergangenheit verwies, watete er in den Erinnerungen an seine alten Kloaken.

Er erhob sich und öffnete wehmütig ein purpurrotes Schächtelchen mit einem von Glimmersteinen übersäten

Deckel. Es war gefüllt mit violetten Bonbons; er nahm einen und drehte ihn tastend zwischen den Fingern, wobei er an die seltsamen Eigenschaften dieses pralineartigen Bonbons dachte, der wie mit Rauhreif bedeckt war von Zucker. Früher, als seine Impotenz feststand, als er ohne Bitterkeit, ohne Bedauern und ohne neuerliches Begehren an die Frau dachte, legte er sich manchmal einen dieser Bonbons auf die Zunge und ließ ihn schmelzen, und plötzlich stiegen mit unendlicher Süße längst verblaßte, längst verkümmerte Bilder ehemaliger Ausschweifungen auf.

Diese von Siraudin kreierten und unter dem lächerlichen Namen »Pyrenäenperlen« geführten Bonbons bestanden aus einem Tropfen Sarcanthusparfum, einem Tropfen weiblicher Essenz in einem Stück Zucker kristallisiert; sie drangen in die Mundpapillen ein und beschworen ein durch kostbare Essigsäuren opalisierendes schimmerndes Wasser, sehr tiefe, ganz duftdurchtränkte Küsse.

Gewöhnlich lächelte er, wenn er dieses Liebesaroma, diesen Hauch von Liebkosungen schmeckte, die ihm einen Winkel Nacktheit ins Gedächtnis zurückriefen und eine Sekunde lang den einst angebeteten Geruch mancher Frauen wieder lebendig werden ließen; heute wirkten sie nicht mehr ganz in der Stille, begnügten sie sich nicht mehr damit, die Vorstellung ferner und verschwommener Zügellosigkeiten wieder auferstehen zu lassen; sie zerrissen im Gegenteil die Schleier und führten ihm jäh die andrängende, brutale körperliche Wirklichkeit vor Augen.

An der Spitze des Defilees ehemaliger Mätressen, das der Geschmack des Bonbons in klaren Strichen zu zeichnen half, blieb eine haften, die lange weiße Zähne hatte, eine ganz rosige, wie Atlas glänzende Haut, eine fein gemeißelte Nase, Mäuseaugen und blondes, zu einer Ponyfrisur geschnittenes Haar.

Das war Miss Urania, eine Amerikanerin mit kräftig gebautem Körper, nervigen Beinen, Muskeln aus Stahl und Armen aus Gußeisen.

Sie war eine der berühmtesten Zirkusakrobatinnen ihrer Zeit.

Des Esseintes hatte sie während langer Abende aufmerksam betrachtet; die ersten Male war sie ihm so erschienen, wie sie war, das hieß stark und schön, doch es verlangte ihn nicht danach, sich ihr zu nähern. Sie hatte nichts, was sie der Lüsternheit eines blasierten Menschen empfahl, dennoch ging er wieder und wieder in den Zirkus, angelockt von irgend etwas, getrieben von einem schwer zu bestimmenden Gefühl.

Während er sie beobachtete, kam er allmählich auf seltsame Gedanken; in dem Maße, wie er ihre Geschmeidigkeit und Kraft bewunderte, sah er in ihr eine künstliche Geschlechtsumwandlung vor sich gehen; ihre anmutigen Possen, ihre Weibchenaffektiertheit verwischten sich immer mehr, indes sich an ihrer Stelle der agile und mächtige Zauber des Maskulinen entwickelte. Mit einem Wort: nachdem sie zuerst Frau gewesen war, dann nach einigem Zögern das Zwitterhafte gestreift hatte, schien sie sich nun zu entscheiden, sich festzulegen, völlig zum Mann zu werden.

Wie ein kerniger Bursche sich in ein zartes Mädchen verliebt, muß diese Clownin eigentlich eine schwache, fügsame, schwunglose Kreatur wie mich lieben, sagte sich Des Esseintes. Während er sich selbst ansah und den Vergleich auf sich wirken ließ, gewann er langsam den Eindruck, daß er sich für seine Person nun in eine Frau verwandelte, und er begehrte entschieden, diese Frau zu besitzen, sehnte sich wie ein bleichsüchtiges Mädchen nach dem rohen Herkules, dessen Arme es in der Umschlingung zu zermalmen vermögen.

Dieser Geschlechtertausch zwischen Miss Urania und ihm hatte ihn erhitzt; wir sind einander geweiht, versicherte er sich. Denn zu der plötzlichen Bewunderung der bis dahin verabscheuten, nackten Gewalt hatte sich der außerordentliche Reiz der Gosse, der niederen Prostitution gesellt, die glücklich ist, die widerwärtigen Zärtlichkeiten eines Zuhälters teuer zu bezahlen.

Bevor er sich entschloß, die Akrobatin zu verführen und womöglich dieses Vorhaben zu verwirklichen, setzte er seine Träume einstweilen um, indem er seine eigenen Gedanken der ahnungslosen Frau in den Mund legte, seine Absichten aus dem festgefrorenen Lächeln der auf ihrem Trapez kreisenden Histrionin herauslas.

Eines schönen Abends entschloß er sich, die Platzanweiserinnen vorzuschicken. Miss Urania hielt es für angebracht, sich ihm erst hinzugeben, wenn er ihr den Hof gemacht hätte; dennoch erwies sie sich als zugänglich, wußte sie doch vom Hörensagen, daß Des Esseintes reich war und sein Name einer Frau zum Eintritt in die Gesellschaft verhelfen konnte.

Doch sobald seine Wünsche erfüllt waren, überstieg seine Enttäuschung jedes Maß. Er hatte sich die Amerikanerin dumm und bestialisch wie einen Jahrmarktsringer vorgestellt, aber leider war ihre Dummheit lediglich die üblich weibliche. Gewiß, es fehlte ihr an Erziehung und Takt, sie hatte weder Verstand noch Geist, und bei Tisch bewies sie eine animalische Gier, doch alle kindlichen Gefühle der Frau waren noch in ihr vorhanden; sie gackerte und kokettierte wie ein auf Albernheiten versessenes Mädchen; eine Verpflanzung männlicher Gedanken in ihren Frauenkörper hatte nicht stattgefunden.

Darüber hinaus war sie im Bett von puritanischer Zurückhaltung und besaß keine der Athletenbrutalitäten, die er ersehnte und zugleich fürchtete; sie war für sein gestörtes Geschlechtsleben nicht anfällig, wie er es einen Augenblick gehofft hatte. Hätte er ihre laue Begehrlichkeit gründlich untersucht, wäre er vielleicht auf einen Hang zu zarten, schmächtigen Wesen, zu Temperamenten gestoßen, die dem ihren ganz entgegensetzt waren, doch hätte es sich dabei allenfalls um einen munteren Schwächling, um einen drolligen, mageren Clown und nicht um ein Mädchen gehandelt.

Notgedrungen mußte Des Esseintes seine vorübergehend vergessene Männerrolle wieder übernehmen, seine Anwandlungen von Weiblichkeit und Schwäche, von vermeintlichem, gekauften Schutz und auch seine Angst schwanden; die Täuschung war nicht mehr aufrechtzuerhalten. Miss Urania war eine gewöhnliche Mätresse, die in keiner Weise die geistige Neugier rechtfertigte, die sie geweckt hatte.

Obwohl der Zauber ihres frischen Körpers, ihrer großartigen Schönheit Des Esseintes zuerst erstaunt und gehalten hatte, suchte er rasch, dieser Liaison zu entkommen; er führte schleunigst den Bruch herbei, denn seine vorzeitige Impotenz steigerte sich noch bei den eiskalten Liebkosungen und angesichts des prüden Gewährenlassens dieser Frau.

Dennoch war sie die erste, die ihm aus dem ununterbrochenen Reigen seiner Hemmungslosigkeit entgegentrat; aber wenn sie sich ihm tiefer eingeprägt hatte als die Schar der anderen, deren Reize weniger trügerisch, deren Gelüste weniger begrenzt waren, so lag dies eigentlich nur an ihrem kräftigen, gesunden Tiergeruch; ihr Übermaß an Gesundheit war der greifbare Gegenpol zu der parfumgetränkten Blutarmut, deren feinen Duft er aus Siraudins köstlichem Bonbon herausschmeckte.

Wie eine Geruchs-Antithese zwang sich Miss Urania verhängnisvoll seiner Erinnerung auf, doch Des Esseintes, überrumpelt von diesem unerwarteten, natürlichen und unverfälschten Aroma, kehrte fast augenblicklich zu zivilisierten Düften zurück und dachte unwillkürlich an seine anderen Mätressen; sie drängten sich wie eine Herde in seinem Kopf; doch eine Frau überragte sie jetzt alle, eine, deren Ungeheuerlichkeit ihn monatelang so stark befriedigt hatte.

Diesmal war es eine kleine hagere Brünette mit schwarzen Augen, pomadisiertem, wie mit einem Pinsel auf den Kopf aufgetragenem Haar, das nahe der Schläfe von einem Knabenscheitel geteilt wurde. Er hatte ihre Bekanntschaft in einem Café-Concert gemacht, wo sie als Bauchrednerin auftrat.

Zur Verblüffung einer Zuschauermenge, der bei diesen Übungen nicht wohl war, ließ sie nacheinander Kinder aus Pappe sprechen, die wie Orgelpfeifen auf Stühlen aufgereiht waren, sie unterhielt sich mit fast lebendigen Gliederpuppen, im Saal selbst summten Fliegen um die Kronleuchter, und man hörte das stumme Publikum lärmen, das staunte und sich unwillkürlich ins Gestühl drückte, als das vom Eingang zur Bühne vorrollende Rumpeln imaginärer Wagen es streifte.

Des Esseintes war fasziniert gewesen; eine Fülle von Ideen keimte in ihm auf; zuallererst beeilte er sich, die Bauchrednerin, die ihm gerade wegen des Gegensatzes gefiel, den sie zu der Amerikanerin abgab, mit Banknoten zu unterwerfen. Diese Brünette sonderte aufbereitete, ungesunde, zu Kopfe steigende Düfte ab, und sie brannte wie ein Krater. Trotz all ihrer Finessen verausgabte sich Des Esseintes innerhalb weniger Stunden; er ließ sich darum nicht weniger willfährig von ihr aussaugen, denn mehr als die Mätresse zog ihn das Phänomen an.

Im übrigen waren die Pläne, die er ins Auge gefaßt hatte, herangereift. Er beschloß, bis dahin noch nicht in die Tat umgesetzte Vorhaben zu verwirklichen.

Eines Abends ließ er eine kleine Sphinx aus schwarzem Marmor bringen, die mit ausgestreckten Tatzen und starrem, geradem Kopf in der klassischen, liegenden Pose verharrte, und eine Chimäre aus buntem Ton mit wilder, gesträubter Mähne und durchdringendem, blutgierigem Blick, die ihren wie Blasebälge geblähten Flanken mit den Schwanzsträhnen Luft zufächelte. Er stellte ein jedes dieser Tiere in eine Zimmerecke, löschte die Lampen, ließ die Glut im Kamin hell auflodern und so den Raum undeutlich beleuchten, in dem die fast im Dunkel ertrunkenen Gegenstände nun größer wirkten.

Dann streckte er sich auf einem Kanapee neben der Frau aus, deren unbewegliches Gesicht vom Lichtschein eines verglimmenden Holzstücks getroffen wurde, und wartete.

Mit befremdlichen Tönen, die er sie vorab lange und geduldig hatte üben lassen, blies sie, ohne auch nur die Lippen zu bewegen, ohne sie überhaupt anzusehen, den beiden Monstren Leben ein.

Und in der Stille der Nacht begann das wundersame Zwiegespräch der Chimäre und der Sphinx, geführt von gutturalen, tiefen und rauhen und von hohen, wie übermenschlichen Stimmen.

»Hier, Chimäre, halt ein!«

»Nein, niemals!«

Eingelullt von Flauberts herrlicher Prosa, lauschte er atemlos dem schrecklichen Duo, und Schauer überrieselten ihn vom Nacken bis hinab zu den Füßen, als die Chimäre den feierlichen, magischen Satz ausstieß:

»Ich suche neue Düfte, größere Blumen, noch nie empfundene Lüste.«

Ah! und zu ihm, zu ihm sprach diese Stimme geheimnisvoll wie eine Beschwörung; ihm, ja ihm erzählte sie von ihrem Fiebern nach dem Unbekannten, von ihrem unbefriedigten Ideal, ihrem Bedürfnis, der schrecklichen Wirklichkeit des Daseins zu entfliehen, die Grenzen des Denkens zu sprengen, im nebulösen Jenseits der Kunst umherzutappen, ohne je zu einer Gewißheit zu gelangen! – Das ganze Elend seiner eigenen Anstrengungen preßte ihm das Herz zusammen. Sanft umfing er die schweigende Frau an seiner Seite, flüchtete sich zu ihr wie ein ungetröstetes Kind und sah nicht die mürrische Miene der Komödiantin, die gezwungen war, zu Hause, in ihrer freien Zeit, außerhalb der Bühne, eine Szene zu spielen, ihren Beruf auszuüben.

Ihre Liaison dauerte fort, doch bald versagte Des Esseintes immer häufiger; seine geistige Erregtheit brachte das Eis seines Körpers nicht mehr zum Schmelzen; die Nerven gehorchten nicht länger dem Willen; die sinnlichen Marotten alter Männer beherrschten ihn jetzt. Zunehmend kraftlos bei seiner Mätresse, griff er zum wirksamsten Stärkungsmittel der versiegenden, unbeständigen Erregung, zur Angst.

Während er die Frau in den Armen hielt, tobte hinter der Tür eine Säuferstimme: »Willst du wohl aufmachen? Ich weiß, daß du da drin einen Gimpel hast! Warte nur, du Schlampe!« Sogleich und ganz wie die Wüstlinge, die der Schrecken, in flagranti im Freien, auf Böschungen, in den Tuilerien, in einer Bedürfnisanstalt oder auf einer Bank erwischt zu werden, aufreizt, fand auch er vorübergehend seine Manneskraft wieder; er stürzte sich auf die Bauchrednerin, deren Stimme außerhalb des Zimmers weiterlärmte, und er genoß in diesem Durcheinander, in dieser Panik die unerhörten Wonnen des einer Gefahr ausgesetzten Mannes, den man in seinem schmutzigen Tun unterbricht und bedrängt.

Leider waren diese Sitzungen von kurzer Dauer; trotz der unmäßigen Preise, die er ihr bezahlte, gab die Bauchrednerin ihm den Laufpaß und bot sich noch am selben

Abend einem Kerl dar, dessen Ansprüche unkomplizierter und dessen Lenden zuverlässiger waren.

Dieser Frau hatte er wirklich nachgetrauert, und erinnerte er sich ihrer Kunstgriffe, kamen ihm die anderen Frauen fade vor; selbst die verdorbene Anmut des Kindlichen erschien ihm nun reizlos; seine Verachtung für die ewig gleichen Grimassen wuchs derart, daß er sich nicht mehr überwinden konnte, sie zu ertragen.

Wie er so seinen Ekel wiederkäuend eines Tages allein auf der Avenue de Latour-Maubourg spazierenging, wurde er in der Nähe des Hôtel des Invalides von einem blutjungen Mann angesprochen, der ihn bat, ihm den kürzesten Weg zur Rue de Babylone zu weisen. Des Esseintes zeigte ihm, wie er zu gehen habe, und da er selbst die Esplanade überqueren wollte, taten sie es gemeinsam.

Die unerwartet eindringliche Stimme des jungen Mannes – als er, um genauere Auskunft zu erlangen, sagte: »Also Sie glauben, daß es links herum weiter ist. Dabei hatte man mir beteuert, daß ich schneller da wäre, wenn ich durch die Avenue abkürze.« – war zugleich flehend und schüchtern, sehr leise und sanft.

Des Esseintes schaute ihn an. Er sah aus, wie aus dem Internat entlaufen, war ärmlich gekleidet mit seiner zu kleinen Jacke aus Cheviotwolle, die über den Hüften spannte und kaum über die Lenden reichte, seiner eng anliegenden, schwarzen Hose und seinem Umlegkragen, der eine bauschige, dunkelblaue, mit weißen Fadennudeln gestreifte Krawatte, Typ Künstlerschleife, freiließ. Er trug ein in Pappe eingebundenes Schulbuch in der Hand und auf dem Kopf eine braune, flachkrempige Melone.

Das Gesicht war aufregend: es war blaß und abgespannt, recht regelmäßig unter den langen schwarzen Haaren, große, feuchte Augen mit blauumschatteten Lidern überstrahlten es, eng standen sie über der von Sommersprossen goldgesprenkelten Nase, unter der sich ein kleiner Mund mit doch vollen Lippen öffnete, die wie eine Kirsche in der Mitte von einem Scheitel geteilt wurden.

Sie musterten einander eine Weile von Angesicht zu Angesicht, dann schlug der junge Mann die Augen nieder und näherte sich; sein Arm streifte bald Des Esseintes' Arm, der den Schritt verlangsamte und gedankenverloren den wiegenden Gang des jungen Mannes betrachtete.

Und aus dieser zufälligen Begegnung war eine fordernde Freundschaft entstanden, die monatelang anhielt; Des Esseintes dachte stets nur mit Erschauern daran zurück. Niemals hatte er ein verlockenderes und unerbittlicheres Joch ertragen; niemals hatte er etwas so Gefahrvolles kennengelernt, niemals aber auch hatte er sich schmerzlicher befriedigt gefühlt.

Von den Erinnerungen, die ihn in seiner Einsamkeit belagerten, beherrschte die an jene gegenseitige Zuneigung alle anderen. Die ganze Hefe von Verirrungen, die ein neurotisch überreiztes Hirn enthalten kann, geriet in Gärung. Und wie er sich so in seinen Erinnerungen gefiel, sich grämlich an vergangenen Genüssen weidete, wie die Theologie solches Wiederkäuen alter Schändlichkeiten bezeichnete, mischten sich unter die sinnlichen Visionen geistige Wonnen, die einst geschürt worden waren von der Lektüre der Kasuisten, der Busenbaums und Dianas, der Liguoris und Sanchez' mit ihren Abhandlungen über die Verstöße gegen das sechste und neunte Gebot.

Indem die Religion ein außermenschliches Ideal in seiner Seele entstehen ließ, die sie ganz und gar vereinnahmt hatte und die seit der Herrschaft Heinrichs III. vielleicht erblich vorbelastet war, hatte sie zugleich das gesetzwidrige Ideal der Wollust genährt; unzüchtige und mystische Vorstellungen stürmten, ineinander verschmelzend, wie ein Anfall auf sein Gehirn ein, das ausgedorrt war vor lauter hartnäckigem Begehren, den Gewöhnlichkeiten der Welt zu entrinnen und weitab von ehrwürdigen Sitten unterzutauchen in ursprüngliche Ekstasen, in himmlische oder höllische Krisen, beide gleichermaßen unheilvoll durch den Phosphorverlust, den sie bewirken.

Als er jetzt aus seinen Träumereien wieder auftauchte, war er vernichtet, gebrochen, fast dem Tode nahe, und auf der Stelle zündete er alle Kerzen und Lampen an und überflutete sich mit Helligkeit, weil er meinte, so weniger deutlich als im Dunkeln das dumpfe, beharrliche, unerträgliche Klopfen der Arterien zu hören, die mit geballter Kraft unter der Haut seines Halses schlugen.

X

Bei dieser eigenartigen Krankheit, die blutarme Geschlechter zerrüttet, folgen plötzliche Atempausen auf die Krisen; ohne daß er sich hätte erklären können, warum, erwachte Des Esseintes eines schönen Morgens und war völlig gesund; kein Husten mehr, der ihn zerriß, keine Keile mehr, die ihm mit Holzhammerschlägen in den Nacken getrieben wurden, nur noch ein unaussprechliches Wohlgefühl, eine Leichtigkeit im Gehirn, dessen Gedanken sich lichteten und sich von dicktrüben, blaugrünen in flüssige, regenbogenfarbene verwandelten wie zart schillernde Seifenblasen.

Dieser Zustand währte einige Tage; dann traten eines Nachmittags unvermittelt Geruchshalluzinationen auf.

Sein Zimmer duftete nach Frangipan; er sah nach, ob nicht ein entkorktes Flacon herumstünde; es gab kein Flacon im Raum; er ging in sein Arbeitszimmer hinüber, in das Speisezimmer: der Geruch hielt an.

Er läutete seinem Diener: »Riechen Sie nichts?« fragte er. Der andere sog schnüffelnd die Luft ein und erklärte, keine einzige Blume zu schnuppern: es bestand kein Zweifel: die Neurose war wieder einmal ausgebrochen, diesmal in Form einer neuen Sinnestäuschung.

Erschöpft von der Hartnäckigkeit dieses vermeintlichen Aromas, beschloß er, sich auf echte Parfums zu werfen in der Hoffnung, eine solche Nasenhomöopathie könne ihn heilen oder die Verfolgung durch das lästige Frangipan zumindest mildern.

Er begab sich in sein Badezimmer. Neben einem ehemaligen Taufbecken, das ihm als Waschschüssel diente, unter einem länglichen Spiegel mit schmiedeeisernem Rahmen, der wie ein vom Mondlicht versilberter Brunnenrand das grüne und wie tote Wasser des Spiegels umschloß, reihten sich dort Flaschen aller Größen und Formen auf Elfenbeinborden übereinander.

Er stellte sie auf einen Tisch und teilte sie in zwei Kategorien ein: in die der einfachen Parfums, und das waren Extrakte oder Essenzen, und in die der komponierten Parfums, die den Gattungsnamen »Duftsträuße« trugen.

Er ließ sich in einen Sessel sinken und sammelte sich.

Seit Jahren schon war er bewandert in der Wissenschaft des Riechens; er dachte, daß der Geruchssinn ebensolche Wonnen hervorzurufen imstande war wie das Gehör oder das Sehvermögen, da jeder Sinn infolge einer natürlichen Veranlagung und einer verfeinerten Kultur empfänglich war für neue Empfindungen und daher fähig, diese zu steigern, zu koordinieren und daraus jene Einheit zusammenzusetzen, die ein Werk ausmacht. Und eine Kunst, die Duftströme hervorbrachte, war letztlich nicht anormaler als eine andere, die Klangwellen auslöste oder auf die Netzhaut des Auges verschieden gefärbte Strahlen auftreffen ließ. Nur, so wie niemand in der Lage war, ohne eine bestimmte, durch Studium entwickelte Intuition das Gemälde eines großen Meisters von einem Schinken oder eine Melodie von Beethoven von der eines Clapisson zu unterscheiden, so vermochte auch niemand, ohne zuvor eingeweiht worden zu sein, auf Anhieb einen von einem redlichen Künstler kreierten Duftstrauß und einen fabrikmäßig für den Verkauf in Kolonialwarengeschäften und auf Basaren zusammengepanschten Mischmasch auseinanderzuhalten.

Eine Seite dieser Duftkunst hatte ihn stets besonders angezogen, die der Präzision im Künstlichen.

Denn tatsächlich stammen die Parfums fast nie von den Blumen her, deren Namen sie tragen. Der Künstler, der es wagte, lediglich der Natur seine Zutaten zu entnehmen, brächte bloß ein Bastardwerk ohne Wahrheit und Stil hervor, weil die durch Destillieren der Blumen gewonnene Essenz nur einen sehr entfernten, sehr gewöhnlichen Anklang bieten kann an den Wohlgeruch der ihr Fluidum verströmenden, lebendigen, im Erdreich wurzelnden Blume.

Mit Ausnahme des unnachahmlichen Jasmins, der keine Fälschung, keine Ähnlichkeit zuläßt, der sich sogar gegen alles Annähernde sträubt, werden deshalb alle Blumen durch Verbindungen von Alkoholauszügen und Weingeist wiedergegeben, die dem Vorbild seine Eigenart entwenden und ihr dieses Nichts, diesen einen Ton mehr, diese berauschende Blume, dieses einzigartige Etwas hinzufügen, wodurch sich ein Kunstwerk auszeichnet.

Kurz: in der Parfumherstellung vollendet der Künstler den ursprünglichen, natürlichen Duft, dessen Geruch er reinigt und den er faßt, so wie ein Juwelier den Glanz eines Steines veredelt und ihn zur Geltung bringt.

Nach und nach hatten sich Des Esseintes die Geheimnisse dieser so vernachlässigten Kunst gelüftet, und er entzifferte bald ihre reiche Sprache, so voller Andeutungen wie die der Literatur, ihren so unerhört knappen Stil unter einem flüchtigen, verschwommenen Anschein.

Dazu mußte er zunächst die Grammatik erlernen, die Syntax der Gerüche begreifen, sich die Regeln einprägen, denen sie unterworfen sind, und um, als er mit dem Dialekt vertraut war, die Werke der Meister, der Atkinsons und Lubins, der Chardins und der Violets, der Legrands und der Piesses miteinander zu vergleichen, mußte er ihren Satzbau auseinandernehmen und die Proportionen der Wörter und das Gefüge der Perioden abwägen.

Dann galt es, in diesem Idiom der flüssigen Körper, durch Anwendung die oft lückenhaften und banalen Theorien zu stützen.

Die klassische Parfumkunst war wenig differenziert, fast farblos, sie folgte eintönig den von den alten Chemikern vorgegebenen Grundmischungen; eingesperrt in ihren betagten Destillierkolben, war sie schon kindisch geworden, als die Romantik anbrach und auch sie veränderte und verjüngte, sie formbarer und geschmeidiger machte.

Ihre Geschichte folgte Schritt für Schritt der unserer Sprache. Der Parfumstil unter Ludwig XIII., der sich aus den der Epoche teuren Substanzen wie Irispuder, Moschus, Zibeth und dem damals bereits Engelswasser genannten Myrtenwasser zusammensetzte, mochte vielleicht ausreichen, um die Rittermanieren und das ein wenig rohe Kolorit der Zeit auszudrücken, wie sie uns manche Sonette Saint-Amants überliefern. Später wurden durch die Myrrhe und das weihrauchartige Oliban, durch die mächtigen und strengen mystischen Düfte, das Pomphafte des großen Jahrhunderts, die weitschweifigen Finessen der Redekunst und der freie, gehobene, wohlklingende Stil eines Bossuet und der Kanzelredner sozusagen ermöglicht; noch später fand die müde und gelehrte Grazie der französischen Gesellschaft unter Ludwig XV. leichter ihren Dolmetscher im Frangipane und der Maréchale, die gewissermaßen die Synthese der Epoche darstellten; nach der Langeweile und dem Mangel an Wißbegierde des Ersten Kaiserreichs, das sich unmäßig des Kölnisch Wassers und der Rosmarinpräparate bediente, warf sich die Parfumzubereitung dann im Gefolge Victor Hugos und Gautiers auf die Sonnenländer. Sie schuf jetzt einen orientalischen Stil, scharf gewürzte Wohlgerüche, entdeckte einen ganz neuen Tonfall, bis dahin noch nicht gewagte Gegensätze; altbekannte Nuancen sortierte sie, nahm sie wieder auf, verkomplizierte und verfeinerte sie und stellte sie neu zusammen; entschieden verwarf sie schließlich die gewollte Altersschwäche, zu der ein Malesherbe und ein Boileau, Andrieux und Baour-Lormian, jene minderwertigen Destillateure ihrer Gedichte, sie erniedrigt hatten.

Aber diese Sprache war nicht stehengeblieben seit der Zeit um 1830. Sie hatte sich nochmals weiterentwickelt, hatte sich in ihrer Gestalt dem Gang des Jahrhunderts angeglichen und war parallel zu den anderen Künsten vorangeschritten; auch sie hatte sich den Wünschen der Kunstfreunde und Künstler gefügt, indem sie sich auf das Chinesische und Japanische verlegte, duftende Stammbücher erfand, die Blumenbouquets aus Takeokablüten nachahmte und durch die Verbindung von Lavendel und Gewürznelken den Geruch der Rondeletia, durch die Vermählung von Patschuli und Kampfer den eigenartigen Geruch der Tusche und durch die Vermischung von Zitrone, Gewürznelke und Pomeranzenblütenessenz die Duftströme der japanischen Howenia erzielte.

Des Esseintes studierte und analysierte die Seele dieser Fluida, er legte diese Texte aus; er gefiel sich zu seiner persönlichen Befriedigung in der Rolle eines Psychologen, er demontierte und montierte den Mechanismus eines Werks, nahm die Stücke auseinander, die die Struktur einer Duftmischung bildeten, und so kam es, daß sein Geruchssinn durch solche Übungen eine fast unfehlbare Treffsicherheit erreichte.

So wie ein Weinhändler das Gewächs erkennt, wenn er an einem Tropfen schnüffelt, so wie ein Hopfenverkäufer, sobald er einen Sack beschnuppert, dessen Wert genau zu bestimmen weiß, so wie ein chinesischer Kaufmann auf Anhieb die Herkunft des Tees feststellen kann, den er beriecht, zu sagen vermag, in welchen Pflanzungen der Boheaberge, in welchen buddhistischen Klöstern er angebaut und in welcher Jahreszeit die Blätter gepflückt wurden, den Trocknungsgrad und den Einfluß anzugeben imstande ist, dem er in der Nachbarschaft der Pflaumenblüte, der Aglaia und der Olea fragans, all der Düfte ausgesetzt war, die seine Eigenart verwandeln, ihm einen unvermutet hellen Beigeschmack hinzufügen und in seinem ein wenig strengen Wildgeruch den Duft ferner, frischer Blüten anklingen lassen sollen, so auch vermochte Des Esseintes, atmete er nur den Hauch eines Geruches ein, sofort die Dosierung seiner Mischung aufzuzählen, die Psychologie seiner Mixtur zu erklären, ja fast den Namen des Künstlers zu nennen, der ihn verfaßt und ihm den Stempel seines persönlichen Stils aufgedrückt hatte.

Es versteht sich von selbst, daß er das Sortiment aller von den Parfumeuren verwendeten Produkte besaß; er hatte sogar echten Mekkabalsam, diesen so seltenen Balsam, der nur in bestimmten Gegenden des steinigen Arabien geerntet wird und den einzig der Sultan ausbeuten darf.

Jetzt saß er über die Kreation eines neuen Duftbouquets nachsinnend in seinem Badezimmer an einem Tisch und wurde von jenem kurzen Zögern befallen, das Schriftstellern wohlbekannt ist, wenn sie nach monatelanger Pause sich wieder an ein neues Werk machen.

Gleich Balzac, den das unabweisliche Bedürfnis heimsuchte, viel Papier zu schwärzen, um in Schwung zu kommen, sah auch Des Esseintes die Notwendigkeit, sich mit einigen belanglosen Arbeiten zuerst das Handgelenk zu lockern; da er Heliothrop herstellen wollte, faßte er abwägend die Mandel- und Vanilleflacons, besann sich anders und beschloß, die Duftwicke in Angriff zu nehmen.

Die Begriffe und Verfahren waren ihm entfallen; er tastete sich vorwärts; letztlich herrschte im Duftstoff dieser Blüte die Pomeranze vor, er versuchte es mit mehreren Kombinationen und traf schließlich den richtigen Ton, indem er der Pomeranze Tuberosen und Rosen hinzufügte, die er mit einem Tropfen Vanille band.

Die Unsicherheit schwand; ein kurzes Fieber schüttelte ihn, er war in Arbeitsstimmung. Er komponierte noch einen Tee, indem er Kassia und Iris vermengte, dann aber entschied er, selbstgewiß geworden, vorwärts zu stürmen und einen donnernden Satz hinzuwerfen, dessen hochmütiges Getöse das Flüstern dieses listigen Frangipan überwältigen würde, das sich noch immer durch seinen Raum schlich.

Er hantierte mit Ambra, mit Tongking-Moschus, der schrecklich intensiv war, mit Patschuli, dem herbsten Pflanzenduft, von dessen Dunst im Rohzustand etwas schimmlig und rostig Muffiges ausgeht. Was er auch tat: das 18. Jahrhundert spukte ihm in Kopf herum. Reifröcke und Falbeln drehten sich vor seinen Augen; Erinnerungen an Venusgestalten von Boucher, die ganz Fleisch waren, kein Knochengerüst besaßen und wie mit rosa Watte ausgestopft schienen, bevölkerten die Wände; Erinnerungen an Thémidores Roman, an die köstliche Rosette, die in feuerfarbener Verzweiflung ihren Rock schürzt, verfolgten ihn. Wütend stand er auf, und um sich davon zu befreien, sog er mit aller Kraft die reine Essenz des indischen Speik ein, die den Orientalen so teuer und den Europäern so unangenehm ist wegen ihres zu stark ausgeprägten Baldrianegruchs. Die Heftigkeit dieses Schocks betäubte ihn. Wie zermalmt von einem Hammerschlag löste sich das Filigran des zarten Duftes auf; er nutzte diesen Aufschub, um den abgeschiedenen Jahrhunderten, den veralteten Dämpfen zu entfliehen, um sich so wie früher in weniger begrenzte oder neuere Werke zu versenken.

Einst ließ er sich gern von Duftakkorden einwiegen. Er bediente sich ähnlicher Effekte wie die Dichter, verwandte gewissermaßen den wunderbaren Aufbau mancher Stücke

Baudelaires, den von ›L'Irréparable‹ und von ›Le Balcon‹ etwa, wo der letzte der fünf Verse, die die Strophe bilden, das Echo des ersten ist und wie ein Refrain wiederkehrt, um die Seele in unendliche Wehmut und Sehnsucht zu tauchen.

Er verlor sich in den Träumereien, die diese aromatischen Stanzen heraufbeschworen, und besann sich plötzlich auf seinen Ausgangspunkt, auf das Motiv seiner Betrachtungen dank der Wiederkehr des Anfangsthemas, das in wohl bemessenen Abständen in der duftenden Orchestrierung des Gedichts immer wieder anklang.

Jetzt wollte er durch eine erstaunliche und abwechslungsreiche Landschaft streifen und begann daher mit einem melodischen, vollen Satz, der mit einem Schlag den Blick auf unendliche Fluren öffnete.

Mit seinen Zerstäubern spritzte er in den Raum eine Essenz aus Ambrosia, Mitchamlavendel, Duftwicke und Würzkräutern, eine Essenz, die, wenn sie von einem Künstler destilliert wird, den Namen verdient, den man ihr verleiht: »Blumenwiesenextrakt«; dann fügte er dieser Wiese eine genau dosierte Lösung aus Tuberosen, Orangen- und Mandelblüten hinzu, und sofort entstand künstlicher Flieder, während Linden ihren Duft verbreiteten und auf den Boden verströmten, der von einem Extrakt aus Londoner Lindenblüten simuliert wurde.

Als dieser Rahmen mit wenigen, großen Strichen entworfen war und sich unter seinen geschlossenen Augen bis zum Horizont erstreckte, zerstäubte er einen feinen Regen menschlicher und gleichsam katzenartiger Essenzen, die nach Rock rochen, die die gepuderte und geschminkte Frau ankündigten: die Stephanotis, das Ayapana, den Opopanax, Chypre, Champaka und Sarcanthus, denen er einen Hauch von Flieder entgegensetzte, um dem künstlichen Leben der Schminke, nach der sie rochen, eine natürliche

Duftmarke von erhitztem Lachen, von ausgelassener Freude im Sonnenschein zu geben.

Dann ließ er diese Duftwellen vermittels eines Ventilators wieder abziehen und behielt nur die Landschaft, die er erneuerte und deren Dosis er steigerte, um sie so zu zwingen, wie ein Ritornell in seinen Strophen wiederzukehren.

Die Frauen waren nach und nach verblaßt; die Landschaft war verlassen, auf einmal ragten in den Zauberhimmel Fabriken, deren furchterregende Schlote an der Spitze wie Punschgläser loderten.

Ein nach Werkshallen und chemischen Erzeugnissen stinkender Schwall zog jetzt in die Brise, die er mit seinen Fächern erzeugte, und noch in dieser fauligen Luft verströmte die Natur ihren lieblichen Duft.

Des Esseintes betastete und wärmte zwischen seinen Fingern ein Styraxkügelchen, und ein ganz eigenartiger Geruch stieg auf im Raum, ein ekliger und zugleich erlesener Geruch, in dem etwas vom köstlichen Jonquillenduft und vom widerlichen Gestank des Guttapercha und des Steinkohlenöls mitschwang. Er desinfizierte sich die Hände, verschloß sein Harz in einer hermetisch dichten Schachtel, und die Fabriken verschwanden. Jetzt sprengte er in die wiedererwachten Linden- und Wiesenschwaden einige Tropfen »new mown hay«, und in den vorübergehend ihrem Flieder beraubten Zaubergefilden erhoben sich Heugarben und ließen eine neue Jahreszeit anbrechen und verbreiteten im Sommer der Wohlgerüche ihren zarten Duftstrom.

Als er dieses Schauspiel schließlich genug genossen hatte, versprühte er überstürzt exotische Parfums, leerte seine Zerstäuber, vergoß seine Konzentrate, ließ jedem Balsam die Zügel schießen, und in der stickigen Schwüle des Raums brach eine wahnsinnige und ins Erhabene gesteigerte Natur hervor, die ihren Odem verstärkte und eine künstliche Brise mit delirierenden aromatischen Weingeistern durchtränkte. Es war eine unwahre, märchenhafte Natur, eine ganz widersinnige, die zum Piment der Tropen, zum Pfefferhauch des chinesischen Sandelholzes und zu Hediosmia aus Jamaika die französischen Düfte von Jasmin, Weißdorn und von Verbenen gesellte, die, ungeachtet der Jahreszeiten und Witterungsverhältnisse, die unterschiedlichsten Baumarten und Blumen mit denkbar gegensätzlichen Farben und Duftstoffen hervorbrachte und so durch die Verschmelzung und den Zusammenprall all dieser Töne ein allgemeines, namenloses, überraschendes und fremdartiges Parfum schuf, in dem wie ein hartnäckiger Refrain der Anfangssatz, der Geruch der von Flieder und Linden durchwehten großen Wiese wiederauftauchte.

Plötzlich durchfuhr ihn ein heftiger Schmerz, so als ob ihm ein Bohrer in die Schläfen getrieben würde. Er schlug die Augen auf und fand sich mitten in seinem Badezimmer, an seinem Tisch sitzend wieder; mühsam, betäubt, schleppte er sich zum Fenster, das er halb öffnete. Ein Windstoß klärte die stickige Luft, die ihn einhüllte; er ging auf und ab, um seine Beine zu kräftigen, durchmaß den Raum und sah an die Decke, wo Krabben und salzüberkrustete Algen als Relief über einen körnigen Grund krochen, der so blond war wie der Sand eines Strandes; die gleiche Verzierung überzog auch die Leisten, die die Wände einfaßten. Letztere nun waren mit japanischem, wassergrünem, etwas zerknittertem Krepp tapeziert, der die Wellen eines Baches vortäuschte, die der Wind kräuselt, und in dieser leichten Strömung schwamm das Blütenblatt einer Rose, umwimmelt von einem Schwarm kleiner, mit zwei Tintenstrichen gezeichneter Fische.

Aber seine Augenlider blieben bleiern; er hörte auf, die kurze Strecke zwischen dem Taufbecken und der Badewanne abzuschreiten; er stützte sich auf das Fensterbrett; seine Benommenheit ließ nach. Er verkorkte sorgfältig die Phiolen und nützte die Gelegenheit, um der Unordnung seiner Schminkutensilien abzuhelfen. Seit seinem Einzug in Fontenay hatte er sie nicht mehr angerührt, und er war jetzt fast erstaunt, diese einst von so vielen Frauen besichtigte Sammlung wieder vor sich zu sehen. Flacons und Töpfchen stapelten sich. Hier enthielt ein Porzellandöschen aus der grünen Familie den Chnuda, diese herrliche, weiße Creme, die, aufgetragen auf die Wangen, unter der Lufteinwirkung in ein Zartrosa und dann in ein solch echtes Hochrosenrot umschlägt, daß sie die vollkommene Illusion einer gut durchbluteten Haut schafft; dort bargen mit Perlmuttschnecken ausgelegte Lackkästchen japanisches Gold und das an die Flügelfarbe der spanischen Fliege erinnernde Athener Grün; Gold- und Grüntöne, die sich sofort in tiefes Purpur verwandeln, wenn man sie befeuchtet; neben den Töpfchen mit Haselnußpaste, Haremsserkis, Kaschmirlilienmilch, Erdbeer- und Holunderlotionen für den Teint, neben den mit Tuschelösungen und Rosenwasser für die Augen gefüllten Fläschchen lagen zwischen Luzernebürsten für das Zahnfleisch kunterbunt durcheinander: kleine Gerätschaften aus Elfenbein, Perlmutt, Stahl und Silber: Pinzetten, Scheren, Badebürsten, Pinsel, Schminkläppchen und Quasten, Rückenkratzer, Schönheitspflästerchen und Feilen.

Er befaßte sich mit dieser ganzen Ausrüstung, die er einmal auf Drängen einer Mätresse gekauft hatte, einer Mätresse, die unter der Einwirkung bestimmter wohlriechender Substanzen und bestimmter Balsame verging, einer zerrütteten, nervösen Frau, die ihre Brustwarzen gern mit Düften einreiben ließ, letztlich aber eine köstliche und überwältigende Ekstase nur empfand, wenn man ihr den Kopf mit einem Kamm durchharkte oder wenn sie während der Liebkosungen den Geruch von Ruß, von regennassem Gips einer Baustelle oder von im Sommer mit dicken Gewittertropfen besprengtem Staub einsaugen konnte.

Er hing diesen Erinnerungen nach, und ein Nachmittag, den er in Müßiggang und aus Neugier mit dieser Frau in Pantin bei einer ihrer Schwestern verbracht hatte, fiel ihm ein und wühlte eine ganze, vergessene Welt alter Ideen und verflogener Düfte wieder auf; während die beiden Frauen schwatzten und einander ihre Kleider vorführten, hatte er sich dem Fenster genähert und durch die blinden Scheiben die schmutzstarrende Straße vor sich liegen sehen und ihr Pflaster unter dem beharrlichen Platschen der in Pfützen stapfenden Galoschen hallen hören.

Diese längst ferne Szene stand ihm unversehens und seltsam eindringlich wieder vor Augen. Pantin war da, hier vor ihm, lag belebt und lebendig im grünen und wie toten Wasser des mondumrandeten Spiegels, in dem sich sein entrückter Blick verlor; eine Halluzination trug ihn weit fort von Fontenay; der Spiegel warf ihm die Überlegungen zurück, die die Straße einst in ihm ausgelöst hatte, und traumversunken wiederholte er sich den sinnreichen, schwermütigen, tröstlichen Wechselgesang, den er damals, unmittelbar nachdem er wieder in Paris angelangt war, niedergeschrieben hatte:

Ja, die Zeit der großen Regenfälle ist gekommen; seht, wie die Dachtraufen singend auf die Trottoirs kotzen, wie der Mist in den Lachen mariniert, die mit ihrem Milchkaffee die Schlaglochschalen des Asphalts füllen; für den einfachen Passanten sind überall Fußduschen in Betrieb.

Unter dem niedrigen Himmel schwitzen schwarz die Häuserwände in der feuchtwarmen Luft und stinken die Kellerlöcher; der Ekel des Daseins tritt deutlicher hervor, und Trübsinn richtet alles zugrunde; die Saat des Unflats, die in jedermanns Seele liegt, geht auf; Lust auf widerliche

Saufgelage treibt sonst strenge Menschen um, und im Hirn geachteter Leute keimen Begierden von Zuchthäuslern.

Und dennoch wärme ich mich an einem guten Feuer, und einem Korb erblühter Blumen auf dem Tisch entströmt ein Benzoe-, Geranium- und Vetiverduft, der das Zimmer erfüllt. Mitten im November in der Rue de Paris in Pantin hält der Frühling an, und ich lache in mich hinein über die furchtsamen Familien, die, um der nahenden Kälte zu entgehen, mit Volldampf nach Antibes oder Cannes fliehen.

Die unfreundliche Natur kann nichts für diese außergewöhnliche Erscheinung; einzig der Industrie, es muß gesagt werden, hat Pantin diese künstliche Jahreszeit zu verdanken.

Tatsächlich sind diese Blumen aus Taft und Messingdraht gefertigt, und der Frühlingshauch weht durch die Fensterfugen herein, ausgestoßen von den Fabriken der Nachbarschaft, von Pinauds und Saint-James' Parfumwerken.

Den von der harten Arbeit in den Werkstätten verbrauchten Handwerkern und den kleinen Angestellten, die zu oft Vater wurden, wird dank dieser Unternehmer ein bißchen gute Luft vorgegaukelt.

Überdies kann aus diesem fabelhaften, vorgetäuschten Freiland ein intelligentes Heilverfahren entstehen; die brustkranken Lebemänner, die man in den Süden exportiert, sterben; der Bruch mit den Gewohnheiten, das Heimweh nach den Pariser Ausschweifungen, die sie zugrunde gerichtet haben, geben ihnen den Rest. Hier in diesem unechten Klima, dem die Ofenheizung nachhilft, leben die liederlichen Erinnerungen sehr sanft wieder auf durch die kränklichen weiblichen Ausdünstungen, die die Fabriken ausdampfen. So kann der Arzt mit diesem listigen Betrug seinen Patienten die tödliche Langeweile des Provinzdaseins durch die Atmosphäre der Pariser Boudoirs, der Dirnen auf platonische Weise ersetzen. Zumeist genügt es, damit diese Kur anschlägt, daß das Subjekt über eine etwas fruchtbare Phantasie verfügt.«

Da es in der heutigen Zeit keine gesunde Substanz mehr gibt, da der Wein, den man trinkt, und die Freiheit, die man verkündet, verfälscht und Hohn sind, da man eine bemerkenswerte Dosis guten Willens braucht, um zu glauben, daß die führenden Schichten ehrenwert und die dienenden Klassen es wert sind, entlastet oder beklagt zu werden, scheint es mir auch nicht lächerlich oder verrückt zu sein, schloß Des Esseintes, meinem Nächsten einen Betrag an Illusionen abzuverlangen, der nicht einmal dem entspricht, den er täglich in der dummen Absicht ausgibt, die Stadt Pantin für ein künstliches Nizza, für ein imaginäres Menton halten zu können.

All dies ändert nichts daran, ächzte er, durch eine Schwäche, die seinen ganzen Körper ergriffen hatte, aus seinen Betrachtungen gerissen, daß ich mich fortan vor diesen köstlichen und abscheulichen Übungen hüten muß, die mich zugrunde richten. Und er seufzte: »Nun denn! Da gilt es abermals, sich im Vergnügen zu mäßigen und Vorsichtsmaßnahmen zu treffen!« Und er flüchtete in sein Arbeitskabinett in der Hoffnung, so leichter der Heimsuchung durch die Düfte zu entgehen.

Er öffnete weit das Fenster, glücklich über ein Luftbad; doch plötzlich war ihm, als wehte die Brise einen vagen Hauch von Bergamottessenz, gemischt mit Jasmin, Kassien und Rosenwasser, herein. Er keuchte, fragte sich, ob er sich nicht doch in den Fängen einer Besessenheit befinde, die man im Mittelalter austrieb. Der Geruch änderte und verwandelte sich, hielt aber an. Ein unbestimmter Duft nach

Toluollösung, Perubalsam und Safran, durch einige Tropfen Ambra und Moschus gebunden, stieg jetzt vom Dorf am Fuße des Hügels auf, und unversehens fand die Metamorphose statt; die frei schwebenden Düfte wehten ineinander, und von neuem strömte das Frangipan, dessen Bestandteile sein Geruchssinn erfaßt und analysiert hatte, vom Tal von Fontenay bis hinauf zum Fort, bestürmte seine erschöpften Nasenflügel, erschütterte seine zerrütteten Nerven und löste einen solchen Kräfteverfall aus, daß er ohnmächtig, dem Tode nahe, auf die Brustlehne des Fensters sank.

XI

Die erschrockenen Dienstboten holten schleunigst den Arzt von Fontenay, der Des Esseintes' Zustand partout nicht zu deuten wußte. Er faselte ein paar medizinische Begriffe daher, fühlte den Puls, untersuchte die Zunge des Kranken, bemühte sich vergeblich, ihn zum Sprechen zu bringen, verordnete Beruhigungsmittel und Ruhe, versprach, am nächsten Tag wiederzukommen, und wandte sich zum Gehen auf ein abwehrendes Zeichen von Des Esseintes hin, der Kraft genug fand, den Eifer seiner Dienstboten zu mißbilligen und den Eindringling zu verabschieden. Der beeilte sich, dem ganzen Dorf von den Überspanntheiten dieses Hauses zu erzählen, dessen Mobiliar ihn höchst verblüfft und zum Eisblock hatte erstarren lassen.

Zum großen Erstaunen der Dienerschaft, die sich nicht mehr aus dem Bedientenzimmer fortwagte, war ihr Herr in wenigen Tagen wiederhergestellt, und sie überraschten ihn, wie er, mit besorgter Miene den Himmel betrachtend, an die Scheiben trommelte.

Eines Nachmittags wurden sie mit kurzen Klingelzeichen gerufen, und Des Esseintes befahl, ihm für eine lange Reise die Koffer zu richten.

Während der Mann und die Frau auf seine Weisung die Gegenstände zusammensuchten, die mitzunehmen angebracht war, ging er fieberhaft in der Kabine des Speisezimmers auf und ab, zog die Abfahrtszeiten der Postschiffe zu

Rate und durchmaß sein Arbeitskabinett, wo er immer wieder mit ungeduldigem und zugleich befriedigtem Ausdruck prüfend nach den Wolken sah.

Eine ganze Woche schon war das Wetter abscheulich. Rußströme jagten ohne Unterlaß Wetterwolkenblöcke, die aus dem Boden gerissenen Felsbrocken glichen, über die grauen Himmelsflächen.

Hin und wieder platzten die schweren Wolken und begruben das Tal unter Sturzbächen von Regen.

An diesem Tag hatte das Firmament sein Aussehen verändert. Die Tintenfluten waren verdunstet und versiegt, die Wolkenklumpen geschmolzen; der Himmel war gleichmäßig glatt und mit einem brackigen Bezug bedeckt. Dieser Bezug schien allmählich niederzuschweben, ein Wasserschleier hüllte die Landschaft ein; der Regen rauschte nicht mehr wasserfallartig herab wie am Vortag, er fiel fein, dünn, unablässig und durchdringend, er weichte die Alleen auf, verdarb die Wege und verband Himmel und Erde mit seinen unzähligen Fäden; das Licht trübte sich ein; ein fahler Tag erhellte das Dorf; es hatte sich jetzt in einen Schlammsee verwandelt, in dem die Wassernadeln, die die kotigen Lachen mit Quecksilbertropfen absteppten, Einstiche hinterließen. In der trostlosen Natur verwelkten die Farben, glänzten nur noch die Dächer über den verwaschenen Häuserwänden.

»Welch ein Wetter!« seufzte der alte Diener und legte die Kleidungsstücke, die sein Herr verlangt hatte, einen einstmals in London bestellten Anzug, auf einen Stuhl.

Als Antwort rieb Des Esseintes sich die Hände und setzte sich vor einen Glasschrank, in dem ein Sortiment zum Fächer aufgeschlagener Seidensocken lag. Er war sich nicht schlüssig über die Farbe, doch dann zog er den verhangenen Tag und das grämliche Uni seiner Kleidung in Betracht, dachte an den Zweck und wählte rasch ein Seidenpaar in der Schattierung von welkem Laub; er streifte es rasch über, schlüpfte in Halbstiefel mit Schnallen und abgeflachten Spitzen, legte seinen mausgrauen, lavagrau gewürfelten und marderfarben getüpfelten Anzug an, setzte eine kleine Melone auf, hüllte sich in einen flachsblauen Havelock und begab sich zum Bahnhof, den Diener im Gefolge, der sich bog unter der Last eines Reisekoffers, einer Reisetasche mit Ziehharmonikaboden, eines Schlafsacks, einer Hutschachtel und eines Reiseplaids, in das Regenschirme und Spazierstöcke gewickelt waren. Dort erklärte er dem Dienstboten, daß er den Zeitpunkt seiner Rückkehr nicht festlegen könne, er in einem Jahr, einem Monat, einer Woche oder früher zurückkommen werde, ordnete an, daß nichts von der Stelle bewegt werden dürfe im Haus, übergab ihm die ungefähr erforderliche Summe zur Weiterführung des Haushalts während seiner Abwesenheit und stieg in den Waggon, den Alten verblüfft, mit hängenden Armen und offenem Mund hinter der Absperrung zurücklassend, während der Zug sich in Bewegung setzte.

Er war allein in seinem Abteil; eine undeutliche, schmutzige Landschaft, die man wie durch ein mit schlierigem Wasser gefülltes Aquarium wahrnahm, huschte im Fluge am Zug vorbei, den der Regen peitschte. Des Esseintes versank in Gedanken und schloß die Augen.

Wieder einmal hatte die so glühend ersehnte und schließlich errungene Einsamkeit zu einer entsetzlichen Verzweiflung geführt; die Stille, die ihm früher wie eine Entschädigung für jahrelang gehörte Dummheiten vorgekommen war, lastete nun wie ein unerträgliches Gewicht auf ihm. Eines Morgens war er so erregt aufgewacht wie ein in eine Zelle gesperrter Häftling; seine kraftlosen Lippen bewegten sich, um Töne zu formen, Tränen stiegen ihm in die Augen, er schnappte nach Luft wie ein Mensch, der stundenlang geschluchzt hat.

Überwältigt von der Lust, sich die Beine zu vertreten, ein menschliches Gesicht zu betrachten, mit irgend jemandem zu sprechen, am Gemeinschaftsleben teilzunehmen, ging er sogar so weit, daß er seine unter einem Vorwand gerufenen Dienstboten zurückhielt; aber eine Unterhaltung war nicht möglich; abgesehen davon, daß die alten Leute, niedergedrückt durch die Jahre des Schweigens und ihre Krankenwärtergewohnheiten, fast stumm geworden waren, schien die Distanz, auf die Des Esseintes stets gesehen hatte, nicht dazu angetan, ihnen den Mund zu öffnen. Im übrigen war ihr Hirn träge, und sie waren unfähig, anders denn einsilbig auf die Fragen zu antworten, die man ihnen stellte.

Er konnte sich bei ihnen also keine Hilfe, keine Erleichterung verschaffen; aber ein neues Phänomen tauchte auf. Die Dickens-Lektüre, der er sich einst hingegeben hatte, um seine Nerven zu besänftigen, und die nur das Gegenteil des erhofften hygienischen Effekts gezeitigt hatte, begann langsam in einem ganz anderen, überraschenden Sinn zu wirken, sie verlieh seinen Vorstellungen von der englischen Lebensweise, über die er stundenlang nachsann, feste Konturen. Nach und nach schlichen sich in diese fiktiven Betrachtungen Ideen einer bestimmten Wirklichkeit, einer vollzogenen Reise, von nachgeprüften Träumen ein, auf die sich die Lust pfropfte, neue Eindrücke zu gewinnen und so den erschöpfenden Ausschweifungen des Geistes zu entrinnen, der abstumpfte vor lauter Leerlauf.

Das abscheuliche Regen- und Nebelwetter kam diesen Gedanken zu Hilfe, weil es die Erinnerungen an den Lesestoff unterstützte, weil es ihm das stets gleiche Bild eines dunstverhangenen, schlammigen Landes bot, weil es verhinderte, daß seine Wünsche von ihrem Ausgangspunkt abirrten und sich von ihrer Quelle entfernten.

Er widerstand nicht länger und hatte sich eines Tages abrupt entschlossen. Seine Hast war so groß, daß er lange vor der Abfahrtsstunde die Flucht ergriff; er wollte sich aus der Gegenwart davonstehlen, wollte im Straßenlärm, im Stimmengewirr der Menge und des Bahnhofs angerempelt werden.

»Ich kann wieder atmen«, sagte er bei sich, als der Zug seinen Walzer verlangsamte und in der Rotunde der Ankunftshalle von Sceaux hielt, den letzten Drehungen durch das abgehackte Quietschen der Bremsen den Takt angebend.

Auf der Straße, auf dem Boulevard d'Enfer, rief er einen Kutscher herbei und genoß es, derart mit Koffern und Dekken beladen zu sein. Mit Hilfe eines reichlichen Trinkgelds, das er versprach, verständigte er sich mit dem Mann in der nußbraunen Hose und dem roten Wams: »Wenn es Zeit ist«, sagte er, »halten Sie in der Rue de Rivoli vor ›Galignani's Messenger‹!« Denn er gedachte, vor seiner Abreise einen Baedecker oder Murray-Reiseführer von London zu kaufen.

Der Wagen setzte sich schwerfällig in Bewegung, seine Räder drehten einen Schlammreif mit hoch; man fuhr in einem wahren Sumpf; unter dem grauen Himmel, der sich auf den Dächern abzustützen schien, trieften die Häuserwände von oben bis unten, liefen die Traufen über, war das Pflaster mit einem pfefferkuchenfarbenen Schmutz überzogen, in dem die Passanten ausglitten; auf den Trottoirs, an denen die Omnibusse vorbeischrammten, standen dichtgedrängt die Leute, drückten sich bis zu den Knien geschürzte und unter ihre Regenschirme geduckte Frauen an die Ladengeschäfte, um den Spritzern zu entgehen.

Durch die Wagenschläge regnete es schräg herein; Des Esseintes mußte die Fenster ganz hochkurbeln, die das Wasser nun mit Längsstreifen überzog, während Schlammklumpen wie ein Feuerwerk von allen Seiten des Fiakers abstoben. Beim eintönigen Prasseln der Erbsensäcke, die der über die Koffer und das Wagendach flutende Regenguß über seinem Kopf ausschüttete, träumte Des Esseintes von seiner Reise, war dies doch bereits ein Vorschuß auf England, den er durch dieses scheußliche Wetter schon in Paris bekam. Ein regnerisches, gewaltiges, riesiges London, das nach heißem Gußeisen und Ruß stank und immerzu im Nebel dampfte, zog jetzt an ihm vorüber; dann reihte sich, soweit das Auge reichte, Dock an Dock voller Kräne, Schiffswinden und Ballen; es wimmelte von Männern, die auf Masten hockten oder rittlings auf Rahen saßen, während sich auf den Quais Myriaden von anderen Männern, das Hinterteil in die Luft gestreckt, über Fässer beugten, um sie in die Keller zu rollen.

All dies war in Bewegung auf den Uferstreifen und in gigantischen Lagerschuppen, die vom räudigen, dumpfen Wasser einer imaginären Themse umspült wurden, in einem Hochwald von Masten, einem Dickicht von Balken, die in die bleichen Wolkenhaufen des Firmaments stachen; gleichzeitig rasten Züge mit Volldampf in den Himmel, rollten andere durch die Gossen, rülpsten gellende Schreie aus und erbrachen durch ihre Trichtermündungen Schwaden von Rauch, und durch die Boulevards und Straßen, wo in immerwährender Dämmerung die monströsen und grellen Gemeinheiten der Reklame grinsten, rollte ein Wagenstrom zwischen Säulen von stummen, geschäftigen Menschen, die geradeaus blickten und die Ellbogen an den Körper preßten.

Des Esseintes empfand einen köstlichen Schauder dabei, sich als Teil dieser schrecklichen Welt der Händler, dieses abschottenden Nebels, dieser unaufhörlichen Betriebsamkeit und dieser unerbittlichen Tretmühle zu fühlen, die Millionen jener Schlechtweggekommenen zermalmte, denen Menschenfreunde unter dem Vorwand der Tröstung zumuteten, Bibelverse aufzusagen und Psalmen zu singen.

Dann erlosch diese Vision plötzlich durch einen Ruck des Fiakers, der ihn auf seiner Sitzbank in die Höhe hob. Er schaute durch die Wagentüren; die Dunkelheit war hereingebrochen; im Nebel flackerten die Gaslaternen inmitten eines gelblichen Lichtscheins; feurige Bänder schwammen in den Lachen und schienen die Wagenräder zu umzingeln, die sich in flüssigen, schmutzigen Flammen drehten. Er versuchte, sich zurechtzufinden, und erkannte den Karussellplatz, und unversehens, ohne Anlaß, bedingt vielleicht durch den Rückschlag des Sturzes, den er aus den Höhen der Traumbezirke gemacht hatte, kamen seine Gedanken auf eine triviale Begebenheit zurück: er entsann sich, daß sein Diener, als er ihm beim Kofferpacken zusah, es unterlassen hatte, zu den Utensilien in seinem Reisenecessaire eine Zahnbürste zu legen. Er ließ die Liste der mitzunehmenden Gegenstände Revue passieren; alle waren in seinem Koffer verstaut worden, doch der Verdruß über die vergessene Bürste hielt an, bis der Kutscher, als er den Wagen zum Stehen brachte, die Kette dieser dumpfen Erinnerungen und des Mißvergnügens unterbrach.

Er befand sich in der Rue de Rivoli vor dem »Galignani's Messenger«. Die zwei Schaufenster, die, getrennt durch eine Tür mit Milchglasscheiben, mit Aufschriften bedeckt und mit in Passepartouts gerahmten Zeitungsausschnitten und azurblauen Telegrammstreifen versehen waren, quollen über von Alben und Büchern. Er trat näher, angelockt von der Auslage der Pappbände aus gaufriertem, kohlgrünem und perückenmacherblauem Papier, deren Kanten mit Silber- und Goldranken verziert waren, und der hellbraunen, lauch-, gänsedreck- und johannisbeerfarbenen Leinenumschläge, die auf der Vorderseite und dem Rücken schwarze, mit dem kalten Eisen aufgedrückte Prägungen trugen. All dies hatte einen unpariserischen Anstrich, einen merkantilen Zug, war roher und doch weniger häßlich als der der üblichen französischen Schundeinbände; mitten unter den offenen Alben, in denen humoristische Szenen von du Maurier oder John Leech abgebildet waren oder man Caldecotts wahnsinnige Kavalkaden über farbig gedruckte Ebenen jagen sah, tauchten hier und da einige französische Romane auf und mischten diesen sauertöpfischen Farbschattierungen gutartige und selbstzufriedene Gewöhnlichkeiten bei.

Er riß sich schließlich los von diesem Anblick, stieß die Tür auf und betrat eine weitläufige Buchhandlung voller Menschen; Ausländerinnen saßen herum, entfalteten Karten und machten im Kauderwelsch unbekannter Sprachen ihre Bemerkungen. Ein Kommis brachte ihm ein ganzes Sortiment von Reiseführern. Er setzte sich und blätterte in den Büchern, deren weicher Pappeinband sich zwischen den Fingern bog. Er ging sie flüchtig durch und hielt bei einer Seite des Baedeckers inne, auf der die Londoner Museen beschrieben wurden. Er interessierte sich für die lakonischen und präzisen Details des Reiseführers; doch seine Aufmerksamkeit irrte von der alten, englischen Malerei ab zu der neuen, die ihn mehr reizte. Er entsann sich einiger Werke, die er in internationalen Ausstellungen gesehen hatte und dachte daran, daß er sie vielleicht in London wiedersehen würde: so die Gemälde Millais' wie ›The Eve of St. Agnes‹ mit ihrem so mondlichtartigen, silbrigen Grün, so die vor lauter Gummigutt und Indigo buntscheckig erscheinenden Bilder von Watts mit ihren seltsamen Farben, die ein kranker Gustave Moreau skizziert, ein blutarmer Michelangelo flüchtig hingemalt und ein im Blau ersoffener Raffael retuschiert hatte; er erinnerte sich unter anderem an die ›Zeichnung Kains‹, an eine ›Ida‹ und an ›Eva‹-Darstellungen, wo aus der eigentümlichen, rätselhaften Vermischung der drei Meister die überfeinerte und zugleich ungeschliffene Persönlichkeit eines gelehrten und schwärmerischen Engländers hervorbrach, der besessen war von grausigen Farbtönen.

All diese Gemälde stürmten zuhauf auf sein Gedächtnis ein. Der Kommis, erstaunt über den Kunden, der ganz in Gedanken an einem Tisch saß, fragte ihn, auf welchen Reiseführer seine Wahl gefallen sei. Des Esseintes war verdutzt, entschuldigte sich, erstand einen Baedecker und schritt über die Türschwelle. Die Feuchtigkeit ließ ihn erstarren; der Wind blies von der Seite her, peitschte die Arkaden mit seinen Regenböen. »Fahren Sie dorthin«, sagte er zum Kutscher und deutete mit dem Finger auf einen Laden, der am Ende einer Galerie an der Ecke der Rue de Rivoli und der Rue Castiglione lag und mit seinen von innen erhellten weißlichen Scheiben einer riesigen Nachtlampe glich, die im Ungemach dieses Nebels, im Elend dieses kranken Wetters brannte.

Das war die ›Bodega‹. Des Esseintes verlor sich in einem großen, gangähnlich langgestreckten Gewölbe, das gußeiserne Pfeiler stützten und dessen Mauern an beiden Seiten mit hohen, aufrecht auf Gestellen stehenden Fässern bewehrt waren.

Diese eisenbereiften, mit einem Königswappen versehenen Fässer – ihr Wanst war mit pfeifenständerartigen Holzmäandern garniert, in deren Kerben, mit dem Fuß nach oben, tulpenförmige Gläser hingen; aus dem Unterbauch ragten irdene Hähne, zeigten auf farbigen Etiketten den Namen ihres Gewächses, den Inhalt ihrer Flanken und den Preis ihres Weines an, den man faß- und flaschenweise kaufen oder glasweise verkosten konnte.

In der zwischen diesen Faßreihen frei gebliebenen Allee stand unter den Gasflammen, die in den Brennern eines scheußlichen, eisengrau gestrichenen Kronleuchters summten, Tisch an Tisch mit Körbchen voller Palmerskekse und Salzgebäck und mit Tellern, worauf sich dünne

Pies und Sandwiches stapelten, die unter ihrer faden Hülle einen beißenden Senfbelag verbargen; diese Tische zwischen einer Hecke von Stühlen reichten bis in die Tiefe des Kellers, wo weitere Fässer sich drängten und auf dem Kopf kleine, auf der Seite liegende Tönnchen balancierten, welchen man Namenszüge in das Eichenholz gebrannt hatte.

Alkoholdunst schlug Des Esseintes entgegen, als er in diesem Gewölbe, wo starke Weine schlummerten, Platz nahm. Er sah sich um: hier posierten in Reih und Glied die großen Bottiche und zeigten die einzelnen Portweinsorten an, die herb oder fruchtig, mahagoni- oder amarantfarben waren und mit lobrednerischen Beiwörtern unterschieden wurden: »Old port, light delicate, cockburn's very fine, magnificient old Regina«; dort preßten sich, ihren mächtigen Bauch vorwölbend, riesige Fässer aneinander, die den kriegerischen Wein Spaniens enthielten, den rauch- oder rohtopasfunkelnden Jerez und seine Abkömmlinge, den San Lucar, den Pasto, den Pale dry, den Oloroso und den Amontilla, die lieblich oder trocken waren.

Der Keller war gefüllt mit Menschen; den Ellbogen auf eine Tischecke gestützt, wartete Des Esseintes auf das Glas Portwein, das er bei einem Gentleman bestellt hatte. Dieser war gerade damit beschäftigt, ovale Flaschen mit explosivem Sodawasser zu öffnen, die, im Großformat, an die Gelatine- oder Glutenkapseln erinnerten, deren sich die Apotheker bedienten, um den Geschmack mancher Arzneien zu überdecken.

Um ihn herum wimmelte es von Engländern: von lächerlichen, blassen Clergymen, von Kopf bis Fuß in Schwarz gewandet, mit weichen Hüten und Schnürschuhen, in endlosen, auf der Brust knopfbesäten Überröcken, mit glattrasiertem Kinn, runden Brillengläsern und fettigem, plattem Haar; von Kaldaunenhändlervisagen und Doggenschnauzen mit apoplektischen Hälsen, Ohren wie Tomaten, weinfleckigen Wangen, blöden, blutunterlaufenen Augen und Bartkränzen, die denen mancher Großaffen glichen; weiter hinten, im Weinlager, entzifferte ein baumlanger Schlackwurstherunterlanger mit wergartigem Haar und einem Kinn, das mit seinen weißen Stoppeln wie ein Artischockenherz aussah, durch ein Mikroskop die winzigen Lettern einer englischen Zeitung; ihm gegenüber eine Art amerikanischer Commodore, kugelrund und untersetzt, mit gegerbter Haut und Knollennase, eine Zigarre im zottigen Loch seines Mundes, der gerade einschlief bei der Betrachtung der an den Wänden hängenden Rahmen, die Champagnerreklamen der Marken Perrier und Roederer, Heidsieck und Mumm enthielten und den Kapuzenkopf eines Mönchs, worauf in gotischer Schrift der Name Dom Pérignon in Reims stand.

Eine gewisse Schlaffheit bemächtigte sich Des Esseintes' in dieser Wachstubenatmosphäre. Betäubt vom Geplapper der miteinander schwatzenden Engländer, ließ er seine Gedanken schweifen und rief sich angesichts des purpur die Gläser füllenden Portweins Dickens' Gestalten in Erinnerung, die so gerne davon tranken. In seiner Vorstellung bevölkerte sich der Keller mit neuen Figuren. Hier sah er die grauen Haare und den hochroten Teint Mister Wickfields, dort Mister Tulkinghorns, des unheimlichen Anwalts von Bleak-House kaltblütige, verschlagene Miene und seinen unerbittlichen Blick. Alle traten jetzt aus seinem Gedächtnis hervor und nahmen, so wie sie waren, in der Bodega Platz. Sein von nicht lange zurückliegender Lektüre aufgefrischtes Erinnerungsvermögen steigerte sich zu unerhörter Genauigkeit. Die Heimatstadt des Romanautors, das gut beleuchtete, gut beheizte, wohl versehene und wohl verschlossene Haus, die von der kleinen Dorrit, von Dora Copperfield, von Tom Pinchs Schwester langsam kredenzten Flaschen tauchten vor ihm auf; wie eine wohlige Arche trieben sie auf einer Sintflut aus Kot und Ruß. Er machte es sich gemütlich in diesem fiktiven London, glücklich darüber, in Sicherheit zu sein, und hörte auf der Themse die Schleppdampfer fahren, die schaurig tuteten hinter den Tuilerien in der Nähe der Brücke. Sein Glas war leer; trotz des im Keller hängenden Dunstes, der vom Zigarren- und Pfeifenrauch noch aufgeheizt wurde, fröstelte ihn ein wenig, als er, an das widerlich feuchte Wetter denkend, wieder in die Wirklichkeit zurückkehrte.

Er bestellte ein Glas Amontillado, und vor diesem trockenen, bleichen Wein ließen nun die beruhigenden Geschichten und milden Malvengewächse des englischen Autors ihre Blätter fallen, und die unbarmherzigen Abführ- und schmerzhaften Reizmittel Edgar Poes gewannen die Oberhand; ein kalter Albtraum von einem Amontilladofaß, von einem in ein Kellergeschoß eingemauerten Menschen sprang ihn an; die gutmütigen, gewöhnlichen Gesichter der amerikanischen und englischen Trinker, die das Gewölbe füllten, schienen ihm ungewollte, grausame Gedanken, instinktive, abscheuliche Vorhaben widerzuspiegeln. Dann bemerkte er, daß er alleine dasaß, daß die Stunde des Abendessens näherrückte; er bezahlte, riß sich von seinem Stuhl los und erreichte ganz benommen die Tür. Kaum hatte er den Fuß auf die Straße gesetzt, traf ihn eine klatschende Ohrfeige; unter den Regenfluten und Windstößen entfalteten die Laternen ihre kleinen Flammenfächer, ohne Licht zu spenden. Der Himmel, der noch um einiges niedriger hing, hatte sich bis zu den Häuserbäuchen herabgesenkt. Des Esseintes betrachtete die Arkaden der Rue de Rivoli, die im Dunkel und im Wasser ertranken, und ihm war, als befände er sich in einem finsteren, unter der Themse gegrabenen Tunnel. Sein brummender Magen rief ihn in die Wirklichkeit zurück. Er schritt zu seinem Wagen, warf dem Kutscher die Adresse der Taverne in der Rue d'Amsterdam, nahe dem Bahnhof, hin und zog seine Uhr zu Rate: sieben Uhr. Er hatte gerade noch Zeit, zu Abend zu essen; der Zug ging erst um acht Uhr fünfzig, und mit Hilfe der Finger überschlug er die Stunden der Überfahrt von Dieppe nach Newhaven und sagte sich: »Wenn die Zahlen im Fahrplan stimmen, bin ich morgen mittag punkt halb eins in London.«

Der Fiaker hielt vor der Taverne. Wieder stieg Des Esseintes aus und trat in einen langen Saal ohne Vergoldungen, der durch braune, halbhohe Zwischenwände in eine Reihe von Abteilen, Pferdeboxen ähnlich, aufgeteilt war. In diesem Saal, den in Türnähe zahllose Bierzapfstellen ausbuchteten, präsentierten sich auf einer Theke neben Schinken, die so schwarz waren wie alte Geigen, mennigrot bemalte Hummer und mit Zwiebelringen, rohen Karotten, Zitronenscheiben, Thymian- und Lorbeersträußen, Wacholderbeeren und grob geschrotetem Pfeffer eingelegte Makrelen, die in einer trüben Soße schwammen.

Eine der Boxen war leer. Er nahm sie in Besitz und rief einen jungen Mann im schwarzen Frack herbei, der, unverständliches Kauderwelsch redend, sich verbeugte. Während man das Gedeck auflegte, besah sich Des Esseintes seine Nachbarn: wie in der Bodega überflogen auch hier Inselbewohner mit Fayenceaugen, karmesinrotem Teint und nachdenklicher oder hochmütiger Miene ausländische Blätter. Nur Frauen ohne Kavaliere, unter sich einander gegenübersitzend, aßen zu Abend, robuste Engländerinnen mit Knabengesichtern, Zähnen so breit wie Schaufeln, zu Apfelbäckchen gefärbten Wangen, langen Händen und langen Füßen. Mit wahrer Gier attackierten sie einen Rumpsteak-Pie, ein heißes Fleischstück, das in einer Champignonsauce gekocht und wie eine Pastete mit einem Teigmantel umhüllt worden war.

Da er seit langem den Appetit verloren hatte, war er aufs

höchste verwundert über diese fidelen Frauenzimmer, deren Gefräßigkeit seinen Hunger anregte. Er bestellte eine Ochsenschwanzsuppe und tat sich an dieser sämigen und zugleich samtenen, fetten und festen Brühe gütlich; dann ging er die Liste der Fische durch und verlangte einen Haddock, eine Art geräucherten Stockfisch, der ihm gut zu sein schien, und danach, wie er die andern sich so vollstopfen sah, aß er, von Heißhunger übermannt, ein Roastbeef mit Kartoffeln und schüttete zwei Pinten Ale in sich hinein, angefeuert von dem schwach an Kuhstall und Moschus erinnernden Geschmack, den dieses dünne, blasse Bier hervorruft.

Sein Hunger war allmählich gestillt; er zerbröselte sich noch ein Eckchen Stilton, ein Blauschimmelkäse, dessen Milde mit einem bitteren Geschmack durchtränkt war, pickte ein Stückchen Rhabarberkuchen und löschte seinen Durst zur Abwechslung mit Porter, dem schwarzen, nach Lakritzensaft riechenden, zuckerlosen Bier.

Er atmete tief durch; seit Jahren hatte er nicht mehr so viel geschmaust und getrunken; die Änderung seiner Gewohnheiten und die Wahl unvorhergesehener und handfester Speisen hatten den Magen aus dem Schlaf geweckt. Er lehnte sich in seinen Stuhl zurück, zündete sich eine Zigarette an und machte sich an seine Tasse Kaffee, in die er etwas Gin goß.

Der Regen fiel noch immer; er hörte ihn auf das Glasdach prasseln, aus dem die Decke des hinteren Raumteils bestand, und ihn in Kaskaden in den Dachrinnen rauschen; niemand regte sich im Saal; alle ließen es sich, gleich ihm, wohl sein im Trockenen vor ihren kleinen Gläsern.

Die Zungen lösten sich; da fast all diese Engländer beim Sprechen nach oben blickten, schloß Des Esseintes daraus, daß sie sich über das schlechte Wetter unterhielten. Nicht einer von ihnen lachte, und alle waren sie in grauen, nankinggelb und löschpapierrosa gestreiften Cheviotwollstoff gekleidet. Er warf entzückt einen Blick auf seinen eigenen Anzug, dessen Farbe und Schnitt sich nicht sonderlich von dem der anderen abhob, und er empfand die Befriedigung, gar nicht aufzufallen in dieser Umgebung und gewissermaßen ein oberflächlich naturalisierter Londoner Bürger zu sein. Plötzlich schreckte er auf. »Und die Abfahrt des Zuges?« sagte er zu sich. Er sah auf die Uhr: zehn Minuten vor acht. »Ich kann noch etwa eine halbe Stunde bleiben.« Und von neuem sann er über den Plan nach, den er gefaßt hatte.

Ihn, den Seßhaften, hatten nur zwei Länder angezogen: Holland und England.

Seinen ersten Wunsch hatte er sich erfüllt: als es ihn eines Tages nicht mehr hielt, hatte er Paris verlassen und eine nach der anderen die niederländischen Städte besucht.

Letztlich waren grausame Enttäuschungen das Ergebnis dieser Reise gewesen. Er hatte sich ein Holland nach den Werken von Teniers, Steen, Rembrandt und Ostade vorgestellt, in seiner Phantasie erstanden unvergleichlich schöne Judenviertel, die so golden glänzten wie das von der Sonne beschienene Leder aus Cordoba; er stellte sich gewaltige Kirmesfeste, ständige Saufgelage auf dem Lande vor, er erwartete die von den alten Meistern gefeierte patriarchalische Biederkeit und leutselige Schwelgerei.

Gewiß, Haarlem und Amsterdam hatten ihn betört; das ungepflegte Volk, das man auf dem Land sah, ähnelte zwar dem von Van Ostade gemalten mit seinen grobschlächtigen, plumpen Kindern und seinen fetten Speckweibern, die wie ausgebeult wirkten durch ihre dicken Busen und ihre dikken Bäuche, doch von zügelloser Freude, von gemütlicher Zecherei keine Spur! Kurz: er mußte sich der Erkenntnis fügen, daß ihn die holländische Schule des Louvre in die Irre geführt hatte; sie hatte seinen Träumen lediglich als

Sprungbrett gedient; auf eine falsche Fährte hatte er sich gestürzt, in unwahrscheinlichen Visionen hatte er sich verloren, und nirgendwo auf der Erde entdeckte er das Wirklichkeit gewordene magische Land, das er sich erhofft hatte; nirgendwo auf den mit Fässern übersäten Wiesen sah er Bauern und Bäuerinnen tanzen, die vor Freude weinten und vor Glück aufstampften und sich vor lauter Lachen in ihre Röcke und Beinkleider machten.

Nein, von alledem war entschieden nichts zu sehen; Holland war ein Land wie jedes andere, mehr noch: ein keineswegs primitives, keineswegs einfältiges, denn die protestantische Religion wütete dort mit ihrer starren Scheinheiligkeit und feierlichen Strenge.

Diese Entzauberung fiel ihm wieder ein; er sah wieder auf seine Uhr: zehn Minuten trennten ihn noch von der Abfahrt des Zuges. »Es ist höchste Zeit, die Rechnung zu verlangen und aufzubrechen«, sagte er sich. Er fühlte ein überaus heftiges Drücken im Magen und im ganzen Körper eine übergroße Schwere. »Nun«, sagte er, um sich Mut zuzusprechen, »dann nehmen wir noch einen Steigbügeltrunk«; und er füllte sich das Glas mit Brandy, während er nach seiner Rechnung rief. Ein Individuum im schwarzen Frack, eine Serviette über den Arm, eine Art Haushofmeister mit spitzem, kahlem Kopf und hartem, grauem Bart ohne Schnauzer, kam herbei, einen Stift hinter dem Ohr, pflanzte sich wie ein Sänger mit einem vorgestellten Bein auf, zog einen Notizblick aus der Tasche, schrieb die Ausgabe nieder und rechnete, ohne auf das Papier zu sehen, die Augen neben einem Kronleuchter an die Decke gerichtet. »Hier«, sagte er, indem er das Blatt von seinem Notizblock abriß und es Des Esseintes reichte, der ihn neugierig betrachtete, als handelte es sich um ein seltenes Tier. »Welch erstaunlicher John Bull«, dachte er, und sah sich diesen phlegmatischen Menschen näher an, dem sein rasierter

Mund eine entfernte Ähnlichkeit mit einem Steuermann der amerikanischen Marine verlieh.

In diesem Augenblick öffnete sich die Tür der Taverne; Leute kamen herein und brachten einen Geruch nach nassem Hund mit, der sich mit dem Kohlenrauch vermengte, den der Wind in die Küche drückte und durch die Schwingtür schickte. Des Esseintes war außerstande, die Beine zu bewegen; eine süße, laue Erschlaffung kroch in all seine Glieder und ließ ihn nicht einmal mehr die Hand ausstrecken, um sich eine Zigarre anzuzünden. Er sagte zu sich: »Jetzt aber aufgestanden, ich muß flitzen!« Und sofort durchkreuzten Einwände seinen Befehl. Wozu sich von der Stelle rühren, wenn man so herrlich auf einem Stuhl reisen konnte? War er denn nicht in London, dessen Gerüche, dessen Atmosphäre, dessen Einwohner, Speisen und Utensilien ihn umgaben? Was konnte er sich denn erhoffen, wenn nicht neue Enttäuschungen wie in Holland?

Jetzt hatte er gerade noch Zeit, um im Laufschritt den Bahnhof zu erreichen, doch ein unendlicher Widerwille vor der Reise und ein unabweisliches Bedürfnis, still sitzen zu bleiben, brachen sich immer gebieterischer, immer beharrlicher Bahn. Nachdenklich ließ er die Minuten verstreichen und schnitt sich so den Rückzug ab, und er sagte sich: »Jetzt müßte ich zum Schalter stürzen, müßte mich zur Gepäckabfertigung durchzwängen: welch ein Ärger, was für eine Fron das wäre!« Und er wiederholte es sich noch einmal: »Alles in allem habe ich empfunden und gesehen, was ich empfinden und sehen wollte. Seit meinem Aufbruch wurde ich übersättigt mit englischem Leben. Man müßte verrückt sein, um durch einen ungeschickten Ortswechsel unvergänglicher Eindrücke verlustig zu gehen. Welche Verirrung hat mich denn der Versuchung ausgesetzt, alte Ideen zu verleugnen, die gefügigen Phantasmagorien meines Hirns zu verurteilen, so daß ich wie ein richtiger Grünschnabel an die Besonderheit, die Sehenswürdigkeit, den Nutzen eines Ausflugs glaubte? – Sieh da«, versetzte er, einen Blick auf seine Uhr werfend, »jetzt ist es Zeit, heimzukehren!« Diesmal stellte er sich auf die Beine, ging hinaus, befahl dem Kutscher, ihn zum Bahnhof von Sceaux zurückzufahren, und er langte mit seinen Koffern, Paketen, Taschen, Decken, Schirmen und Spazierstöcken wieder in Fontenay an mit dem Gefühl von körperlicher Erschöpfung und geistiger Ausgelaugtheit eines Mannes, der nach einer langen und gefährlichen Reise nach Hause kommt.

XII

An den Tagen, die auf seine Rückkehr folgten, betrachtete Des Esseintes seine Bücher, und bei dem Gedanken, daß er sich lange von ihnen zu trennen vermocht hätte, empfand er eine ebensolch tiefe Befriedigung wie die, die er genossen hätte, stünde er nach einer echten Abwesenheit nun wieder vor ihnen. Dieses Gefühl bewirkte, daß ihm alle Dinge neu vorkamen, denn er entdeckte an ihnen Schönheiten, die er seit der Zeit ihrer Erwerbung wieder vergessen hatte.

Alles: Bücher, Nippes, Möbel, hatte für ihn nun einen besonderen Reiz bekommen; sein Bett erschien ihm molliger, verglich er es mit dem Lager, das er in London gehabt hätte; die diskreten, stillen Handreichungen seiner Dienstboten entzückten ihn, der er müde war von der bloßen Vorstellung lärmender Geschwätzigkeit der Hoteldiener. Sein methodisch organisiertes Leben war für ihn noch erstrebenswerter geworden, seitdem eine zufällige Reise denkbar war.

Er tauchte wieder in das Bad der Gewohnheiten ein, dem künstliche Reue etwas Stärkendes und Erfrischendes beimengte.

Vor allem aber sorgte er sich um seine Bücher. Er untersuchte sie, stellte sie wieder in die Regale, prüfte, ob Hitze und Regen seit seinem Einzug in Fontenay nicht ihre Einbände beschädigt und ihr kostbares Papier befleckt hätten.

Er begann damit, seine ganze lateinische Bibliothek umzuräumen, dann ordnete er die Fachliteratur von Archelaus, Albertus Magnus, Raymundus Lullus und Arnaud de Villanova über die Kabbala und die okkulten Wissenschaften; schließlich sah er, eins nach dem andern, seine modernen Bücher an und stellte freudig fest, daß sie alle trocken und unversehrt geblieben waren.

Diese Sammlung hatte ihn erhebliche Summen gekostet; denn er wollte nicht dulden, daß Autoren, die er hätschelte, in seiner Bibliothek so wie in anderen stünden: auf fasrigem Papier mit den Nagelschuhen eines Bauern aus der Auvergne geprägt.

In Paris hatte er einst, nur für sich selbst, bestimmte Bände herstellen lassen, die eigens dafür angestellte Arbeiter auf Handpressen druckten. Entweder wandte er sich an Perrin in Lyon, dessen schlanke, reine Typen der Neuauflage alter Bücher angemessen waren; oder er ließ aus England oder Amerika neue Lettern kommen zur Herstellung von Werken des gegenwärtigen Jahrhunderts, oder er nahm mit einer Firma in Lille Verbindung auf, die seit Jahrhunderten einen Satz gotischer Drucktypen besaß. Ein andermal wieder belegte er die alte Druckerei Enschede in Haarlem mit Beschlag, deren Gießerei die Patrizen und Matrizen der sogenannten ›Komplimentierschrift‹-Typen aufbewahrte.

Beim Papier war er ebenso verfahren. Eines Tages des silbrigen Chinapapiers, des perlmuttgetönten und goldenen aus Japan, des weißen Zeichenpapiers, des dunklen, graubraunen aus Holland, des Turkey und des gemsfarbenen Seychal-Mill überdrüssig und abgestoßen von den mechanisch hergestellten Papieren, hatte er spezielle, handgeschöpfte Büttenpapiere in den alten Manufakturen von Vire bestellt, wo man sich noch der Stampfer bedient, mit denen man vor Zeiten den Hanf zerstieß. Um etwas Abwechslung in seine Sammlung zu bringen, hatte er sich wiederholt appretierte Stoffe, flauschige Papiere und Ripsgewebe aus London kommen lassen, und um seiner Verachtung für die Bibliophilen noch nachzuhelfen, machte ihm ein Lübecker Händler ein vollendetes Dünndruckpapier, das bläulich schimmerte, raschelte und ein wenig brüchig war und in dessen Teig die Strohhalme durch Goldpailletten ersetzt worden waren, ähnlich denen, die im Danziger Goldwasser glitzern.

Auf diese Weise hatte er sich einzigartige Bücher verschafft und ungebräuchliche Formate verwandt, die er von Lortic, von Trautz-Bauzonnet, von Chambolle, von Capés Nachfolgern in makellose Einbände aus uralter Seide, geprägtem Rindsleder und Kapbüffelhaut einschlagen ließ, in glatte Einbände oder in durchbrochene und mit Mosaiken verzierte, die mit Taft oder Moiré gefüttert, wie Kirchenbücher mit Schließen und Eckverstärkungen geschmückt und bisweilen sogar von Gruel-Engelmann mit oxydiertem Silber und leuchtendem Email ausgelegt worden waren.

So hatte er sich mit den herrlichen, bischöflichen Lettern der alten Firma Le Clere Baudelaires Werke in einem breiten, an Meßbücher erinnernden Format auf federleichten, schwammähnlichen Japanfilz drucken lassen, der weich war wie Holundermark und auf seiner milchigen Weiße einen kaum merklichen rosa Schimmer aufwies. Diese Ausgabe, die aus einem einzigen aufgelegten Exemplar bestand mit Buchstaben vom samtenen Schwarz der Tusche, war außen und innen mit edlem, echtem, unter tausend anderen gewähltem, fleischfarbenem Schweinsleder bezogen worden, das über und über genarbt war an den Stellen, wo einst die Borsten saßen, und mit schwarzen, eingeprägten Spitzenornamenten geschmückt, die ein großer Künstler wunderbar aufeinander abgestimmt hatte.

An jenem Tag nahm Des Esseintes dieses unvergleichliche

Buch vom Bord und betastete es andächtig und las einige Stücke nach, die ihm in dieser schlichten, doch unschätzbaren Aufmachung noch eindrucksvoller als sonst vorkamen.

Seine Bewunderung für diesen Schriftsteller war grenzenlos. Er war der Ansicht, daß man sich in der Literatur bislang darauf beschränkt hatte, die Oberfläche der Seele zu erforschen oder in ihre zugänglichen und beleuchteten unterirdischen Schichten vorzudringen, wo man hier und da Ablagerungen von Todsünden aufspürte und ihre Verzweigungen und ihr Wachstum untersuchte und, wie Balzac etwa, das Schichtgestein einer von der Monomanie der Leidenschaft, vom Ehrgeiz, vom Geiz, von väterlicher Torheit oder von seniler Liebe besessenen Seele sichtbar machte.

Dabei ging es letztlich um die ausgezeichnete Gesundheit der Tugenden und Laster, die üblichen Umtriebe allgemein angepaßter Gehirne, die praktische Wirklichkeit geläufiger Vorstellungen ohne ein Ideal krankhafter Verderbtheit, ohne ein Darüberhinaus; alles in allem blieben die Entdeckungen der Analytiker bei den von der Kirche als schlecht oder gut eingestuften Spekulationen stehen; es handelte sich um die einfache Ermittlungsarbeit, die gewöhnliche Beobachtung eines Botanikers, der die zu erwartende Entwicklung normaler, in natürliche Erde gesetzter Pflanzen genau verfolgt.

Baudelaire war weitergegangen; er war hinabgestiegen in die Tiefe der unerschöpflichen Mine, war in aufgelassene oder unbekannte Stollen gekrochen, war angelangt bei den Seelenbezirken, wo sich die monströsen Gewächse des Gedankens verzweigen.

Dort, an den äußersten Enden, wo die Verirrungen und Krankheiten, der mystische Tetanos, das lodernde Fieber der Wollust, Typhus und Auswurf des Verbrechens siedeln, war er auf die unter der finstern Glocke des Lebensüberdrusses schmorenden Gefühle und Ideen gestoßen, die auf erschreckende Weise in die Wechseljahre gekommen waren. Er hatte die morbide Psychologie des Geistes aufgedeckt, der den Oktober seiner Empfindungen erreicht hat, hatte von den Symptomen der vom Schmerz überwältigten und vom Trübsinn beherrschten Seele erzählt, hatte die fortschreitende Karies der Gemütsbewegungen gezeigt, wenn Begeisterung und Zuversicht der Jugend versiegt sind, wenn nur noch die unfruchtbare Erinnerung an ertragenes Elend, erlittene Unduldsamkeit, zugefügte Kränkungen bleibt, denen Menschen von Verstand durch ein absurdes Los ausgesetzt sind.

Er hatte alle Phasen dieses jämmerlichen Herbstes verfolgt, die menschliche Kreatur betrachtet, die so bereitwillig verbitterte, die sich so geschickt selbst herumging, und ihre Gedanken zwang, einander zu betrügen, damit sie besser leiden könne, und sich im vorhinein dank Analyse und Beobachtung jede mögliche Freude verdarb.

Und er sah in der gereizten Empfindlichkeit der Seele, in der gnadenlosen Selbstzerpflückung, die peinliche Ergebenheit und wohlwollendes Mitleid zurückweist, allmählich das Grauen jener altgewordenen Leidenschaften und überreifen Liebesregungen zum Vorschein kommen, wenn der eine sich noch ausliefert, während der andere bereits auf der Hut ist, wenn die Mattigkeit den Paaren kindliche Liebkosungen gebietet, deren vermeintliche Jugendlichkeit neu scheint, und eine mütterliche Unbefangenheit, die sanft genug ist, um, wenn man so will, interessante Gewissensbisse eines vagen Inzests zu beschwichtigen.

Auf herrlichen Seiten hatte er diese hybriden Liebesregungen dargelegt, die aufs höchste gesteigert wurden durch ihre Unfähigkeit, sich jemals zu erfüllen, diese gefährlichen Lügen der Betäubungsmittel und Gifte, die zu Hilfe gerufen wurden, um das Leiden einzuschläfern und den Überdruß zu bezwingen. In einer Epoche, da die Literatur den Lebensschmerz fast ausschließlich dem Unglück einer verkannten Liebe oder der Eifersucht wegen eines Ehebruchs zuschrieb, hatte er diese Kinderkrankheiten vernachlässigt und jene unheilbaren, hartnäckigen, tieferen Wunden untersucht, die Sattheit, Enttäuschung und Verachtung in jene zerrütteten Seelen fressen, die die Gegenwart foltert, die Vergangenheit anekelt und die Zukunft erschreckt und verzweifelt macht.

Und je öfter Des Esseintes nun wieder Baudelaire las, desto mehr erkannte er den unbeschreiblichen Reiz dieses Schriftstellers, der in einer Zeit, da der Vers nur noch zur Schilderung der Außenansicht der Wesen und der Dinge diente, dahin gelangt war, das nicht in Worte zu fassende auszudrücken dank einer muskulösen und fleischigen Sprache, die mehr als jede andere diese wunderbare Macht besaß, mit einer eigenartigen Gesundheit des Ausdrucks jeden flüchtigen, jeden verschwommenen morbiden Zustand erschöpfter Geister und trauriger Seelen festzuhalten.

Nach Baudelaire waren französische Bücher nur noch in recht beschränkter Anzahl in seinen Regalen vorhanden. Er war entschieden unempfänglich für Werke, über die in Entzücken zu geraten sich schickte. »Rabelais' unbändiges Lachen« und »die handfeste Komik Molières« vermochten ihm kein Lächeln zu entlocken, und sein Widerwille gegen diese Farcen ging sogar so weit, daß er sich nicht scheute, sie in künstlerischer Hinsicht der Parade von Narrenköpfen gleichzustellen, die die Ausgelassenheit der Jahrmärkte anheizt.

An alter Dichtung las er kaum mehr als Villon, dessen wehmütige Balladen ihn rührten, und hin und wieder einige Stücke von d'Aubigné, die ihm das Blut aufpeitschten mit der unglaublichen Heftigkeit ihrer Beleidigungen und Bannflüche.

In der Prosa scherte er sich sehr wenig um Voltaire und Rousseau oder gar Diderot, dessen so gerühmte »Salons« ihm sonderbar vollgestopft schienen mit moralischen Albernheiten und einfältigen Aussagen; aus Haß auf all diese Hohlheit vergrub er sich fast ausschließlich in die christliche Beredsamkeit, in die Schriften Bourdaloues und Bossuets, deren klangvolle und schmucke Satzperioden ihm imponierten; doch lieber noch ließ er sich das in strenge und mächtige Sätze gedrängte Kondensat auf der Zunge zergehen, wie es Nicole mit seinen Gedanken und vor allem Pascal auszudrücken vermochte, dessen nüchterner Pessimismus und quälende Zerknirschung ihm zu Herzen gingen.

Abgesehen von diesen wenigen Büchern fing die französische Literatur in seiner Bibliothek mit seinem eigenen Jahrhundert an.

Sie war in zwei Gruppen unterteilt: die eine umfaßte die gewöhnliche, weltliche Literatur, die andere die katholische Literatur, eine nahezu unbekannte Fachliteratur, die indes von jahrhundertealten, riesigen Verlagsbuchhandlungen in alle vier Himmelsrichtungen unter die Leute gebracht wurde.

Er hatte den Mut besessen, sich in diesen Krypten vorwärts zu tasten, und, wie in der Laienkunst, hatte er unter einem gewaltigen Haufen von Geschmacklosigkeiten ein paar von wirklichen Meistern verfaßte Werke entdeckt.

Das hervorstechende Merkmal dieser Literatur war die starre Unwandelbarkeit ihrer Ideen und ihrer Sprache; so wie die Kirche die ursprüngliche Form der Kultgegenstände tradiert hatte, so hatte sie auch die Reliquien ihrer Dogmen bewahrt und andächtig die Fassung gepflegt, die sie umschloß: die fromme Redekunst des großen Jahrhunderts. Wie einer ihrer Schriftsteller, Ozanam, erklärte, hatte sich der christliche Stil um Rousseaus Sprache nicht zu kümmern; er sollte sich einzig der von Bourdaloue und Bossuet verwandten Ausdrucksweise bedienen.

Trotz dieses Diktums schloß die Kirche, die weniger unduldsam war, die Augen vor manchen der nichtsakralen Sprache desselben Jahrhunderts entlehnten Ausdrücken und Wendungen, und das katholische Idiom hatte sich ein wenig entschlackt von seinen massigen Sätzen, die besonders bei Bossuet durch die Länge seiner Einschübe und die ermüdende Häufung der Relativpronomen belastet wurden. Hier hatte es mit den Zugeständnissen sein Bewenden, und andere hätten zweifellos zu nichts geführt, denn eine solcherart erleichterte Prosa genügte den beschränkten Themen, die zu behandeln die Kirche sich auferlegt hatte.

Diese Sprache, die nicht imstande war, das zeitgenössische Leben aufzugreifen und den simpelsten Aspekt der Wesen und Dinge sichtbar und fühlbar zu machen, unfähig auch, die komplizierten Tücken eines für den Zustand der Gnade unempfänglichen Hirns zu erklären, brillierte indes bei den abstrakten Themen; nützlich bei der Erörterung einer Kontroverse, bei der Beweisführung einer Theorie, bei der Strittigkeit eines Kommentars, besaß sie, mehr als irgendeine andere, die notwendige Autorität, um ohne jede Diskussion den Wert einer Doktrin zu behaupten.

Leider war, hier wie überall, eine unübersehbare Armee von Pedanten in das Heiligtum eingefallen und hatte durch Ignoranz und Mangel an Talent seine strenge, noble Art beschmutzt; um das Unglück vollzumachen, hatten sich noch Frömmlerinnen eingemischt, deren elendes Geschwätz ungeschickte Sakristeien und Salons als Geniestreiche priesen.

Des Esseintes hatte aus Neugier die Werke der Madame Swetchine herausgepickt und gelesen, jener russischen Generalin, deren Pariser Haus von den glühendsten Katholiken aufgesucht wurde; sie hatten für ihn nichts als unwandelbare, quälende Langeweile ausgeströmt; sie waren mehr als schlecht, sie waren beliebig; da gab es zum Beispiel die Beschreibung vom Echo in einer kleinen Kapelle, in der eine steife und ganz in sich versunkene Gesellschaft Gebete vor sich hinbrummelte, sich leise nach dem jeweiligen Befinden erkundigte und mit geheimnisvoller, tiefsinniger Miene einige Gemeinplätze über Politik, die Voraussagen des Barometers und die derzeitige atmosphärische Lage austauschte.

Doch es gab Schlimmeres: Madame Augustus Craven, diplomierte Preisträgerin des Instituts und Verfasserin eines ›Récit d'une sœur‹, einer ›Eliane‹ und eines ›Fleurange‹, die mit Pauken und Trompeten von der gesamten apostolischen Presse unterstützt wurde. Niemals, nein, nie hätte sich Des Esseintes vorzustellen vermocht, daß man derartige Nichtigkeiten schreiben konnte. Diese Bücher waren derartig albern angelegt, sie waren in einer solch ekelerregenden Sprache geschrieben, daß sie dadurch fast schon wieder etwas Eigentümliches, Seltenes bekamen.

Im übrigen konnte Des Esseintes, dessen Seele nicht gerade unverdorben und der von Natur aus kaum sentimental war, gerade bei Frauen auf kein literarisches Refugium treffen, das seinem Geschmack angemessen war.

Dennoch bemühte er sich mit einer Aufmerksamkeit, die keine Ungeduld zu schwächen vermochte, das Werk der genialen Tochter der Gruppe, der Jungfrau mit den blauen Strümpfen genießbar zu finden; seine Anstrengungen waren vergeblich; er biß nicht an beim ›Journal‹ und den ›Briefen‹, in denen Eugénie de Guérin rückhaltlos das wundersame Talent ihres Bruders feierte, der mit einer solchen Treuherzigkeit, einer solchen Anmut Verse schmiedete, daß man schon bis zu den Werken von Monsieur de Jouy und Monsieur Ecouchard-Lebrun zurückgehen mußte, um auf solch kühne und neue zu stoßen!

Nutzlos auch sein Versuch, die Wonnen dieser Werke zu begreifen, in denen Berichte wie der folgende stehen: »Heute morgen hängte ich neben Papas Bett ein Kruzifix auf, das ein kleines Mädchen ihm gestern gegeben hatte.« – »Mimi und ich sind morgen bei Monsieur Roquiers zu einer Glockenweihe eingeladen; dieser Ausflug mißfällt mir nicht.« – In denen Ereignisse von solcher Tragweite vorkommen: »Ich habe mir soeben das Medaillon mit der Heiligen Jungfrau um den Hals gebunden, das Louise mir als Schutz vor der Cholera geschickt hat.« – Poesie solcher Art: »Oh, der schöne Mondschein, der auf das Evangelium fiel, in dem ich gerade las!« – Scharfe und feinsinnige Bemerkungen wie: »Wenn ich einen Mann an einem Kruzifix vorbeigehen sehe, der sich bekreuzigt oder den Hut zieht, sage ich mir: hier geht ein Christ vorüber.«

Und das ging so weiter, unablässig, ohne Waffenruhe, bis Maurice de Guérin starb und seine Schwester ihn auf neuen, in einer wässrigen Prosa verfaßten Seiten beweinte, die hier und da mit Gedichtchen durchsetzt waren, deren demütigende Dürftigkeit schließlich Des Esseintes' Mitleid erregte.

Ah! Nicht zu sagen, wie anspruchslos und wenig kunstverständig die katholische Seite in der Auswahl ihrer Schützlinge war! Diese lymphatischen Wesen, die sie so hätschelte und für die sie den Gehorsam ihrer Blätter voll ausschöpfte, schrieben alle wie Klosterzöglinge in einer blassen Sprache, in einem eintönigen Satzfluß, den kein Adstringens aufhielt.

Des Esseintes wandte sich daher mit Grausen ab von dieser Literatur, aber auch die modernen Meister der Geistlichkeit boten ihm nicht genug Ausgleich, um seinem Verdruß abzuhelfen. Sie waren untadelige, korrekte Prediger oder Polemiker, doch die christliche Sprache war in ihren Reden und Büchern schließlich unpersönlich geworden, sie war erstarrt in einer Rhetorik, die nur noch aus berechneten Bewegungen und Pausen bestand, aus einer Reihung von Perioden, die nach einem einzigen Vorbild gebaut waren. Denn tatsächlich schrieben alle Geistlichen gleich, mit mehr oder weniger Hingabe oder Emphase, und der Unterschied war sozusagen Null zwischen dem zu Papier gebrachten Grau in Grau der Seigneurs Dupanloup und Landriot, La Bouillerie oder Gaume, von Dom Guéranger oder des Paters Ratisbonne, von Monsignore Freppel oder Monsignore Perraud, der Professoren Ravignan und Gratry, des Jesuiten Olivain, des Karmeliters Dosithée, des Dominikaners Didon oder des ehemaligen Priors von Saint-Maximin, des Reverend Chocarne.

Des Esseintes hatte oft daran gedacht: es bedurfte eines echten Talents, einer tiefen Originalität, einer fest verankerten Überzeugung, um diese so kalte Sprache aufzutauen und diesem öffentlichen Stil Leben einzuhauchen, der sich auf keinen unverbrauchten Gedanken, auf keine tapfere These stützen konnte.

Es gab indes einige Schriftsteller, deren glühende Beredheit diese Sprache schmelzen und gefügig machen konnte, Lacordaire vor allem, einer der wenigen Schriftsteller, die die Kirche seit Jahren hervorgebracht hatte.

Obwohl er wie seine Mitbrüder in den engen Kreis rechtgläubiger Spekulationen eingesperrt und wie sie gezwungen war, auf der Stelle zu treten und sich nur an die von den Kirchenvätern ausgegebenen, abgesegneten und dann von den Lehrstuhlinhabern weiterentwickelten Theorien zu halten, gelang es ihm doch, diese durch eine persönlichere und lebendigere Form auf ein anderes Gleis zu bringen, sie zu verjüngen und beinahe zu verändern. Hier und da ließen glückliche Sprachfunde, kühne Wörter, liebevolle Akzente, Sprünge, Freudenschreie und heftige Ergüsse den jahrhundertealten Stil der Predigten, die er in

Notre-Dame hielt, unter seiner Feder rauchen. Hinzu kam, daß dieser geschickte und sanfte Mönch, dessen Gewandtheit und dessen Bemühen sich in der unmöglichen Aufgabe verschlissen hatten, liberale Gesellschaftslehren mit den autoritären Kirchendogmen zu versöhnen, ein begabter Redner war, der über ein von inbrünstiger Liebe, von diplomatischer Zartheit geprägtes Temperament verfügte. In den Briefen, die er jungen Menschen schrieb, waren die Behutsamkeit väterlicher Ermahnungen, lächelnder Tadel, gutgemeinte Ratschläge und nachsichtig gewährte Verzeihung zu finden. Einige waren besonders reizend, in denen er seine ganze Gier nach Zuneigung eingestand, andere wieder waren beinahe Ehrfurcht einflößend, wenn er Mut zusprach und Zweifel zerstreute durch seine unerschütterliche Glaubensgewißheit. Kurz: dieses väterliche Empfinden, das unter seiner Feder etwas Zartes und Weibliches annahm, drückte seiner Prosa einen einzigartigen Stempel auf innerhalb der gesamten Kirchenliteratur.

Nach ihm machten sich Geistliche und Mönche von einer auch nur irgendwie gearteten Individualität sehr rar. Gerade noch einige Seiten seines Schülers, des Abbé Peyreyve, vertrugen eine Lektüre. Er hatte anrührende Lebensbeschreibungen seines Meisters hinterlassen, einige liebenswerte Briefe verfaßt, Artikel in der klangvollen Sprache einer Rede geschrieben und Lobeshymnen gesungen, in denen der deklamatorische Ton zu vorherrschend war. Gewiß, der Abbé Peyreyve besaß weder die Gefühlsregungen noch das Feuer von Lacordaire. Er war zu sehr Priester und zu wenig Mensch. Doch hier und da brachen aus der Rhetorik seiner Reden wunderliche Vergleiche, breitangelegte, solide Sätze und erlauchte Erhebungen der Seele hervor.

Aber man mußte erst zu den Schriftstellern kommen,

die keine Priester waren, zu den weltlichen Autoren, die sich den Interessen des Katholizismus verbunden wußten und mit Hingabe seiner Sache dienten, um auf Prosaiker zu treffen, die es wert waren, daß man sich mit ihnen befaßte.

Der von den Prälaten so banal gehandhabte episkopale Stil war erstarkt und hatte mit dem Grafen von Falloux eine gewissermaßen männliche Kraft wiedererlangt. Dem Anschein nach maßvoll sonderte dieses Mitglied der Académie Française Galle ab; die Reden, die er 1848 im Parlament hielt, waren verworren und glanzlos, doch seine im ›Correspondant‹ veröffentlichten und danach in Büchern zusammengetragenen Artikel waren bissig und schneidend unter ihrer übertrieben höflichen Form. Sie waren als Standpauke gedacht und zeichneten sich durch eine gewisse ungestüme Bitternis aus, überraschten durch die Unduldsamkeit ihrer Überzeugungen.

Der Graf von Falloux, ein gefährlicher Polemiker wegen seiner Hinterhalte, ein ausgekochter Logiker, der sich auf Nebengleisen bewegte und unvermutet zuschlug, hatte aber auch scharfsinnige Seiten über den Tod Madame Swetchines verfaßt, deren schmales Werk er gesammelt hatte und die er wie eine Heilige verehrte.

Wirklich aber trat das Temperament dieses Schriftstellers in zwei Broschüren hervor, deren eine 1846 und deren andere 1880 unter dem Titel ›L'Unité nationale‹ erschien.

Mit kalter Wut griff dieser unversöhnliche Legitimist gegen seine Gewohnheit diesmal offen an und warf den Ungläubigen flammende Beleidigungen – getarnt als Redeschluß – an den Kopf:

»Und Ihr, Ihr unverbesserlichen Utopisten, die Ihr von der Natur absieht, Ihr Helfershelfer der Gottlosigkeit, vollgepfropft mit Hirngespinsten und Haß, Ihr Frauenemanzipierer, Ihr Familienzerstörer, Ihr Genealogen der Affenrasse, Ihr mit Eurem Namen, der einst ein Schimpfwort war, Ihr dürft Euch freuen: Ihr werdet die Propheten und Eure Schüler die Priester einer abscheulichen Zukunft!«

Die andere Broschüre trug den Titel ›Le Parti catholique‹ und war gegen die Despotie des ›Univers‹ und gegen Veuillot gerichtet, dessen Name auszusprechen sie sich weigerte. Hier griff er nicht unumwunden an, hier sickerte das Gift unter den Zeilen hervor, mit denen der mit blauen Flecken bedeckte Edelmann vermittels verächtlicher Sarkasmen auf die Pantoffelhiebe seines Gegners antwortete.

Beide vertraten sie die zwei Flügel der Kirche, wo die Meinungsverschiedenheiten zu schroffem Haß geronnen; Falloux, hochmütiger und verschlagener, gehörte der liberalen Fraktion an, in der sich bereits sowohl de Montalembert als auch Cochin, sowohl Lacordaire als auch de Broglie befanden; er hing ganz den Ideen des ›Correspondant‹ an, einer Zeitschrift, die die herrischen Theorien der Kirche mit dem Lack der Toleranz zu überdecken suchte. Veuillot, zwangloser und freimütiger, lehnte diese Maskerade ab, behauptete, ohne zu zögern, die Tyrannei der ultramontanen Vorstellungen, gestand und forderte lauthals das unerbittliche Joch ihrer Dogmen.

Für seinen Kampf hatte er sich eine besondere Sprache gebastelt, in der etwas La Bruyère und etwas Vorstadtton von Gros-Caillou mitschwang. Dieser halb feierliche, halb pöbelhafte Stil, zum Ausdruck gebracht von einer solch brutalen Persönlichkeit, hatte die furchterregende Kraft eines Totschlägers. Selten starrköpfig und unerschrocken, wie er war, hatte er mit diesem schrecklichen Werkzeug sowohl auf Freidenker als auch auf Bischöfe eingedroschen, wild um sich gehauen und war wie ein Stier auf seine Feinde losgegangen, gleichgültig zu welcher Partei sie gehörten. Die Kirche, die weder diesen Schmugglerton noch diesen Barrikadenstil zulassen konnte, stand ihm argwöhnisch gegenüber; trotzdem hatte sich dieser religiöse Schmutzfink durch sein großes Talent durchgesetzt und die ganze Presse gegen sich aufgehetzt, die er in seinen ›Odeurs de Paris‹ bis aufs Blut striegelte; er hielt jedem Ansturm stand und entledigte sich mit Fußtritten der minderwertigen Federfuchser, die ihm ans Leder wollten.

Leider glänzte dieses unbestreitbare Talent nur im Boxkampf; hatte er Ruhe, war Veuillot nur noch ein mittelmäßiger Schriftsteller; seine Gedichte und Romane konnten einem Mitleid einflößen; seine gepfefferte Sprache wurde schal, sobald sie nicht zuschlagen durfte. Blieb alles ruhig, verwandelte sich der katholische Ringkämpfer in einen Siechen, der abgedroschene Litaneien aushustete und kindliche Lobgesänge stammelte.

Geschraubter, gezwungener, ernsthafter war der von der Kirche geliebte Apologetiker, der Inquisitor der christlichen Sprache, Ozanam. Obwohl man ihn schwerlich noch überraschen konnte, staunte Des Esseintes immer wieder über die Dreistigkeit dieses Schriftstellers, der von Gottes unergründlichem Ratschluß sprach, wo es der Beweise bedurft hätte für die unglaublichen Behauptungen, die er aufstellte; mit schönster Kaltblütigkeit entstellte er da die Ereignisse, widersprach noch schamloser als die Panegyriker der anderen Parteien den anerkannten geschichtlichen Tatsachen, stellte fest, daß die Kirche nie einen Hehl gemacht habe aus ihrer Wertschätzung der Wissenschaft, bezeichnete er Häresien als unreine Ausdünstungen und behandelte den Buddhismus und die anderen Religionen mit einer solchen Verachtung, daß er sich dafür entschuldigte, die katholische Prosa überhaupt mit seinem Angriff auf deren Lehrsätze zu besudeln.

Bisweilen flößte die religiöse Leidenschaft seiner Kanzelsprache, unter deren Eisdecke eine dumpfe, gewalttätige Strömung brodelte, eine gewisse Glut ein; in seinen zahlreichen Schriften über Dante, den heiligen Franziskus, über den Verfasser des ›Stabat‹, über die franziskanischen Dichter, über den Sozialismus, das Handelsrecht, über einfach alles, verteidigte dieser Mann den Vatikan, den er für unvergänglich hielt, und beurteilte unterschiedslos alle Angelegenheiten danach, ob sie sich seiner Meinung annäherten oder mehr oder weniger von ihr abwichen.

Diese Art, die Fragen von einem einzigen Standpunkt aus zu betrachten, war auch dem erbärmlichen Schmierer zu eigen, in dem etliche seiner Rivalen sahen: Nettement. Er saß auf einem nicht ganz so hohen Roß und gab vor, weniger anmaßende und dafür mondänere Ansprüche zu hegen. Wiederholt hatte er das literarische Kloster verlassen, in das sich Ozanam sperrte, und hatte die profanen Werke durchforstet, um sie zu beurteilen. Er war, sich vorwärts tastend, in sie hineingetappt wie ein Kind in einen Keller und sah sich ringsum in Finsternis gehüllt, inmitten der Schwärze einzig den Schein der Wachskerze wahrnehmend, die ihm nur für wenige Schritte Licht spendete.

In seiner Unkenntnis der Örtlichkeiten, in dieser Dunkelheit war er ständig gestrauchelt; er sprach von Murger, der »ein Bemühen um den ziselierten und fein geschliffenen Stil« unter Beweis stelle, von Hugo, der das Widerliche und Unreine suche und den er mit Monsieur de Laprade zu vergleichen wagte, von Delacroix, der die Regeln verschmähe, von Paul Delaroche und vom Dichter Reboul, die er pries, weil sie im Besitz des Glaubens zu sein schienen.

Des Esseintes zuckte unwillkürlich die Achseln über diese unseligen Ansichten, die in eine Allerwelts-Prosa eingewickelt waren, deren abgetragener Stoff sich an jeder Satzecke festhakte und zerriß.

Andererseits waren die Werke Poujoulats und Genoudes, Montalemberts, Nicolas' und Carnets nicht reizvoller für ihn; seine Neigung zur Geschichte, wie sie der Herzog von Broglie mit gelehrter Sorgfalt und in einer anständigen

Sprache abhandelte, seine Hinwendung zu den von Henri Cochin aufgegriffenen sozialen und religiösen Fragen, die ein Brief ausgelöst hatte, in dem letzterer von einer Dame erzählte, die auf zu Herzen gehende Weise in Sacré-Cœur den Schleier genommen hatte, kamen kaum zur Geltung. Lange schon hatte er diese Bücher nicht mehr angerührt, und die Zeit war schon fern, da er die kindischen nächtlichen Ausgeburten des leichenhaften Pontmartin und des erbärmlichen Féval zum Altpapier geworfen hatte, da er den Dienern zum allgemeinen Gebrauch die Geschichtchen der Aubineaus und Lasserres überlassen hatte, jener minderwertigen Hagiographen der von Monsieur Dupont aus Tours und der Heiligen Jungfrauen bewirkten Wunder.

Kurz: Des Esseintes zog aus dieser Literatur nicht einmal den Gewinn einer vorübergehenden Ablenkung von seinem Verdruß; daher schob er diesen Haufen von Büchern, die er einst, als er die Patres verlassen hatte, studierte, in die dunklen Ecken seiner Bibliothek. »Die hätte ich gut in Paris lassen können«, sagte er zu sich, und er stöberte hinter anderen Büchern solche aus dem Regal hervor, die ihm besonders unerträglich waren, die des Abbés Lammenais und die des undurchsichtigen Sektierers, des so ungemein und pompös langweiligen und hohlen Grafen Joseph de Maistre.

Nur ein Band noch stand in Reichweite auf einem Bord: ›L'Homme‹ von Ernest Hello.

Der nun war das unbedingte Gegenstück seiner religiösen Kollegen. Ernest Hello, nahezu isoliert in der frommen Gruppe, die sein Auftreten vor den Kopf stieß, hatte schließlich den großen Verbindungsweg verlassen, der von der Erde in den Himmel führt; wahrscheinlich angewidert von der Banalität dieser Bahn und dem Gewühl der Buchstabenpilger, die seit Jahrhunderten im Gänsemarsch und einer in die Fußstapfen des anderen tretend, dieselbe Straße gingen und an den immer gleichen Stellen innehielten, um die gleichen Gemeinplätze über die Religion, die Kirchenväter, ihre gleichen Überzeugungen und Lehrmeister einander weiterzureichen, war er auf Seitenpfaden losgegangen und bei der trübseligen Lichtung Pascal herausgekommen, wo er lange verweilte, um Atem zu schöpfen, und hatte dann seinen Weg fortgesetzt, bis er tiefer als der Jansenist, den er übrigens verhöhnte, in die Bezirke des menschlichen Denkens eingedrungen war.

Gewunden und affektiert, schulmeisterlich und vielschichtig erinnerte Hello Des Esseintes durch die eindringlichen Spitzfindigkeiten seiner Analyse an die grüblerischen und scharfsinnigen Arbeiten einiger ungläubiger Psychologen des vergangenen und des gegenwärtigen Jahrhunderts. Er trug eine Art katholischen Duranty in sich, der aber dogmatischer und schärfer war, einen erfahrenen Lupenhantierer, einen seelenbewanderten Ingenieur, einen geschickten Uhrmacher des Hirns, dem es gefiel, den Mechanismus einer Leidenschaft zu untersuchen und ihn durch die Einzelheiten des Räderwerks zu erklären.

In diesem wunderlich angelegten Geist gab es überraschende Gedankenverbindungen, Vergleiche und Gegensätze und ein ganz merkwürdiges Verfahren, das aus der Etymologie der Wörter ein Sprungbrett für die Ideen machte, deren Assoziation bisweilen weit hergeholt, doch fast immer ausgeklügelt und anschaulich war.

So hatte er, und dies trotz des prekären Gleichgewichts seiner Konstruktionen, mit seltenem Scharfsinn »den Geizigen« und »den Durchschnittsmenschen« zerlegt, »die Weltzugewandtheit« und »die Leidenschaft für das Unglück« untersucht und die interessanten Beziehungen aufgedeckt, die sich zwischen der Vorgehensweise der Photographie und der des Erinnerungsvermögens herstellen lassen.

Doch die geschickte Handhabung dieses vervollkommneten Analyseinstruments, das er den Kirchenfeinden stibitzt hatte, stellte nur die eine Seite seines Temperamentes dar.

Es existierte noch ein anderes Wesen: dieser Geist war gespalten; denn hinter der Vorderseite kam die Kehrseite des Schriftstellers zum Vorschein: der religiöse Fanatiker und biblische Prophet.

Wie Hugo, an dessen Ideen- als auch Satzverrenkungen er hier und da erinnerte, hatte auch Ernest Hello gerne den kleinen Apostel Johannes auf Patmos gespielt; von der Höhe eines in den Betsälen der Rue Saint-Sulpice aufgebauten Felsens herab hielt er sein Hochamt und weissagte er, redete seine Zuhörer in einer apokalyptischen Sprache an, die stellenweise mit der Bitterkeit eines Jesaja gesalzen war.

Da gab er vor, in maßlose Tiefen hinabzusteigen; einige Augendiener riefen sein Genie aus, taten so, als sähen sie in ihm den großen Mann, den Brunnen des Wissens des Jahrhunderts; einen Brunnen vielleicht! doch auf seinem Grund erblickte man keinen Tropfen.

In seinem Band ›Paroles de Dieu‹, wo er die Heilige Schrift paraphrasierte und sich bemühte, ihren mehr oder weniger klaren Sinn zu komplizieren, in seinem anderen Buch ›L'Homme‹ und in seiner Broschüre ›Le Jour du Seigneur‹, die in einem biblischen, abgehackten und unverständlichen Stil verfaßt war, wirkte er wie ein rachsüchtiger, hochmütiger, galliger Apostel und entpuppte sich als ein mit mystischer Epilepsie geschlagener Diakon, als ein de Maistre mit Talent und ein zänkischer und unbarmherziger Sektierer.

»Nur verdunkelt diese krankhafte Zügellosigkeit oft die erfinderischen Lichtblicke des Kasuisten«, dachte Des Esseintes. Mit noch größerer Unduldsamkeit als Ozanam verneinte er entschieden alles, was nicht zu seinem Klüngel gehörte, stellte er die verblüffendsten Axiome auf, behauptete er mit verwirrender Autorität, daß »die Geologie zu Moses zurückgekehrt ist«, daß Naturgeschichte, Chemie, überhaupt die gesamte zeitgenössische Wissenschaft die wissenschaftliche Genauigkeit der Bibel bestätigten; auf jeder Seite ging es um die alleinige Wahrheit und das übermenschliche Wissen der Kirche, das Ganze gespickt mit mehr als gewagten Aphorismen und wütenden Verwünschungen, die er kübelweise über die Kunst seines Jahrhunderts ausspie.

Zu dieser seltsamen Mischung kam die Liebe zu seligen Artigkeiten und zu der Übersetzung der ›Visionen‹ der Angela von Foligno hinzu, einem Buch voll unvergleichlich platter Torheiten, und zu ausgewählten Werken des Johannes van Ruysbroeck, des Wunderbaren, eines Mystikers des 13. Jahrhunderts, dessen Prosa eine unbegreifliche, doch verlockende Legierung aus finsteren Überspanntheiten, einschmeichelnden Ergüssen und herber Begeisterung bot.

Die ganze Pose des anmaßenden Priesters, der Hello war, kam in dem Abrakadabra des Vorworts zum Ausbruch, das er zu diesem Buch geschrieben hatte. So machte er darauf aufmerksam, daß man vom Außergewöhnlichen nur stammeln könne – und er stammelte nun wirklich! – und erklärte, daß »die heilige Finsternis, in der Ruysbroeck seine Adlerflügel spannt, sein Ozean, seine Beute und sein Ruhm ist und die vier Himmel ihm als Gewand zu eng sind«.

Wie auch immer, Des Esseintes fühlte sich angezogen von diesem unausgewogenen, doch subtilen Geist; eine Verschmelzung hatte sich nicht vollziehen können zwischen dem gewandten Psychologen und dem frommen Pedanten, und die Unebenheiten und Ungereimtheiten machten gerade die Persönlichkeit dieses Mannes aus.

Um ihn hatte sich ein Grüppchen von Schriftstellern geschart, die in der ersten Reihe des kirchlichen Lagers arbeiteten. Sie gehörten nicht zum Gros des Heeres, sie waren eigentlich die Versprengten einer Religion, die talentierten Leuten wie Veuillot, wie Hello mißtraute, weil sie ihr noch nicht unterwürfig, noch nicht seicht genug erschienen; im Grunde konnte sie nur Soldaten gebrauchen, die nicht nachdachten, nur Truppen aus blindwütigen Kämpfern, aus Mittelmäßigen, über die Hello mit dem Zorn eines Mannes sprach, der ihr Joch erlitten hat. Daher hatte sich die katholische Kirche beeilt, von ihren Blättern einen ihrer Anhänger fernzuhalten, einen erbitterten Pamphletisten, der eine zugleich rasende und gesuchte, grünschnäbelige und wilde Sprache pflegte: Léon Bloy, daher hatte sie wie einen Pestkranken und Unreinen den anderen Schriftsteller vor die Tür ihrer Buchhandlungen geworfen, der sich die Kehle heiser geschrien hatte mit ihrem Lobpreis: Barbey d'Aurevilly.

Der war aber auch zu kompromittierend und zu aufmüpfig; die anderen senkten letztlich den Kopf unter den Strafpredigten, die es hagelte, und kehrten in die Reihen zurück; er war das nicht anerkannte enfant terrible des Lagers; er lief dem Mädchen buchstäblich nach, das er mit entblößter Brust in das Heiligtum führte. Es bedurfte schon der unendlichen Verachtung, die die katholische Kirche für ein Talent übrig hat, damit eine förmliche Exkommunikation diesen seltsamen Diener nicht gesetzlos machte, der unter dem Vorwand, seine Herren zu ehren, die Scheiben der Kapelle zerschlug, mit den Hostiengefäßen jonglierte und Buchstabentänze um das Tabernakel vollführte.

Zwei Werke Barbey d'Aurevillys reizten Des Esseintes besonders: ›Le Prêtre marié‹ und ›Les Diaboliques‹. Andere wie ›L'Ensorcelé‹, ›Le Chevalier des Touches‹ und ›Une vieille maîtresse‹ waren zwar sicherlich ausgewogener und in sich geschlossener, ließen Des Esseintes aber kalt, weil er sich nur für kränkelnde, vom Fieber entzündete und ausgezehrte Werke wirklich interessierte.

Mit diesen fast gesunden Büchern hatte Barbey d'Aurevilly ständig zwischen den beiden Abgründen der katholischen Religion laviert, die sich letztlich berühren: der Mystik und dem Sadismus.

In den beiden Bänden, in denen Des Esseintes blätterte, hatte Barbey alle Vernunft verloren, hatte er seinem Reittier die Zügel gegeben, war er in gestrecktem Galopp die Wege entlanggeprescht, die er bis an ihr äußerstes Ende verfolgte.

Das ganze geheimnisvolle Grauen des Mittelalters schwebte über dem ungeheuerlichen ›Prêtre marié‹; hier vermischte sich die Magie mit der Religion, das Zauberbuch mit dem Gebetbuch, und der Gott der Erbsünde folterte unbarmherziger und wilder als der Teufel, unablässig die schuldlose Calixte, die er verstoßen und mit einem roten Kreuz auf der Stirn gezeichnet hatte, wie er es einst einem seiner Engel mit den Häusern der Ungläubigen, die er vernichten wollte, zu tun befohlen hatte.

Diese Szenen, die von einem fastenden Mönch wie im Delirium verfaßt wurden, spielten sich im Takt des unregelmäßigen Pulsschlags eines Besessenen ab; leider schienen einige dieser verwirrten Gestalten, gleich einer von E. T. A. Hoffmann galvanisierten Coppélia, andere wie Néel de Néhou in Augenblicken der Erschlaffung, die auf Krisen folgen, ersonnen worden zu sein, und sie paßten daher nicht in den Rahmen des finsteren Wahnsinns; sie brachten eine unfreiwillige Komik hinein, die der Anblick eines Zinnmännleins bietet, der in weichen Stiefeln auf dem Sockel einer Stubenuhr das Horn bläst.

Nach diesen mystischen Verirrungen hatte der Schriftsteller eine windstille Periode; dann erlebte er einen furchtbaren Rückfall.

Die Überzeugung, daß der Mensch wie Buridans Esel ein zwischen zwei gleich mächtigen Kräften hin und her gerissenes Wesen ist, dessen Seele über diese Kräfte abwechselnd triumphiert und ihnen unterliegt; die Gewißheit, daß das menschliche Leben nur noch ein unentschiedener Kampf zwischen dem Himmel und der Hölle ist, und der Glaube an zwei widersprüchliche Wesenheiten, an Satan und Christus, mußten verhängnisvollerweise einen inneren Zwiespalt hervorbringen, wo die Seele, überspannt durch den ständigen Kampf und erhitzt von Versprechungen und Drohungen, sich schließlich hingibt und sich der Partei verkauft, deren Nachstellungen am hartnäckigsten waren.

Im ›Prêtre marié‹ sang Barbey d'Aurevilly das Lob Christi, dessen Versuchungen zum Erfolg geführt hatten; in ›Les Diaboliques‹ feierte der Autor den Teufel, dem er nachgegeben hatte, und damit trat der Sadismus in Erscheinung, dieser Bastard des Katholizismus, den die Religion jahrhundertelang in allen seinen Formen mit ihren Austreibungen und Scheiterhaufen verfolgt hatte.

Ein so eigentümlicher und so schlecht definierter Zustand kann in der Tat nicht in der Seele eines Ungläubigen geboren werden, besteht er doch nicht nur darin, daß man sich unter fleischlichen Exzessen windet, die von blutigen Mißhandlungen noch angefeuert werden, denn dann wäre er ja lediglich eine Abweichung vom Fortpflanzungstrieb, ein Fall von zu höchster Reife gelangter Satyriasis; er besteht vielmehr hauptsächlich in einer gotteslästerlichen Praxis, in einer moralischen Rebellion, in einer religiösen Ausschweifung, in einer völlig idealen, völlig christlichen Verirrung; er ist auch von einer durch die Furcht gedämpften Freude gekennzeichnet, einer Freude, vergleichbar der bösen Genugtuung von Kindern, die nicht hören wollen und mit verbotenen Dingen spielen, einzig weil die Eltern ihnen ausdrücklich deren Benutzung untersagt haben.

Bedeutete der Sadismus nicht auch ein Sakrileg, hätte er

keine Daseinsberechtigung; andererseits kann ein Frevel, der sich aus dem bloßen Vorhandensein einer Religion ergibt, absichtlich und in Kenntnis der Sache nur von einem Gläubigen verübt werden, denn der Mensch empfände kein Vergnügen daran, einen Glauben zu entweihen, der ihm gleichgültig oder unbekannt ist.

Die Macht des Sadismus, die Anziehungskraft, die er ausübt, siedelt also gänzlich in der verbotenen Lust, auf Satan die Huldigungen und Gebete zu übertragen, die man Gott schuldet; er siedelt also in der Nichteinhaltung der katholischen Vorschriften, die man sogar gegen den Strich noch befolgt, indem man etwa, um Christus noch schlimmer zu verhöhnen, die Sünden begeht, die er am nachdrücklichsten verdammt hat: die Schändung des Gottesdienstes und die Orgie der Fleischeslust.

Im Grunde war diese Praxis, der der Marquis de Sade seinen Namen vermacht hat, so alt wie die Kirche; sie grassierte im 18. Jahrhundert und hatte durch ein einfaches atavistisches Phänomen die gottlosen Hexensabbatgebräuche des Mittelalters wiedereingeführt, um nicht noch weiter zurückzugehen in der Geschichte.

Des Esseintes hatte nur den ›Malleus maleficorum‹, den schrecklichen Kodex des Jacob Sprenger befragt, der der Kirche erlaubte, Tausende von Geisterbeschwörern und Hexen zu verbrennen, um im Hexensabbat alle obszönen Praktiken und Blasphemien des Sadismus zu erkennen. Neben Szenen der Unreinheit, die dem Bösen so teuer sind, neben Nächten, die den zulässigen und den ungehörigen Paarungen geweiht und von bestialischer Brunst blutbefleckt waren, fand er auch hier eine Parodie auf die Prozessionen, ständig gegen Gott ausgestoßene Beleidigungen und Drohungen, die Aufopferung für Gottes Widersacher, während man, Brot und Wein verfluchend, eine schwarze Messe feierte auf dem Rücken einer auf allen Vieren verharrenden Frau, deren nackte und unablässig besudelte Kruppe als Altar diente, und die Teilnehmer aus Spott mit einer schwarzen Hostie kommunizierten, in deren Teig das Bild eines Bockes eingeprägt worden war.

Diese Ergüsse schmutziger Scherze und Schmähungen waren beim Marquis de Sade offenkundig, der seine furchterregende Wollust mit gotteslästerlichen Beschimpfungen würzte.

Er brüllte zum Himmel hinauf, rief Luzifer an, hieß Gott ein verächtliches Wesen, einen Verruchten und Dummkopf, spuckte auf das Abendmahl und versuchte sich darin, mit gemeinem Unflat eine Gottheit zu besudeln, von der er hoffte, sie möge ihn verdammen, indes er erklärte, um ihr noch mehr zu trotzen, daß sie nicht existiere.

Einer solchen Geisteshaltung kam Barbey d'Aurevilly nahe. Wenn er auch nicht so weit ging wie de Sade bei seinen abscheulichen Verwünschungen des Heilands, wenn er auch, vielleicht weil er klüger oder furchtsamer war, stets vorgab, die Kirche zu ehren, umwarb er doch nicht weniger den Teufel, wie dies im Mittelalter geschah, und auch er glitt, um Gott die Stirn zu bieten, in eine Erotomanie ab, als er sinnliche Ungeheuerlichkeiten ausheckte, als er gar aus ›La Philosophie au Boudoir‹ eine bestimmte Episode entlehnte, die er in seiner Erzählung ›Le Dîner d'un athée‹ mit neuen Gewürzen aufbereitete.

Dieses exzessive Buch erfreute Des Esseintes; daher hatte er ein Exemplar der ›Diaboliques‹ in Bischofsviolett mit kardinalroter Umrandung auf echtem Pergament auflegen lassen, das mit jenen alten Lettern gedruckt war, deren wunderliche Oberlängen und deren Unterlängen in Form von Ringelschwänzen und Klauen satanisch anmuteten.

Neben manchen Stücken Baudelaires, die in Nachahmung der Gesänge aus den Hexensabbatnächten höllische

Litaneien feierten, war dieser Band der einzige der gesamten zeitgenössischen apostolischen Literatur, der Zeugnis ablegte von der ebenso gottesfürchtigen wie gottlosen seelischen Verfassung, zu der die von neurotischen Anfällen angeregten Verlockungen des Katholizismus Des Esseintes oft getrieben hatten.

Mit Barbey d'Aurevilly war die Reihe der religiösen Schriftsteller zu Ende, obwohl dieser Paria eigentlich in jeder Hinsicht mehr der weltlichen Literatur als der religiösen zugehörte, in der er einen Platz forderte, den man ihm nicht zugestand. Seine wild romantische Sprache voll verdrehter Ausdrücke, ungebräuchlicher Wendungen, übertriebener Vergleiche peitschte seine Sätze auf, die, lärmende Kuhglocken schwingend, durch den Text dröhnten. Kurz: d'Aurevilly war wie ein Hengst unter den Wallachen, die die klerikalen Pferdeställe füllten.

Des Esseintes stellte solche Überlegungen an, während er wieder hier und da einige Passagen dieses Buches las, und wie er diesen nervösen, abwechslungsreichen Stil mit dem lymphatischen und festgefahrenen seiner Kollegen verglich, dachte er auch an die Entwicklung der Sprache, die Darwin so trefflich aufgezeigt hatte.

Barbey, der zu den Laien gehörte und in der romantischen Schule großgeworden war, verfügte zwangsläufig über eine Sprache, die zahlreiche und tiefe Veränderungen erfahren und sich seit dem großen Jahrhundert erneuert hatte.

Die Geistlichen hingegen, eingesperrt in ihren Bereich, gefangen in der immer gleichen, althergebrachten Lektüre, in Unkenntnis über die literarischen Bewegungen der Jahrhunderte und fest entschlossen, sich im äußersten Fall die Augen auszustechen, um sie nicht sehen zu müssen, bedienten sich notwendigerweise einer unwandelbaren Sprache wie der des 18. Jahrhunderts, die die in Kanada ansässigen Nachkommen der Franzosen noch heute fließend sprechen und schreiben, ohne daß eine Aussonderung von Wendungen oder Wörtern in ihrem Idiom, das vom ehemaligen Mutterland abgeschnitten und ringsum von der englischen Sprache umgeben war, je stattgefunden hätte.

Da kündete der Silberton einer Glocke, die ein kleines Angelus läutete, Des Esseintes an, daß das Mittagessen bereit stand. Er ließ seine Bücher liegen, tupfte sich die Stirn ab, lenkte seine Schritte zum Speisezimmer und sagte sich, daß unter all den Büchern, die er jetzt geordnet hatte, die Werke Barbey d'Aurevillys noch die einzigen waren, deren Gedanken und Stil diesen Hautgoût, diese morbiden Flecken, diese beschädigte Epidermis und diesen überreifen Geschmack aufwiesen, den er so genoß bei den dekadenten, lateinischen und den klösterlichen Autoren vergangener Zeiten.

XIII

Die Jahreszeit schritt voran, löste sich auf; alles war durcheinander geraten in diesem Jahr; nach den Regenschauern und Nebeln traten bis zur Weißglut erhitzte Himmel wie Bleche aus dem Horizont. Binnen zweier Tage folgte übergangslos eine sengende Hitze, eine entsetzliche Schwüle auf die feuchte Kälte der Nebel und den strömenden Regen. Wie von wütenden Feuerhaken geschürt, öffnete sich die Sonne wie ein Ofenloch und schoß ein fast weißes Licht ab, das die Augen verbrannte; ein Flammenstaub stob von den ausgedörrten Wegen auf und röstete die Bäume trocken und briet den Rasen gelb; die Rückstrahlung der mit Kalkmilch gestrichenen Mauer, die auf dem Zink der Dächer und den Fensterscheiben entzündeten Lichtfeuer machten blind; die Temperatur einer Schmelzhütte lastete auf Des Esseintes' Behausung.

Er öffnete ein Fenster, halb nackt wie er war, und bekam einen Schwall Gluthitze mitten ins Gesicht; das Speisezimmer, in das er sich flüchtete, war ein Backofen, und die dünn gewordene Luft kochte. Er setzte sich, leergepumpt, denn die Übererregung, die ihn aufrecht gehalten hatte, seitdem er beim Ordnen seiner Bücher seine Gedanken hatte schweifen lassen, war gewichen.

Wie alle von Neurosen gepeinigten Menschen drückte ihn die Hitze nieder; die von der Kälte in Schach gehaltene Blutarmut machte sich wieder spürbar und schwächte den ohnehin von heftigen Schweißausbrüchen angegriffenen Körper.

Das Hemd klebte ihm am nassen Rücken, mit feuchtem Damm, schwitzenden Beinen und Armen und der schweißüberströmten Stirn, von der salzige Tropfen über die Wangen rannen, hing Des Esseintes vernichtet auf seinem Stuhl; in einem solchen Augenblick drehte ihm der Anblick des auf dem Tisch angerichteten Fleisches den Magen um; er befahl, daß man es wegnehme, bestellte sich wachsweiche Eier und versuchte, etwas Brot, das er in die Eier tunkte, zu schlucken, aber es blieb ihm im Halse stecken; ein Brechreiz stieg ihm in den Mund; er trank einige Tropfen Wein, die ihm wie feurige Nadeln in den Magen stachen. Er trocknete sich das Gesicht; der eben noch lauwarme Schweiß floß nun kalt die Schläfen herab; er begann Eisstückchen zu lutschen, um die Übelkeit zu überlisten; es war vergeblich.

Eine grenzenlose Schlaffheit ließ ihn gegen den Tisch sinken; da er Luft brauchte, erhob er sich, doch die eingetunkten Brotstückchen hatten sich vollgesogen und stiegen langsam in der Kehle hoch, die sie verstopften. Niemals hatte er sich so beklommen, so zu Grunde gerichtet, so unwohl gefühlt, und jetzt trat noch eine Augenstörung hinzu: Er sah die Gegenstände doppelt, sie drehten sich um ihre eigene Achse; bald verschwammen die Entfernungen, sein Glas schien eine Meile weit weg von ihm zu stehen. Obwohl ihm das nur sagte, daß er der Spielball von Sinnestäuschungen war, fühlte er sich außerstande zu reagieren. Er ging in den Salon hinüber und streckte sich auf dem Kanapee aus, doch jetzt wiegte ihn das Schlingern eines fahrenden Schiffs und die Übelkeit nahm zu; er stand wieder auf und beschloß, durch einen Digestif diesen Eiern, die ihn erstickten, nachzuhelfen.

Er schleppte sich in das Speisezimmer zurück und verglich sich in dieser Kabine melancholisch mit einem seekranken Passagier. Er wankte auf den Schrank zu, betrachtete prüfend die Mundorgel, öffnete sie nicht, sondern griff auf dem darüber hängenden Bord nach einer Flasche Bénédictine, die er ihrer Form wegen behalten hatte und die sowohl süße, wollüstige als auch leicht mystische Gedanken anzuregen schien.

Doch gegenwärtig ließ sie ihn kalt, er betrachtete mit einem matten Auge diese gedrungene, dunkelgrüne Flasche, die ihn sonst an die Prioreien des Mittelalters erinnerte mit ihrem Mönchsbauch von einst, ihrem Kopf und ihrem Hals, die in einer Pergamentkapuze steckten, ihrem roten Wachssiegel, auf dem auf einem azurblauen Feld drei Silbermitren prangten und das am Flaschenhals wie eine Bulle mit Bleifäden versehen war, und mit ihrem Etikett aus vergilbtem, gleichsam von der Zeit ausgebleichtem Papier, worauf in klangvollem Latein stand: »Liquor Monachorum Benedictorum Abbatiae Fiscanensis.«

In dieser mit einem Kreuz und den kirchlichen Initialen P.O.M. signierten, ganz äbtlichen Hülle, die wie eine echte Charta in ihr Pergament und ihre Verschnürungen gezwängt war, schlummerte ein safranfarbener Likör von erlesener Feinheit. Er verbreitete die Quintessenz eines Aromas aus Engelswurz und Ysop, denen jod- und bromhaltige, durch Zuckerzusatz gemilderte Seegräser beigemengt waren, und regte den Gaumen durch eine unter einem ganz jungfräulichen, ganz novizenhaften Wohlgeschmack verborgene alkoholische Glut an und schmeichelte der Nase durch einen Hauch von Verderbtheit, die in eine kindliche und zugleich fromme Liebkosung gebettet war.

Über diese Scheinheiligkeit, die von dem außerordentlichen Mißverhältnis zwischen dem Behälter und dem Inhalt, zwischen dem liturgischen Umriß des Flacons und seiner ganz weiblichen, ganz modernen Seele herrührte, war er ehedem ins Träumen geraten; er hatte vor dieser Flasche auch lange über die Mönche nachgedacht, die sie verkauften, über die Benediktiner der Abtei von Fécamp, die dem für seine historischen Arbeiten berühmten Orden von Saint-Maur angehörten und die Regeln des heiligen Benedikt befolgten, aber keineswegs nach den Satzungen der weißen Mönche von Cîteaux oder der schwarzen Mönche von Cluny lebten. Sie schienen ihm unerschütterlich, so wie im Mittelalter, Heilkräuter zu ziehen, Retorten zu erhitzen und in Destillierkolben unfehlbare Allheilmittel und unbestreitbare Wunderwerke zusammenzubrauen.

Er trank einen Tropfen dieses Likörs und verspürte für ein paar Minuten Erleichterung, doch bald flammte das Feuer, das ein Schlückchen Wein in seinen Gedärmen entfacht hatte, wieder auf. Er warf seine Serviette weg, ging in sein Arbeitskabinett zurück und spazierte auf und ab; ihm war, als befände er sich unter einer Saugglocke, in der sich allmählich ein Vakuum herstellte, und eine entsetzlich süßliche Schwäche floß ihm aus dem Gehirn in alle Glieder. Er stemmte sich dagegen, da er es aber nicht mehr aushielt, flüchtete er sich, vielleicht zum ersten Mal seit seinem Einzug in Fontenay, in seinen Garten und suchte Schutz unter einem Baum, der ein Schattenrund warf. Auf dem Rasen sitzend, starrte er stumpfsinnig auf die Gemüsebeete, die die Dienstboten gepflanzt hatten. Er betrachtete sie, sah sie aber erst nach einer Stunde, denn ein grünlicher Nebel drehte sich vor seinen Augen und ließ ihn, wie auf dem Grunde des Wassers, nur undeutlich die Bilder wahrnehmen, deren Aussehen und Farbe sich veränderten.

Am Ende jedoch fand er sein Gleichgewicht wieder, und er erkannte klar Zwiebeln und Kohl, weiter entfernt ein Feld Kopfsalat und ganz hinten, die Hecke säumend, eine Reihe weißer Lilien, die reglos in der schwülen Luft standen.

Ein Lächeln kräuselte seine Lippen, entsann er sich doch plötzlich des befremdlichen Vergleichs, den der alte Nicander hinsichtlich der Form zwischen den Fruchtknoten der

Lilie und den Hoden des Esels zog, und auch eine Stelle bei Albertus Magnus fiel ihm ein, wo dieser Wundertäter ein sehr merkwürdiges Mittel preisgibt, wie man mit Hilfe eines Kopfsalates erfahren kann, ob ein Mädchen noch Jungfrau ist.

Diese Erinnerungen heiterten ihn ein wenig auf; er schaute sich den Garten genau an, interessierte sich für die in der Hitze welk gewordenen Pflanzen und für die glühende Erde, die rauchte in der brennend heißen Staubluft; da bemerkte er über der Hecke, die den tiefer liegenden Garten von der oberhalb verlaufenden und zum Fort hinaufführenden Straße trennte, ein paar Bengel, die sich im grellen Sonnenlicht balgten.

Er richtete seine ganze Aufmerksamkeit auf sie, als noch ein anderer, kleinerer, gemein aussehender auftauchte: er hatte seegrasartige Haare voller Sand, zwei grüne Blattern unter der Nase und eklige Lippen, die weiß verschmiert waren von Quark, der auf Brot gestrichen und mit gehacktem Schnittlauch bestreut worden war.

Des Esseintes sog schnüffelnd die Luft ein; ein krankhaftes Gelüst, eine Perversion bemächtigte sich seiner; diese unsägliche Stulle ließ ihm das Wasser im Munde zusammenlaufen. Ihm war, als verdaute sein Magen, der jede Nahrung verweigerte, diese eklige Speise, als genösse sein Gaumen sie wie einen Leckerbissen.

Er sprang mit einem Satz auf, lief in die Küche, ordnete an, daß man einen Laib Brot, Quark und Schnittlauch aus dem Dorf hole, gab Befehl, daß man ihm ganz genau die gleiche Brotschnitte mache wie die, an der das Kind nagte, und setzte sich dann wieder unter seinen Baum.

Die Knirpse prügelten sich jetzt. Sie rissen sich Brotfetzen aus den Händen, die sie sich in die Backen stopften, und lutschten sich die Finger ab. Es hagelte Fußtritte und Fausthiebe, und die Schwächeren, zu Boden gedrückt, schlugen mit den Beinen und heulten, wenn sie sich den Hintern auf dem Schotter abschürften.

Dieses Schauspiel belebte Des Esseintes; der Anteil, den er an der Schlacht nahm, lenkte seine Gedanken ab von seinem Leid. Angesichts der Erbitterung dieser bösen Rangen dachte er an das grausame und abscheuliche Gesetz des Lebenskampfes, und obwohl diese Kinder abstoßend waren, konnte er nicht umhin, ihr Los in Betracht zu ziehen und zu glauben, daß es besser für sie gewesen wäre, ihre Mutter wäre nicht mir ihnen niedergekommen.

Kopfausschlag, Koliken und Fieber, Masern und Ohrfeigen vom zartesten Alter an; Stiefeltritte und verdummende Arbeiten um das dreizehnte Lebensjahr; Schwindeleien der Frauen, Krankheiten und ein Leben als Hahnrei vom Mannesalter an; auch am Lebensabend Gebrechen und Todeskampf in einem Armenhaus oder einem Siechenheim.

Und allen stand letztlich die gleiche Zukunft bevor, und niemand, wenn er auch nur ein wenig gesunden Menschenverstand besaß, hatte dem anderen etwas zu neiden. Für die Reichen hielten sich, nur in einem anderen Milieu, die gleichen Leiden, die gleichen Scherereien, die gleichen Mühen, die gleichen Krankheiten bereit, auch die Genüsse waren ebenso mittelmäßig, ob es sich nun um alkoholische, literarische oder sinnliche handelte. Es gab sogar einen kleinen Ausgleich für alle Übel, eine Art Gerechtigkeit, die das Gleichgewicht des Unglücks zwischen den Klassen wiederherstellte, indem sie die Armen eher vom physischen Schmerz verschone, der den kraftloseren, ausgezehrteren Körper der Reichen erbarmungsloser überwältigte.

Welch ein Wahnsinn, Kinder zu zeugen! dachte Des Esseintes. Und wenn man dann noch bedenkt, daß die Geistlichen, die Unfruchtbarkeit gelobten, die Inkonsequenz so weit trieben, daß sie St. Vincenz de Paul heiligsprachen, weil er für Unschuldige unnötige Folterungen vorsah...!

Mit seiner verabscheuungswürdigen Behutsamkeit hatte dieser jahrelang den Tod noch unverständiger und unempfindlicher Wesen hinausgezögert, so daß sie, später dann fast verständig und auf jeden Fall leidensfähig geworden, das Kommende voraussehen und den Tod erwarten und fürchten konnten, den sie nicht einmal dem Namen nach gekannt hatten und den manche aus Haß auf dieses Verdammtsein zum Leben, das er ihnen aufgrund eines absurden theologischen Codex aufgezwungen hatte, herbeiriefen.

Und nachdem dieser Greis verschieden war, hatten seine Ideen an Geltung noch gewonnen; man las verwaiste Kinder auf, anstatt sie sanft, ohne daß sie es merkten, umkommen zu lassen; dabei wurde das Leben, das man ihnen erhielt, von Tag zu Tag härter und armseliger! Unter dem Vorwand der Freiheit und des Fortschritts hatte die Gesellschaft wieder einmal einen Weg gefunden, die elende Conditio des Menschen zu verschlimmern, indem sie ihn aus seinem Zuhause riß, ihn mit einem lächerlichen Kostüm herausputzte, ihm besondere Waffen gab und ihn durch das Sklavenjoch abstumpfte, von dem man die Neger einst aus Mitgefühl befreite, und all dies, um ihn in den Stand zu versetzen, seinen Nächsten zu ermorden, ohne das Schafott zu riskieren, wie die gewöhnlichen Mörder, die allein, ohne Uniform und mit leiseren und langsameren Waffen zu Werke gehen.

Welch eigenartige Zeit, sagte sich Des Esseintes, die unter Berufung auf die Interessen der Menschheit bestrebt ist, die Betäubungsmittel zur Unterdrückung des körperlichen Schmerzes zu vervollkommnen und gleichzeitig solche Stimulantien zur Verschlimmerung des seelischen Leids entwickelt!

Ah! wenn jemals im Namen des Mitleids die unnütze Fortpflanzung abgeschafft werden sollte, dann wäre dies der rechte Augenblick! Doch auch hier erwiesen sich die von einem Portalis oder einem Homais erlassenen Gesetze als erbarmungslos und seltsam.

Die Justiz fand den Betrug in Sachen Zeugung ganz natürlich; es war dies ein allgemein anerkanntes und zulässiges Vorgehen. Es gab keinen noch so reichen Haushalt, der seine Kinder nicht Spülungen aussetzte oder sich irgendwelcher Mittel bediente, die man frei verkaufte, und niemand käme es in den Sinn, dies zu mißbilligen. Blieben diese Vorsichtsmaßnahmen und Kunstgriffe aber wirkungslos, schlug der Betrug fehl und wandte man drastischere Mittel an, um ihn zu verüben, ah! dann gab es nicht genug Gefängnisse, nicht genug Besserungsanstalten, nicht genug Zuchthäuser, um die Leute einzusperren, die wiederum von anderen Individuen, mit bestem Gewissen übrigens, verurteilt wurden, welche am selben Abend in ihrem Ehebett auf Teufel komm raus falsch spielten, um keine Kinder in die Welt zu setzen!

Die Unterschlagung selbst war also kein Verbrechen, wohl aber die Reparatur einer Unterschlagung!

Mit einem Wort: in den Augen der Gesellschaft galt die Tat, die darin bestand, ein lebensfähiges menschliches Wesen zu töten, als Verbrechen; aber durch das Abstoßen eines Fötus vernichtete man ein Tier, das weniger ausgebildet, weniger lebendig und damit weniger verständig war und das häßlicher als ein Hund oder eine Katze aussah, die man aber ungestraft bei der Geburt erwürgen durfte!

Der Billigkeit halber muß hinzugefügt werden, dachte Des Esseintes, daß es nicht der ungeschickte Mann ist, der sich im allgemeinen beeilt unterzutauchen, sondern die Frau, das Opfer der Ungeschicklichkeit, die den Frevel büßt, ein unschuldiges Wesen vor dem Leben bewahrt zu haben!

Die Welt mußte wirklich voller Vorurteile sein, um natürliche Vorgehensweisen zu unterdrücken, die der Primitive, der Wilde in Polynesien rein instinktiv praktiziert.

Der Dienstbote unterbrach die barmherzigen Betrachtungen Des Esseintes', indem er ihm auf einem Tablett aus vergoldetem Silber die Brotschnitte brachte, die er gewünscht hatte. Der Magen drehte sich ihm um; er hatte nicht den Mut, in dieses Brot zu beißen, denn die krankhafte Übererregung seines Magens war gewichen; das Gefühl, völlig zerrüttet zu sein, war wieder da; er mußte aufstehen; die Sonne war weitergewandert und erreichte allmählich seinen Platz; die Hitze wurde noch drückender und heftiger.

»Werfen Sie dieses Quarkbrot«, sagte er zu seinem Diener, »den Kindern hin, die sich auf der Straße in Stücke reißen! Sollen sich die Schwächsten zu Krüppeln schlagen lassen und kein Krümelchen abbekommen, sollen sie von ihren Eltern dazu noch eine gewaltige Tracht Prügel beziehen, wenn sie mit zerrissenen Hosen und blauem Auge nach Hause kommen! Das gibt ihnen einen Vorgeschmack auf das Leben, das sie erwartet!«

Und er ging in sein Haus zurück und sank entkräftet in einen Sessel.

»Ich muß trotzdem versuchen, etwas zu mir zu nehmen«, sagte er sich. Und er tauchte versuchsweise einen Zwieback in einen alten Constantia von J.-P. Cloete, von dem er noch einige Flaschen im Keller hatte.

Dieser Wein von der Farbe leicht angesengter Zwiebelschalen, der einem lange gelagerten Malaga und dem Portwein nachschlug, aber eine eigenwillige, süße Blume und einen Nachgeschmack von Trauben hatte, deren Saft von glühenden Sonnenstrahlen konzentriert und sublimiert worden war, hatte ihn manchmal gelabt und seinem vom Zwangsfasten geschwächten Magen oft sogar neue Kraft gegeben; aber diesmal versagte die doch sonst so verläßliche Stärkung. Also hoffte er, daß ein mildes Mittel das heiße Eisen abkühlen könnte, das ihn verbrannte, und er griff auf den Nalifka zurück, einen russischen Likör in einer mattgolden glasierten Flasche; auch dieser sämige, himbeerhaltige Sirup tat keine Wirkung! Oh weh! Vorbei war die Zeit, da Des Esseintes über eine gute Gesundheit verfügte und an Hundstagen bei sich zu Hause in einen Schlitten stieg und dort, eingewickelt in Pelze, die er über der Brust zusammenraffte, sich bemühte, vor Kälte zu zittern und mit den Zähnen zu klappern und zu sich zu sagen: »Puh, dieser Wind ist eisig! Man erfriert hier, man erfriert hier!« Worauf es ihm gelang, sich fast glauben zu machen, es sei kalt!

Diese Mittel wirkten leider nicht mehr, seitdem seine Leiden echt waren.

Er konnte nicht einmal Opiumextrakt zu Hilfe nehmen; anstatt ihn zu besänftigen, erregte ihn dieses Beruhigungsmittel so sehr, daß es ihm mitunter den Schlaf raubte. Einst wollte er sich mit Opium und Haschisch Visionen verschaffen, aber diese beiden Substanzen hatten Erbrechen und heftige nervöse Störungen ausgelöst. Er hatte unverzüglich auf ihre Einnahme verzichten und ohne Unterstützung durch diese derben Reizstoffe einzig seinen Gedanken abverlangen müssen, ihn aus dem Leben fortzutragen, in die Träume hinein.

Was für ein Leben! sagte er jetzt zu sich, sich den Hals trocknend, und er fühlte, wie sich der Rest an Kraft, den er noch besaß, in einem neuen Schweißausbruch auflöste; eine fiebrige Unruhe hinderte ihn nun wieder daran, still zu sitzen; von neuem irrte er durch seine Räume, probierte eine nach der andern alle Sitzgelegenheiten aus. Des Kampfes müde, fiel er schließlich vor seinem Schreibtisch auf einen Stuhl und nahm automatisch, indem er sich auf die

Platte stützte, ein Astrolabium, das als Briefbeschwerer auf einem Stapel Bücher und Aufzeichnungen lag, in die Hand.

Er hatte dieses Instrument aus ziseliertem und vergoldetem Kupfer, das aus Deutschland aus dem 17. Jahrhundert stammte, bei einem Pariser Trödler nach einem Besuch im Museum von Cluny gekauft, wo er lange und verzückt vor einem wundervollen Astrolabium aus geschnitztem Elfenbein gestanden hatte, dessen kabbalistisches Aussehen ihn begeisterte.

Der Briefbeschwerer rührte einen ganzen Schwarm Erinnerungen in ihm auf. Seine Gedanken, durch den Anblick dieses Juwels angeregt und verwandelt, wanderten von Fontenay nach Paris zu dem Antiquitätenhändler, der ihn verkauft hatte, und gingen dann zurück bis zum Musée des Thermes, und im Geiste sah er das Astrolabium aus Elfenbein wieder vor sich, während seine Augen immer noch, ohne daß sie es wahrnahmen, auf dem Astrolabium aus Kupfer ruhten, das auf seinem Tisch lag.

Dann verließ er das Museum und flanierte, ohne aus der Stadt herauszugehen, er trieb sich auf der Rue du Sommerard und dem Boulevard Saint-Michel herum, zweigte ab in die Nebenstraßen und blieb vor einigen Lokalen stehen, deren Häufigkeit und ganz eigentümliches Aussehen ihn so manchesmal verblüfft hatten.

Seine Reise im Geiste, die wegen eines Astrolabiums begonnen hatte, endete bei den Kaschemmen im Quartier Latin.

Er entsann sich der Unmenge dieser Kneipen in der ganzen Rue Monsieur-le-Prince und in dem Teil der Rue de Vaugirard, die an das Odéon grenzt; mitunter standen sie dicht an dicht wie die alten »Riddecks« in der Straße der Heringsgracht in Antwerpen, zogen sich im Gänsemarsch hin und überragten die Bürgersteige mit fast gleichen Fassaden.

Durch halboffene Türen und unzulänglich von farbigen Scheiben oder Vorhängen verdunkelte Fenster erinnerte er sich, Frauen wahrgenommen zu haben, die sich bewegten wie Gänse, die watschelten und den Hals vorreckten; andere hingen kraftlos auf Bänken, wetzten sich die Ellbogen auf den Marmortischen blank und grübelten leise summend vor sich hin, die Schläfen zwischen den Fäusten; andere wieder wiegten sich vor dem Spiegel in den Hüften, zupften mit den Fingerspitzen ihr falsches, vom Friseur gelacktes Haar zurecht; noch andere holten aus großen Geldbeuteln mit ausgeleierten Schließen haufenweise Silber- und Sousstücke, die sie mechanisch zu kleinen Stapeln aufschichteten.

Die meisten hatten derbe Gesichtszüge, heisere Stimmen, schlaffe Busen und geschminkte Augen, und alle lockten sie, wie Automaten, die gleichzeitig mit demselben Schlüssel aufgezogen wurden, in der gleichen Tonlage mit den gleichen Aufforderungen, gaben mit dem gleichen Lächeln die gleichen verschrobenen Reden, die gleichen wunderlichen Ansichten von sich.

Gedankenverbindungen stellten sich her in Des Esseintes Geist, der nun, da er in der Erinnerung wie aus der Vogelperspektive diese Ansammlung von Kneipen und Straßen Revue passieren ließ, zu einer Schlußfolgerung gelangte.

Er begriff die Bedeutung dieser Bistros, die der seelischen Verfassung einer ganzen Generation entsprachen, und leitete daraus die Synthese der Epoche ab.

Denn die Symptome waren offensichtlich und unzweifelhaft; die Bordelle verschwanden, und sobald eines von ihnen schloß, wurde eine Kaschemme eröffnet.

Diese Verringerung der Prostitution, die dem Profit der verbotenen Liebe unterlag, rührte natürlich von den unbegreiflichen Illusionen der Männer über die Fleischeslust her.

So ungeheuerlich es scheinen mochte – die Kaschemme befriedigte ein Ideal.

Obwohl die ererbten und von den frühzeitigen Unhöflichkeiten und ständigen Brutalitäten der höheren Schulen noch geförderten zweckorientierten Wesenszüge die heutige Jugend ganz besonders unerzogen und ganz besonders nüchtern und kalt machten, hatte sie sich im Grunde des Herzens dennoch die alte blaue Blume, das alte Ideal einer ranzig gewordenen, unbestimmten Zuneigung bewahrt.

Wenn das Blut dieser Jugend kochte, konnte sie sich nicht dazu entschließen, einzutreten, zu verzehren, zu bezahlen und hinauszugehen; das war in ihren Augen tierisch, war die Brunst eines Hundes, der ohne Umstände eine Hündin deckt; hinzu kam, daß die Eitelkeit, die nicht befriedigt wurde, die Bordelle floh, wo es weder eine vorgetäuschte Ziererei noch den Anschein eines Sieges gab, weder eine erhoffte Bevorzugung noch eine Kulanz seitens der Verkäuferin, die ihre Zärtlichkeiten mit der Elle des Preises maß. Doch der Hof, den man einem Bierstubenmädchen machte, schonte die Empfindlichkeiten der Liebe, die zarten Gefühle. Um diese da stritt man sich, und diejenigen, denen ein Rendezvous zu gewähren, sie sich dann vermittels reichen Lohns herbeiließ, bildeten sich gutgläubig ein, über einen Rivalen triumphiert zu haben und der Gegenstand einer ehrenvollen Auszeichnung, einer seltenen Gunst zu sein.

Dabei waren diese Grisetten ebenso dumm, ebenso eigennützig, ebenso gemein und geldgierig wie die der Freudenhäuser. Auch sie tranken ohne Durst, lachten grundlos, waren vernarrt in derbe Liebkosungen, beschimpften sich und gerieten sich ohne Anlaß in die Haare; trotz allem hatte die Pariser Jugend immer noch nicht bemerkt, daß die Mädchen in den Kaschemmen von der körperlichen Schönheit her und was die Raffiniertheit und den notwendigen Putz betraf, den in den Luxussalons eingesperrten Frauen weit unterlegen waren! Mein Gott, sagte Des Esseintes zu sich, wie einfältig sie sind, diese Leute, die um die Bierstuben herumflattern; denn zu ihren lächerlichen Illusionen kommt auch noch hinzu, daß sie die Gefahr der abgetakelten und zweifelhaften Reize verkennen, daß sie kaum noch auf etwas achten: weder auf das Geld, das sie für eine Anzahl von Bestellungen ausgeben, die von der Wirtin im voraus veranschlagt werden, noch auf die verlorene Zeit des Wartens auf eine Lieferung, die, um den Preis zu erhöhen, verzögert wird, was das Trinkgeldspiel anregen und bestimmen soll!

Diese alberne Gefühlsduselei zusammen mit einer zweckmäßigen Härte stellte das vorherrschende Denken des Jahrhunderts dar; dieselben Leute, die ihrem Nächsten ein Auge ausgeschlagen hätten, um zehn Sous zu verdienen, verloren jede Klarsicht, jeden Spürsinn vor diesen unsauberen Schankwirtinnen, die sie erbarmungslos ausnahmen und ohne Unterlaß übervorteilten. Ganze Industrien arbeiten dafür, ganze Sippen saugten sich unter dem Vorwand der Geschäftstätigkeit gegenseitig aus, damit sie sich von ihren Söhnen das Geld stibitzen lassen konnten, die sich dann wieder von den Frauen neppen ließen, die zu guter Letzt von ihren Herzbuben ausgeplündert wurden.

In ganz Paris, von Ost nach West und von Norden nach Süden, war dies eine einzige Kette von Prellerei, ein Aufeinandertreffen von organisiertem Diebstahl, der sich von einem auf den andern übertrug, und dies alles, weil man, anstatt die Leute sogleich zufriedenzustellen, sie sich in Geduld üben und warten ließ.

Im Grunde bestand die Quintessenz der menschlichen Weisheit darin, die Dinge auf die lange Bank zu schieben, nein und schließlich doch ja zu sagen; denn man hatte die

Generationen nur wirklich in der Gewalt, wenn man sie hinhielt!

»Ach, wäre es nur auch mit dem Magen so!« stöhnte Des Esseintes, sich unter einem Krampf windend, der seinen weit abgeirrten Geist wieder nachdrücklich nach Fontenay zurückholte.

XIV

Mehr schlecht als recht verstrichen dank einiger Täuschungsmanöver, die den Argwohn des Magens überlisten konnten, ein paar Tage, doch eines Morgens wurden die Marinaden, die den Fettgeruch und den Blutgeschmack des Fleisches überdeckten, nicht mehr angenommen, und Des Esseintes fragte sich beklommen, ob seine schon große Schwäche noch zunehmen und ihn zwingen werde, das Bett zu hüten. Plötzlich fiel ein Lichtstrahl in seine Verzweiflung: er erinnerte sich, daß es einem seiner Freunde, der einst sehr krank gewesen war, mit Hilfe eines Dampfkochtopfes gelang, der Blutarmut Einhalt zu gebieten, den Verfall aufzuhalten und sich das wenige an Kraft, das er noch besaß, zu bewahren.

Er hetzte seinen Diener nach Paris, der dieses kostbare Utensil aufzutreiben hatte, und lehrte nach dem Prospekt, den der Hersteller beigelegt hatte, höchstpersönlich seine Köchin die richtige Art, das Roastbeef in kleine Stückchen zu schneiden, es trocken, nur mit einer Karotten- und Lauchscheibe, in diesen Zinntopf zu werfen, den Deckel zuzuschrauben und das ganze im Wasserbad vier Stunden zu kochen.

Nach Ablauf dieser Zeit preßte man die Fasern aus und trank einen Löffel des schlammtrüben salzigen Saftes, der sich auf dem Topfboden abgesetzt hatte. Da fühlte man es wie lauwarmes Mark, wie eine samtene Schmeichelei die Kehle hinabgleiten.

Diese Nahrungsessenz machte ein Ende mit dem Grimmen und dem Brechreiz des leeren Magens, der sogar angeregt wurde und einige Löffel Suppe nicht verweigerte.

Dank dieses Dampfkochtopfes hielt die Neurose inne, und Des Esseintes sagte zu sich: »Das ist nun schon einmal erreicht; vielleicht werden sich auch die Temperaturen ändern, vielleicht schüttet der Himmel etwas Asche auf diese abscheuliche Sonne, die mich auslaugt, und ich komme so ohne große Störungen bis zu den ersten Nebelschwaden, bis zur ersten Kältewelle.«

In dieser Erstarrung, dieser untätigen Langeweile, worin er versank, ärgerte ihn seine Bibliothek, die er nicht zu Ende geordnet hatte; da er sich aus seinem Sessel nicht mehr fortrührte, hatte er ständig seine weltlichen Bücher vor Augen, die schief auf den Regalbrettern standen, übereinanderlagen, sich gegenseitig stützten oder wie gekniffte Karten auf dem Rücken oder den aufgeschlagenen Seiten balancierten; diese Unordnung schockierte ihn um so mehr, als sie sich scharf von dem vollendeten Gleichgewicht der religiösen Werke abhob, die, sorgsam eingereiht, an den Wänden paradierten.

Er versuchte, diesen Wirrwarr zu beseitigen, aber nach zehn Minuten Arbeit war er schweißüberströmt; die Anstrengung erschöpfte ihn; ganz gebrochen mußte er sich auf einem Diwan ausstrecken. Er läutete nach seinem Diener.

Nach seinen Anweisungen machte sich der Alte ans Werk, er brachte ihm ein Buch nach dem andern, die er prüfend betrachtete und deren Platz er dann bestimmte.

Diese Arbeit nahm lediglich kurze Zeit in Anspruch, denn Des Esseintes' Bibliothek enthielt nur eine außergewöhnlich geringe Anzahl weltlicher, zeitgenössischer Werke.

Da er sie unentwegt durch sein Gehirn hatte ziehen lassen, so wie man Metallstangen ein stählernes Zieheisen passieren läßt, wo sie dünn, leicht, zu fast unsichtbaren Drähten reduziert, wieder herauskommen, hatte er schließlich nur noch Bücher in Besitz genommen, die einer solchen Behandlung widerstanden und gehärtet genug waren, um das Walzwerk einer neuen Lektüre auszuhalten; durch dieses Bemühen um Läuterung hatte er jeden Genuß beschnitten und fast keimfrei gemacht, denn er verschärfte so noch den heillosen Konflikt zwischen seinen Ideen und denen der Welt, in die der Zufall ihn hineingeboren hatte. Das Ergebnis war, daß er keine Schrift mehr entdecken konnte, die seine geheimen Wünsche befriedigte. Er entzog seine Bewunderung sogar den Werken, die gewiß dazu beigetragen hatten, ihm den Geist zu schärfen, ihn so argwöhnisch und feinsinnig zu machen.

In der Kunst waren seine Vorstellungen von einem einfachen Standpunkt ausgegangen: für ihn gab es keine Schulen, einzig das Temperament eines Schriftstellers war von Bedeutung, einzig die Arbeit seines Gehirns war von Belang, gleichgültig welches Thema er abhandelte. Leider war diese zutreffende Einschätzung, würdig eines La Palice, eigentlich nicht anwendbar; aus dem einfachen Grunde, weil jeder, obwohl bestrebt, sich seiner Vorurteile zu entledigen und sich aller Leidenschaftlichkeit zu enthalten, vorzugsweise zu den Werken greift, die seinem eigenen Temperament am nächsten kommen, und alle anderen letztlich in den Hintergrund schiebt.

Diese Auslese war langsam vor sich gegangen; einst hatte er den großen Balzac verehrt, doch in dem Maße, wie sein Organismus aus dem Gleichgewicht geriet und seine Nerven die Oberhand gewannen, hatten sich seine Neigungen geändert und seine Bewunderung gewandelt.

Bald, und obwohl er sich der Ungerechtigkeit gegen den wunderbaren Autor der ›Comédie Humaine‹ bewußt war, hatte er es dahin gebracht, daß er dessen Bücher nicht mehr aufschlug, weil ihre gesunde Kunst ihn fast ärgerte; andere Neigungen, für die es im Grunde keine Definition gab, rumorten nun in ihm.

Als er in sich ging, begriff er immerhin, daß ein Werk, um ihn anzuziehen, jenen absonderlichen Charakter haben mußte, den Edgar Poe forderte, aber er wollte sich gerne noch weiter vorwagen auf diesem Weg und rief nach einer byzantinischen Geistesflora, nach einer komplizierten Sprachdekadenz; er wünschte sich eine beunruhigende Unentschiedenheit, über der er ins Träumen geraten konnte, bis er aus ihr, je nach seiner seelischen Verfassung und ganz nach Belieben, etwas Vageres oder Festumrissenes gemacht hatte. Er wollte letztlich ein Kunstwerk sowohl um seiner selbst willen als auch um dessen willen, was es ihm zu geben imstande war; er wollte mit ihm, dank ihm, gleichsam unterstützt von einem Helfer und wie getragen von einem Fahrzeug, in eine Sphäre vorstoßen, wo ihn unversehens sublimierte Empfindungen erschütterten, nach deren Ursache er lange und vergeblich würde suchen müssen.

Schließlich hatte er sich, seitdem er Paris verlassen hatte, mehr und mehr von der Wirklichkeit und vor allem von der heutigen Welt entfernt, die er zunehmend verabscheute; dieser Haß hatte zwangsläufig auf seinen literarischen und künstlerischen Geschmack abgefärbt, und er wandte sich möglichst ab von Gemälden und Büchern, deren eng umgrenzte Themen sie dem modernen Leben zuwiesen.

Deshalb, und weil er die Fähigkeit verloren hatte, unterschiedslos die in welcher Form auch immer sich darbietende Schönheit zu bewundern, zog er bei Flaubert ›La Tentation de Saint Antoine‹ der ›L'Education sentimentale‹ vor, bei Goncourt ›La Faustin‹ der ›Germinie Lacerteux‹ und bei Zola ›La Faute de l'abbé Mouret‹ dem ›L'Assomoir‹.

Dieser Standpunkt schien ihm logisch; diese weniger unvermittelten, doch pulsierenden, lebendigen Werke verschafften ihm einen Zugang zu den tieferen Gründen des Temperaments dieser Meister, die mit aufrichtiger Hingabe die geheimnisvollsten Regungen ihres Wesens preisgaben, und sie hoben ihn, mehr als die anderen, hinaus aus dem trivialen Leben, dessen er so müde war.

Hinzu kam, daß er in eine deckungsgleiche Gedankenverbindung mit den Schriftstellern trat, die sie verfaßt hatten, weil sie sich zu jenem Zeitpunkt in einem dem seinen ähnlichen Geisteszustand befunden hatten.

Denn ist die Epoche, in der ein Mensch von Talent zu leben gezwungen ist, seicht und dumm, wird auch der Künstler, ohne daß er es vielleicht weiß, von der Sehnsucht nach einem anderen Jahrhundert heimgesucht.

Da er nur noch selten mit dem Milieu, in dem er lebt, harmoniert, da er dem Studium und der Analyse dieses Milieus und der Geschöpfe, die ihm ausgesetzt sind, keine Freude mehr abgewinnen kann, fühlt er etwas Eigenartiges in sich aufbrechen. Eine verschwommene Wanderlust keimt in ihm auf und nimmt in Betrachtung und Reflexion Gestalt an. Die ererbten Instinkte, Empfindungen und Neigungen erwachen, klären und drängen sich auf mit herrischer Sicherheit. Er entsinnt sich der Erinnerungen an Menschen und Dinge, die er persönlich nicht gekannt hat, und auf einmal kommt der Augenblick, da er gewaltsam aus dem Straflager seines Jahrhunderts ausbricht und in voller Freiheit in einer anderen Epoche umherstreift, mit der er besser übereingestimmt hätte, wie es eine letzte Illusion ihm vorgaukelt.

Bei den einen übersetzt sich das durch eine Rückkehr zu abgelebten Zeiten, zu versunkenen Zivilisationen, zu toten Epochen; bei den andern ist es ein Aufschwung zum Phantastischen, zum Traum, ist es eine mehr oder weniger mächtige Vision einer in ferner Zukunft blühenden Zeit, deren

Bild unwissentlich und durch einen atavistischen Effekt jenes vergangener Epochen widerspiegelt.

Bei Flaubert fand man feierliche, machtvolle Gemälde, grandiosen Prunk in einem barbarischen und glänzenden Rahmen, worin glühende und zarte, geheimnisvolle und hochmütige Geschöpfe ihre Kreise zogen, aber auch Frauen, die unter ihrer vollendeten Schönheit leidende Seelen verbargen, in deren Tiefe er eine entsetzliche Zerrüttung, ein wahnwitziges Verlangen ausmachte; Frauen, die tieftraurig waren über die schreckliche Mittelmäßigkeit der vergangenen und der noch kommenden Lüste.

Das ganze Temperament des großen Künstlers explodierte auf den unvergleichlichen Seiten der ›Tentation de Saint Antoine‹ und der ›Salammbô‹, wo er, unserem kleinlichen Leben entrückt, den asiatischen Glanz versunkener Zeitalter, ihre mystischen Ergüsse und ihre Niedergeschlagenheit, ihren Wahnsinn und ihre von der drückenden Langeweile hervorgerufenen Grausamkeiten beschwor, einer Langeweile, die von der Opulenz und dem Gebet herrührt, noch bevor man beide bis zur Neige ausgekostet hat.

Bei Goncourt war es die Sehnsucht nach dem soeben vergangenen Jahrhundert, eine Rückkehr zur Eleganz einer auf immer verschwundenen Gesellschaft. Die gigantische Kulisse von brandenden Meeren, von Wüsten, die sich unter glühend heißen Firmamenten ins Unendliche verlieren, gab es in seinem nostalgischen Werk nicht, das sich auf ein in der Nähe eines Parks gelegenes Boudoir beschränkte, welches gut temperiert war von den wollüstigen Ausdünstungen einer Frau mit müdem Lächeln, perversem Schmollmund, rebellischen und nachdenklichen Pupillen. Die Seele, die er seinen Gestalten verlieh, war nicht mehr die Seele, die Flaubert seinen Geschöpfen einhauchte, jene im voraus gegen die unerbittliche Gewißheit, daß schlechterdings kein neues Glück möglich war, aufbegehrende Seele;

bei ihm begehrte die Seele im nachhinein und aus Erfahrung auf gegen all die nutzlosen Anstrengungen, die sie unternommen hatte, um unerhörte geistige Verbindungen zu schaffen und um dem unvergeßlichen Lustempfinden abzuhelfen, das sich in der mehr oder minder erfinderischen Befriedigung der Paare von Jahrhundert zu Jahrhundert fortpflanzt.

Obwohl sie unter uns lebte und mit Haut und Haaren unserer Zeit angehörte, war die ›Faustin‹ durch die Einflüsse ihrer Vorfahren eine Kreatur des vergangenen Jahrhunderts, von dem sie die Seelenfärbung, die geistige Mattigkeit und sinnliche Erschöpfung hatte.

Dieses Buch Edmond de Goncourts war einer der von Des Esseintes am meisten gehätschelten Bände; denn die Anregung zum Träumen, die er erwartete, war im Überfluß vorhanden in diesem Werk, wo hinter der geschriebenen Zeile eine andere aufschien, einzig dem Geist sichtbar und von der Art, daß sie Durchblicke auf eine Leidenschaft eröffneten, von einer Verhaltenheit, die das Grenzenlose der Seele erahnen ließ, das kein Idiom zu fassen vermocht hätte; hier wurde auch nicht mehr Flauberts Sprache gesprochen, diese Sprache unnachahmlicher Größe, hier wurde ein scharfsinniger und morbider, ein nervöser und geschraubter Stil gepflegt, der sorgfältig den nicht greifbaren Eindruck notierte, der die Sinne trifft und die Empfindung bestimmt, ein Stil, der sich darauf versteht, die komplizierten Nuancen einer Epoche, die schon an sich einzigartig komplex war, wiederzugeben. Es war dies alles in allem die richtige Sprache für altersschwache Zivilisationen, die, in welchem Zeitalter sie auch entstehen mögen, zum Ausdruck ihrer Bedürfnisse neue Bedeutungen und Wendungen und neue Gußformen sowohl der Sätze als auch der Wörter erfordern.

In Rom hatte das zu Ende gehende Heidentum seine

Prosodie geändert und mit Ausonius, mit Claudian und Rutilius seine Sprache verwandelt, deren sorgfältiger und gewissenhafter, berauschender und klangvoller Stil vor allem in den Schilderungen von Reflexen, Schatten und Nuancen, eine unfehlbare Verwandtschaft mit dem Stil der Goncourts aufweist.

In Paris hatte sich etwas Einzigartiges in der Literaturgeschichte ereignet: die im Sterben liegende Gesellschaft des 18. Jahrhunderts, die Maler, Bildhauer, Musiker und Architekten gehabt hatte, die von ihrem Geschmack und von ihren Doktrinen durchdrungen waren, hatte keinen wirklichen Schriftsteller herausbilden können, der ihre morbide Eleganz wiedergab und die Essenz ihrer fiebrigen, so bitter gesühnten Freuden ausdrückte; man hatte warten müssen, bis de Goncourt in Erscheinung trat, dessen Temperament aus Erinnerungen und einem tiefen Bedauern über das schmerzliche Schauspiel des intellektuellen Elends und über das gemeine Trachten seiner Zeit bestand, damit er, nicht nur in seinen geschichtlichen Werken, sondern auch in einem rückwärts gewandten Buch wie ›La Faustin‹, die Seele eben jener Epoche wieder zum Leben erwecke und ihre nervösen Feinheiten in dieser Schauspielerin verkörpere, die sich Herz und Hirn zermarterte, um bis zum letzten Tropfen die schmerzhaften Reizmittel Liebe und Kunst auszukosten!

Bei Zola war die Sehnsucht nach etwas Jenseitigem anders; er verspürte nicht die geringste Lust zu den versunkenen Regimen zu den in der Nacht der Zeiten untergegangenen Welten zu wandern; sein starkes, gefestigtes Temperament, das die Üppigkeit des Lebens, der blutvollen Kräfte und der geistigen Gesundheit liebte, hielt ihn sowohl von der künstlichen Anmut und der geschminkten Bleichsucht des vergangenen Jahrhunderts als auch von der hieratischen Feierlichkeit, der brutalen Unbarmherzigkeit und den weibischen und zweideutigen Träumereien des alten Orients fern. An dem Tag, da auch für ihn die Sehnsucht und das Bedürfnis, welches letztlich die Dichtkunst schlechthin bedeutet, der Gegenwart zu entfliehen, zur Obsession wurde, stürmte er hinaus in eine ideale Landschaft, in der der Lebenssaft in der Sonne kochte; er ersann phantastische Himmelsbrünste, lang anhaltende Verzückungen der Erde, befruchtende Pollenregen, die auf die begierigen Organe der Blüten fielen; er gelangte zu einem gigantischen Pantheismus, schuf, unwissentlich vielleicht, mit diesem paradiesischen Milieu, dahin er seinen Adam und seine Eva stellte, eine ungeheure Hindudichtung, die durch ihren Stil, der mit seinen grell aufgetragenen, breitflächigen Farben die bizarre Herrlichkeit indischer Malerei hatte, hymnisch die Fleischlichkeit, die beseelte, lebendige Stofflichkeit besang und durch ihre Zeugungswut dem menschlichen Wesen die verbotene Flucht der Liebe, ihre Atemnot, ihre instinktiven Zärtlichkeiten und natürlichen Posen offenbarte.

Mit Baudelaire waren es diese drei Meister der modernen, weltlichen französischen Literatur, die Des Esseintes' Geist am meisten gefesselt und geformt hatten, doch da er sie ständig wiederlas, übersättigt war von ihren Werken und sie alle ganz und gar auswendig kannte, hatte er sich, um sie wieder neu aufnehmen zu können, zwingen müssen, sie zu vergessen und sie einige Zeit auf ihrem Bord in Ruhe zu lassen.

Daher schlug er sie jetzt, als der Dienstbote sie ihm reichte, kaum auf. Er begnügte sich damit, den Platz anzugeben, wo sie stehen sollten, und achtete darauf, daß sie richtig und sorgsam eingeordnet wurden.

Der Diener trug einen neuen Stapel von Büchern herbei; diese bedrückten ihn mehr; es waren Bücher, zu denen er sich erst allmählich hingezogen gefühlt hatte, Bücher, durch die er sich, gerade ihrer Schwächen wegen, von der Perfektion der gestandenen Schriftsteller erholte; auch hier hatte Des Esseintes, aus seinem Streben nach Verfeinerung heraus, auf verschwommenen Seiten nach Sätzen geforscht, die eine Art Elektrizität ausstrahlten, die ihn zusammenzucken ließ, gerade weil sie ihr Fluidum in einer auf den ersten Blick widerspenstigen Umgebung entluden.

X Unvollkommenheit gefiel ihm, vorausgesetzt, sie war weder parasitär noch unterwürfig, und vielleicht lag ein Quentchen Wahrheit in seiner Theorie, daß ein untergeordneter Schriftsteller der Dekadenz, ein noch über Persönlichkeit verfügender, aber nicht vollkommener Schriftsteller, einen irritierenderen, anregenderen und herberen Balsam zusammenbraut als der Künstler derselben Epoche, der wahrhaft groß und wahrhaft vollkommen ist. Seiner Meinung nach entdeckte man in den turbulenten Ausschweifungen eines solchen Schriftstellers den stärksten Gefühlsüberschwang, die morbidesten psychologischen Launen, die auf die Spitze getriebene Entartung der Sprache, die in ihrer letzten Verweigerung noch einmal die aufschäumenden Salze der Empfindungen und Ideen enthalten soll.

Daher wandte er sich nach den Meistern folgerichtig einigen Autoren zu, die ihm die Verachtung, die ein sie nicht begreifendes Publikum für sie übrig hatte, noch genehmer und teurer machte.

Einer von ihnen, Paul Verlaine, hatte einst mit einem Gedichtband debütiert, den ›Poèmes saturniens‹, fast schwachsinnigen Versen, in denen Nachbildungen Leconte de Lisles und romantische Rhetorikübungen aufeinandertrafen, wo aber bereits bei manchen Stücken, wie bei dem Sonett ›Rêve familier‹ die wahre Persönlichkeit des Dichters durchsickerte.

Bei der Suche nach seinen Vorbildern stieß Des Esseintes

schon bei den ersten unsicheren Entwürfen auf ein Talent, das tief von Baudelaire durchdrungen war, dessen Einfluß sich später noch besser herauskristallisierte, ohne daß die vom unvergänglichen Meister gewährte Unterstützung zu auffällig gewesen wäre.

Doch etliche seiner Bücher wie ›La Bonne Chanson‹, ›Les Fêtes Galantes‹, ›Romances sans Paroles‹ und schließlich das letzte, ›Sagesse‹, enthielten Gedichte, mit denen sich der originelle Autor scharf von der Menge seiner Kollegen abhob.

Sein Vers, ausgestattet mit Reimen, die durch die Zeitformen der Verben und bisweilen sogar durch lange Adverben erzielt wurden, denen ein einsilbiges Wort vorausging, wovon sie in einer schweren Wasserkaskade wie von einem Felsrand herabstürzten, sein Vers also, den unglaubliche Zäsuren zerschnitten, schlug oft ins merkwürdig Abstruse um mit seinen kühnen Ellipsen und seltsamen Unkorrektheiten, die gleichwohl nicht der Anmut entbehrten.

Er wußte besser als jeder andere mit der Metrik umzugehen und hatte den Versuch unternommen, die einer starren Form gehorchenden Gedichte zu verjüngen: so das Sonett, das er auf den Kopf stellte, gleich den japanischen Fischen aus buntem Ton, die mit den Kiemen nach unten auf ihrem Sockel ruhen; oder er verdarb es, indem er nur männliche Reime paarte, für die er eine Vorliebe zu haben schien. Er hatte auch oft eine merkwürdige Form verwandt, eine Strophe von drei Versen, deren mittlerem kein Reim zugestanden wurde, oder eine Terzine mit einem Reim, auf den ein einziger Vers folgte, der als Refrain gedacht war und mit sich selbst Echo spielte wie das ›Dansons la gigue‹ in ›Streets‹; aber er hatte noch ganz andere Rhythmen genommen, in denen der verschwommene Klang nur in den entfernten Strophen hörbar war wie ein verhallender Glockenton.

Doch seine Persönlichkeit zeigte sich vor allem darin,

daß er halblaut, in der Dämmerung gleichsam, vage und köstliche Geständnisse auszudrücken vermocht hatte. Er allein konnte gewisse verwirrende Jenseitigkeiten der Seele, ein leises Flüstern der Gedanken, gemurmelte, unterbrochene Geständnisse ahnen lassen, daß das Ohr, das sie wahrnahm, zögernd verharrte, der Seele die Wehmut weiterzugeben, die durch das Geheimnis dieses mehr erahnten als erfühlten Hauchs entfacht wurde. Verlaines ganze Tonkunst war in diesen bewunderungswürdigen Versen der ›Fêtes galantes‹ enthalten:
Le soir tombait, un soir équivoque d'automne,
Les belles se pendant rêveuses à nos bras,
Dirent alors des mots si spécieux tout bas,
Que notre âme depuis ce temps tremble et s'étonne.[1]
Das war nicht mehr der unendliche Horizont, den Baudelaires unvergeßliche Türen eröffnet hatten, das war, im Mondlicht, ein Spalt, der seinen Schein auf ein begrenztes, intimeres Feld warf, das dieser Autor ganz für sich besaß, der im übrigen in den folgenden Versen, nach denen Des Esseintes süchtig war, sein dichterisches Credo formulierte:
Car nous voulons la nuance encore,
Pas la couleur, rien que la nuance
. . . .
Et tout le reste est littérature.[2]
Gerne hatte ihn Des Esseintes durch seine so verschiedenartigen Werke begleitet. Nach seinen in Sens in einem Zeitungsverlag erschienenen ›Romances sans paroles‹ war Verlaine recht lange verstummt, dann war er wieder aufgetaucht mit reizenden Versen, in denen der sanfte und der starre Akzent Villons mitschwang, Versen, die die heilige Jungfrau besangen, »die unseren Tagen der Fleischeslust und des traurigen Fleisches ferne ist«. Des Esseintes las oft in diesem Band ›Sagesse‹ und suggerierte sich vor den

Gedichten geheime Träume, Fiktionen einer eingebildeten, heimlichen Liebe zu einer byzantinischen Madonna, die sich in einem bestimmten Augenblick in eine Cydolise, die sich in unser Jahrhundert verirrt hatte, verwandelte und so geheimnisvoll und verwirrend wirkte, daß man nicht in Erfahrung bringen konnte, ob sie eine ungeheuerliche Verderbtheit anstrebte, die kaum erfüllt, eine unwiderstehliche Kraft ausübte; oder ob sie sich selbst in den Traum stürzte, in einen unbefleckten Traum, wo die Anbetung der Seele sie in einem ewig reinen Zustand umschweben würde.

Noch andere Dichter brachten ihn dazu, sich ihnen anzuvertrauen: Tristan Corbière, der 1873 unter allgemeiner Teilnahmslosigkeit eines der exentrischsten Bücher mit dem Titel ›Les Amours jaunes‹ herausgebracht hatte. Des Esseintes, der in seinem Haß auf alles Banale und Gängige die wildesten Verrücktheiten, die barockesten Extravaganzen akzeptierte, verbrachte beschwingte Stunden mit diesem Buch, in dem sich Abstruses mit einer zerfahrenen Energie paarte, beunruhigende Verse in Gedichten von vollendeter Undeutlichkeit aufstrahlten, wie etwa die Litaneien im ›Sommeil‹, im ›Schlaf‹, den er einmal als OBSZÖNEN BEICHTVATER DER TOTGEBORENEN FRÖMMLERINNEN bezeichnete. Das war nun kaum französisch; der Autor brabbelte ein Negerkauderwelsch, griff zum Telegrammstil, trieb Mißbrauch mit der Auslassung der Verben, tat so, als spottete er, machte die schlechten Witze eines unausstehlichen Handlungsreisenden, und auf einmal drehten und wanden sich in diesem Wirrwarr schnurrige Späße und zweideutige Schnörkel, plötzlich erscholl ein spitzer Schmerzensschrei, gleich einer zerspringenden Cellosaite. Dazu blitzten in diesem holprigen, trockenen, bewußt fleischlosen und mit ungebräuchlichen Vokabeln und überraschenden Neologismen gespickten Stil wie ein Wetterleuchten wirkliche Wortschöpfungen, Nomadenverse, ohne Reim und erlesen; überdies hatte Tristan Corbière neben seinen ›Poèmes parisiens‹, in denen Des Esseintes folgende, profane Definition der Frau auffiel: Das ewig Weibliche des ewigen Pantoffelhelden, in einem Stil von gewaltiger Dichte das Meer der Bretagne, die Seemannsbordelle und die Wallfahrt nach Sainte-Anne gefeiert, ja er hatte sich sogar bis zu einem beredsamen Haß gesteigert in den Beleidigungen, mit denen er, im Zusammenhang mit dem Truppenlager von Conlie, die Individuen überhäufte, die er die »Schießbudenfiguren des Vierten September« nannte.

Diesen Wildbretgeruch, nach dem er so lüstern war und der ihm von diesem Dichter mit seinen verkrampften Beiwörtern, seinen stets etwas suspekt anmutenden Schönheiten geboten wurde, fand Des Esseintes noch bei einem anderen Dichter, bei Théodore Hannon, einem Schüler Baudelaires und Gautiers, der einen sehr besonderen Sinn für gesuchte Eleganz und künstliche Wonnen hatte.

Im Gegensatz zu Verlaine, der geradewegs von Baudelaire abstammte, was die psychologische Seite, die verfängliche Nuance der Gedanken und die kluge Kenntnis des Gefühls betraf, war Théodore Hannon vor allem durch das Plastische, durch die äußere Sicht der Wesen und Dinge ein Abkömmling des Meisters.

Seine charmante Verderbtheit entsprach verhängnisvoll den Neigungen Des Esseintes', der sich an Nebel- und an Regentagen in das von diesem Dichter ersonnene Refugium zurückzog und sich die Augen an seinen schillernden Stoffen, an seinen glühenden Steinen, an seiner ganz und gar materiellen Prachtentfaltung berauschte, die zur Erregung des Gehirns beitrug und wie der Puder aus der spanischen Fliege in einer Wolke lauen Weihrauchs zu einer Abgöttin mit geschminktem Antlitz und parfumgegerbtem Bauch aufstieg.

Mit Ausnahme dieser Dichter und Stéphane Mallarmés, den beiseite zu legen er seinem Diener einschärfte – denn er sollte gesondert eingeordnet werden –, fühlte sich Des Esseintes nur wenig hingezogen zu den Dichtern.

Trotz seiner großen Form, trotz der imposanten Gestalt seiner Verse, die so strahlend dastanden, daß selbst Hugos Hexameter im Vergleich dazu stumpf und dumpf schienen, vermochte ihn Leconte de Lisle nun nicht mehr zu befriedigen. Die von Flaubert so wunderbar wieder zum Leben erweckte Antike blieb zwischen seinen Händen reglos und kalt. Nichts pochte in diesen fassadenhaften Versen, die zumeist nicht einmal von einer Idee abgestützt wurden; nichts lebte in diesen öden Gedichten, deren gefühllose Mythologien ihn am Ende eiskalt ließen. Andererseits erlahmte auch Des Esseintes' Interesse an Gautiers Werk, das er doch lange gehegt hatte; seine Bewunderung für den unvergleichlichen Maler, der dieser Mann war, hatte jeden Tag ein bißchen mehr abgenommen, und nun beugte er sich eher erstaunt denn entzückt über diese in gewisser Weise gleichgültigen Beschreibungen. Der Eindruck der Gegenstände hatte sich seinem wachen Auge eingeprägt, hatte sich nur dort festgesetzt und war nicht weiter vorgedrungen bis in den Geist und ins Fleisch; wie ein wunderbarer Spiegel hatte Gautier sich immer nur darauf beschränkt, mit unpersönlicher Klarheit die Umgebung zurückzustrahlen.

Gewiß, Des Esseintes liebte noch die Werke dieser beiden Dichter, so wie er seltene Steine und tote und kostbare Dinge liebte, doch konnte keine Variation dieser vollkommenen Instrumentalisten ihn noch in Begeisterung versetzen, da keine ein Traumleiter war, da keine, zumindest nicht für ihn, jenen lebensvollen Ausblick eröffnete, der ihm erlaubte, den langsamen Flug der Stunden zu beschleunigen.

Er tauchte nüchtern wieder auf aus ihren Büchern, und ebenso erging es ihm mit denen Hugos: das Orientalische und Patriarchalische war zu konventionell, zu leer, als daß es ihn hätte fesseln können, und das Kindermädchenhafte und zugleich Großväterliche erbitterte ihn; er mußte schon zu den ›Chansons des rues et des bois‹ greifen, um vor der untadeligen Jongliererei seiner Metrik aufzulachen; doch wie gerne hätte er letztlich all diese Kunststückchen gegen ein neues Werk von Baudelaire eingetauscht, das dem alten gleichkäme. Denn dieser war entschieden fast der einzige, dessen Verse unter ihrer herrlichen Rinde ein balsamisches und nahrhaftes Mark enthielten!

Bei diesem Springen von einem Extrem ins andere, von der ideenlosen Form zu den formlosen Ideen, blieb Des Esseintes argwöhnisch und abweisend. Stendhals psychologische Irrgärten, Durantys analytische Umwege lockten ihn schon, aber ihre farblose, dürre Verwaltungssprache, ihre gemietete Prosa, gerade gut genug für die gemeine Theaterindustrie, stießen ihn ab. Um die Wahrheit zu sagen: ihre interessante, hinterlistige Zergliederungsarbeit beschäftigte sich mit Gehirnen, die von Leidenschaften aufgewühlt wurden, ihn aber nicht berührten. Er scherte sich kaum um die allgemeinen Gefühle, die gängigen Gedankenverbindungen, jetzt, da sich seine geistige Verhaltenheit zuspitzte und er nur noch überfeinerte Empfindungen und einen katholischen und sinnlichen Aufruhr gelten ließ.

Damit er in den Genuß eines Werkes kam, das, seinen Wünschen gemäß, einen messerscharfen Stil mit einer durchdringenden und geschmeidigen Analyse verband, mußte er sich an den Meister der Induktion, an den tiefsinnigen und befremdlichen Edgar Allan Poe halten, für den sich seine Liebe während der Zeit, da er ihn las und wieder las, nicht hatte abschwächen können.

Vielleicht mehr als jeder andere antwortete dieser durch eine enge Verwandtschaft auf Des Esseintes' gedankliche Bestrebungen.

Hatte Baudelaire aus den Hieroglyphen der Seele das Altern der Gefühle und Gedanken dechiffriert, so hatte jener innerhalb der Psychologie des Krankhaften, insbesondere das Gebiet des Willens erforscht.

Er hatte als erster in der Literatur unter dem emblematischen Titel ›The Imp of the Perverse‹ jene unwiderstehlichen Triebe ausgespäht, denen der Wille unwissentlich ausgesetzt ist und die die Gehirnpathologie jetzt fast zuverlässig erklären kann; als erster auch hatte er auf den depressiven Einfluß der Angst, die auf den Willen einwirkt, wenn nicht genau hingewiesen, so doch zumindest aufmerksam gemacht, ebenso wie auf die Betäubungsmittel, die die Sensibilität lähmen, und das Curare, das die Nervenmotorik zerstört; auf diesen Punkt, auf die Lethargie des Willens hatten sich seine Untersuchungen konzentriert, als er die Wirkungen dieses seelischen Giftes analysierte, die Symptome des Verlaufs angab – die Störungen, die mit Angstzuständen beginnen, sich mit Beklemmungen fortsetzen und dann endlich in Panik umschlagen, die die Willensäußerung erstarren läßt, ohne daß die Intelligenz, obwohl davon berührt, ins Wanken geriete.

Er hatte den Tod, mit dem alle Dramatiker soviel Mißbrauch trieben, gewissermaßen zugespitzt und zu etwas anderem gemacht, indem er ein algebraisches und übermenschliches Element in ihn einführte; aber er beschrieb eigentlich weniger die wirkliche Agonie des Sterbenden als die seelische Agonie des Überlebenden, der vor dem beklagenswerten Bett von monströsen Halluzinationen überfallen wurde, die der Schmerz und die Müdigkeit hervorbringen. Mit einer abscheulichen Faszination ließ er sich über das Wirken des Grauens, über das Brüchigwerden des Willens aus, legte das alles kalt dar und schnürte dem angesichts dieser fiebrig und mechanisch aufgebauten Albträume erstickenden und keuchenden Leser langsam den Hals zu.

Seine Geschöpfe, die sich wanden unter den Krämpfen der ererbten Neurosen, die den Verstand verloren über ihren moralischen Veitstänzen, lebten nur durch ihre Nerven; seine Frauen besaßen eine ungeheure, von den Nebeln der deutschen Philosophie und den kabbalistischen Geheimnissen des alten Orients getränkte Gelehrsamkeit, und alle hatten sie die knabenhaften und leblosen Brüste von Engeln, alle waren sie sozusagen geschlechtslos.

Baudelaire und Poe, diese beiden Geister, die man oft in einem Atemzug ihrer gleichen Poetik wegen nannte, ihres gemeinsamen Hangs zum Studium der Geisteskrankheiten, unterschieden sich grundlegend durch ihre Auffassung des Gefühlslebens, das einen solch breiten Raum einnahm in ihrem Werk; hier Baudelaire in seiner entstellten und unbilligen Liebe, deren Grausamkeit an die Repressalien einer Inquisition gemahnte; dort Poe in seiner keuschen, ätherischen Liebe, in der die Sinne nicht vorkamen, in der allein das Gehirn erigierte, ohne seine Entsprechung in Organen zu finden, die, wenn es sie gab, für immer vereist und jungfräulich blieben.

Die Hirnklinik, wo dieser geistige Chirurg, in einer beklemmenden Atmosphäre vivisezierend, seiner Phantasie anheimfiel, sobald seine Aufmerksamkeit ermüdete, und dann wie köstliche Ausdünstungen mondsüchtige und engelsgleiche Erscheinungen ausschwitzte, stellte für Des Esseintes eine Quelle unermüdlicher Mutmaßungen dar; nun aber, da sich seine Neurose aufs höchste gesteigert hatte, gab es Tage, an denen ihn diese Lektüre gänzlich verstörte, Tage, an denen er mit zitternden Händen und lauerndem Ohr dasaß und sich wie der unselige Usher von einer irrsinnigen Trance, einem dumpfen Schrecken überwältigt fühlte.

Deshalb mußte er sich mäßigen, durfte er kaum noch diese furchterregenden Elixiere anrühren; ebensowenig durfte er ungestraft seine rote Diele in Augenschein nehmen und sich berauschen an seinen finsteren Odilon Redons oder an den Marterungen des Jan Luyken.

Doch, wenn er sich in einer derartigen Geistesverfassung befand, kam ihm jede Literatur fade vor nach den schrecklichen, aus Amerika eingeführten Zaubertränken. Nun wandte er sich Villiers de L'Isle-Adam zu, in dessen ungleichem Werk er durchaus aufwieglerische Beobachtungen, krampfartige Vibrationen ausmachte, die aber, mit Ausnahme seiner Claire Lenoir vielleicht, kein erregendes Grauen mehr auslösten.

Diese Claire Lenoir, 1867 in der ›Revue des lettres et des arts‹ erschienen, eröffnete eine Reihe von Novellen, die unter dem Gattungsnamen ›Histoires moroses‹ zusammengefaßt waren. Vor dem Hintergrund obskurer, dem alten Hegel entliehener Spekulationen trieben aus der Bahn geratene Kreaturen ihr Unwesen, ein förmlicher und kindischer Doktor Tribulat Bonhomet, eine lotterhafte, unheilvolle Claire Lenoir mit blauen, runden, hundertsousstückgroßen Gläsern, die ihre nahezu toten Augen verdeckten.

In dieser Novelle drehte es sich um einen simplen Ehebruch, und der Schluß war das blanke Entsetzen: da sah Bonhomet, wie Claires Pupillen, die er ihr auf dem Totenbett aufgerissen und mit entsetzlichen Sonden durchbohrt hatte, deutlich das Bild ihre Ehemannes widerspiegelten, der am ausgestreckten Arm den abgeschlagenen Kopf des Liebhabers schwang und wie ein Kanake ein Kriegsgeheul anstimmte.

Diese Erzählung ging von der mehr oder weniger richtigen Beobachtung aus, daß die Augen mancher Tiere, der

Ochsen etwa, bis zur Verwesung wie photographische Platten das Bild der Lebewesen und Dinge bewahren, auf die ihr letzter Blick fällt, und sie leitete sich offenkundig von Edgar Allan Poes Erzählungen ab, deren peinlich genaue Beschreibung und deren Grauen sie sich angeeignet hatte.

So verhielt es sich auch mit ›Intersigne‹, das später seinen Platz in den ›Contes cruels‹ fand, einem Band von unbestreitbarem Talent, in dem ›Vera‹ stand, eine Novelle, die Des Esseintes als kleines Meisterwerk ansah.

Hier trug die Halluzination den Stempel erlesener Zartheit; hier stieß man nicht mehr auf die finsteren Wahnvorstellungen des amerikanischen Autors, hier war es eine laue, fließende, fast himmlische Vision, es war, obwohl im gleichen Genre, das Gegenstück zu den unheimlichen, weißen Gespenstern, die dem unerbittlichen Albtraum des schwarzen Opiums entsprangen! Diese Novelle brachte zwar ebenfalls die Wirkungen des Willens ins Spiel, aber sie handelte nicht mehr von seinen Schwächen und seinen Niederlagen unter dem Einfluß der Angst. Sie untersuchte im Gegenteil seine Übererregtheit, die von einer in eine idée fixe umgeschlagenen Überzeugung herrührte; sie zeigte seine Macht, die sogar die Atmosphäre zu sättigen und den Dingen in der Umgebung ihren Glauben aufzuzwingen vermochte.

Ein anderes Buch Villiers', ›Isis‹, schien ihm in anderer Hinsicht merkwürdig. Der philosophische Plunder Claire Lenoirs verstopfte auch dieses Buch, das ein unglaubliches Tohuwabohu von geschwätzigen und undurchsichtigen Betrachtungen und von Anklängen an alte Melodramen bot mit all ihren Burgverließen, Dolchen, Strickleitern und den romantischen Gassenhauern, die Villier auch in seinem ›Elën‹, in seiner ›Morgane‹ nicht verjüngen sollte, den vergessenen Stücken, die einst bei einem Unbekannten verlegt wurden, dem Herrn Francisque Guyon, Drucker in Saint-Brieuc.

Die Heldin dieses Buches, eine Marquise Tullia Fabriana, die sich angeblich die chaldäische Gelehrsamkeit der Frauen Edgar Allan Poes und den diplomatischen Scharfsinn einer Sanseverina-Taxis von Stendhal angeeignet haben wollte, hatte sich darüber hinaus das rätselhafte Auftreten einer mit einer antiken Circe gekreuzten Bradamante zugelegt. Diese unauflöslichen Mischungen entwickelten einen rußfarbenen Dampf, durch den hindurch sich philosophische und literarische Einflüsse ins Gehege kamen, die sich im Geist des Autors nicht zu ordnen vermochten, als dieser die Prolegomena zu seinem, nicht weniger als sieben Bände umfassenden Werk schrieb.

Doch Villiers' Temperament wies noch eine ganz andere, auffallend deutliche Ecke auf, die des schwarzen Humors und des grausamen Spotts; hier hatte man es nicht mehr mit den paradoxen Mystifikationen Edgar Allan Poes zu tun, sondern mit einer schauerlich-komischen Verhöhnung wie der des tobenden Swift. Eine Reihe von Stücken, ›Les Demoiselles de Bienfilâtre‹, ›L'Affichage céleste‹, ›La Machine à gloire‹, ›Le Plus Beau Dîner du monde‹, offenbarten einen einzigartig erfinderischen und beißenden Schalk. Der ganze Kehricht der zeitgenössischen utilitaristischen Ideen, die ganze merkantile Ignoranz des Jahrhunderts wurden in Stücken verherrlicht, deren scharfe Ironie Des Esseintes hinriß.

In diesem Genre des ernsthaften und bitteren Unflats gab es kein anderes Buch in Frankreich; höchstens eine Novelle von Charles Cros, ›La Science de l'amour‹, einst in der ›Revue du Monde-Nouveau‹ veröffentlicht, konnte noch durch ihren chemischen Wahnwitz, ihren verächtlichen Humor, ihre trockenen, drolligen Betrachtungen Erstaunen auslösen; indes, das Vergnügen war nur noch relativ, denn die Ausführung beging Todsünden. Der kompakte, farbige Stil, oft von Villiers beeinflußt, war verschwunden und hatte einem Schweinemett Platz gemacht, das von den erstbesten literarischen Allgemeinplätzen abgekratzt war.

»Mein Gott! mein Gott! wie wenige Bücher kann man doch wiederlesen«, seufzte Des Esseintes, der zusah, wie der Diener von seinem Schemel herabstieg und beiseite trat, damit er alle Regale überblicken konnte.

Des Esseintes nickte zustimmend mit dem Kopf. Nur zwei schmale Bände lagen noch auf dem Tisch. Er entließ mit einem Wink den Diener und überflog einige in Wildleder eingebundene Seiten, das zuvor mit einer hydraulischen Presse satiniert und mit kleinen aquarellierten Silberwölkchen übersät worden war. Das Vorsatzpapier aus altem chinesischem Seidenstoff mit seinem etwas verblaßten Rankenmuster hatte die Anmut von Verwelktem, das Mallarmé in einem unendlich zarten Gedicht feierte.

Diese Seiten, neun an der Zahl, stellten eine Auswahl aus den einzigen Exemplaren der beiden ersten Gedichtsammlungen dar; sie waren auf Pergament gedruckt, und den Titel ›Einige Verse Mallarmés‹ hatte ein außergewöhnlicher Kalligraph in farbigen, wie in den alten Manuskripten mit Goldpunkten zur Geltung gebrachten Unzialbuchstaben gemalt.

Einige der elf in diesem Einband versammelten Stücke, wie ›Les Fenêtres‹, ›L'Epilogue‹ und ›Azur‹, sprachen ihn stark an, eines aber, unter anderen, ein Fragment der ›Hérodiade‹, überwältigte ihn in gewissen Stunden wie ein Zauberspruch.

An wie vielen Abenden hatte er sich unter der Lampe, die mit ihrem gedämpften Schimmer das stille Zimmer erleuchtete, von dieser Hérodiade berührt gefühlt, von der im Werk Gustave Moreaus jetzt, von Schatten überlagert, leicht verschwommen, nur noch undeutlich eine vage, weiße Statue zu sehen war, in einer erloschenen Glut von Edelsteinen.

Die Dunkelheit verbarg das Blut, betäubte Widerspiegelungen und alles Goldene, umschattete den Hintergrund des Tempels, ertränkte die in ihre toten Farben gehüllten Komparsen des Verbrechens und schälte die Frau, indem sie nur das Weiße des Aquarells hervorholte aus ihrem Juwelenbehang und machte sie wirklich nackt.

Magisch angezogen, hob er die Augen auf zu ihr, erkannte sie an ihrer unvergessenen Gestalt, und sie lebte wieder, und ihre Lippen formten die wundersamen, sanften Verse Malarmés:

> ...   O miroir!
> Eau froide par l'ennui dans ton cadre gelée
> Que de fois, et pendant les heures, désolée
> Des songes et cherchant mes souvenirs qui sont
> Come des feuilles sous ta glace au trou profond,
> Je m'apparus en toi comme une ombre lointaine!
> Mais, horreur! des soirs, dans ta sévère fontaine,
> J'ai de mon rêve épars connu la nudité![3]

Diese Verse liebte er, wie er alle Werke dieses Dichters liebte, der in einem Jahrhundert des allgemeinen Wahlrechts und einer Zeit der Gewinnsucht abseits der Literatur lebte, durch seine Verachtung in Sicherheit war vor der Dummheit, die ihn umgab, sich fern der Welt den Überraschungen des Intellekts und den Visionen seines Gehirns bereitwillig hingab, verführerische Gedanken mit byzantinischen Subtilitäten noch verfeinerte und sie in leicht angedeuteten Deduktionen, die ein unmerklicher Faden verband, immer weiter fortsetzte.

Solche verschlungenen und kostbaren Ideen verknüpfte er miteinander in einer mit ihnen verwachsenen, einmaligen und verschwiegenen Sprache voll verkürzter Sätze, unvollständiger Wendungen, gewagter Tropen.

Die entlegensten Analogien wahrnehmend, bezeichnete

er oft mit einem einzigen, in sich mannigfache Anklänge vereinigenden Begriff zugleich die Form, den Duft, die Farbe, die Eigenschaft, den Glanz, den Gegenstand oder das Wesen, die man sonst, um all ihre Seiten, all ihre Nuancen herauszustellen, durch zahlreiche und verschiedene Beiwörter hätte verklammern müssen, wären sie lediglich mit ihrem terminus technicus angegeben worden. Auf diese Weise gelang es ihm, auf einen ausdrücklichen Vergleich zu verzichten, der ganz von selbst im Geist des Lesers durch eine Analogie entstand, sobald dieser das Symbol erfaßt hatte; und so konnte er es unterlassen, die Aufmerksamkeit auf die einzelnen Eigenschaften zu verzetteln, die die im Gänsemarsch aufgereihten Adjektive zum Ausdruck gebracht hätten, er konzentrierte sie auf ein Wort nur, auf ein Ganzes, das wie ein Gemälde beispielsweise einen in sich geschlossenen und umfassenden Aspekt, eine Ganzheit vermittelte.

Daraus entstand eine kondensierte Literatur, ein Konzentrat des Wesentlichen, ein Kunstsublimat; diese in seinen ersten Werken zunächst verhalten angewandte Technik hatte Mallarmé in einem Stück über Théophile Gautier und vor allem in seinem ›L'Après-midi du Faune‹ dann rückhaltlos benutzt, einer Ekloge, in der die reichen Schattierungen der Sinnenlust in geheimnisvollen und einschmeichelnden Versen entfaltet werden, plötzlich vom wilden wahnsinnigen Schrei des Fauns unterbrochen:

Alors m'éveillerai-je à la ferveur première,
Droit et seul sous un flot antique de lumière,
Lys! et l'un de vous tous pour l'ingénuité.[4]

Dieser Vers, der mit dem einsilbigen »Lys!« am Zeilenanfang das Bild von etwas Starrem, Hochaufgeschlossenem, Weißem beschwor, dessen Sinn das dem Reim angefügte Substantiv »ingénuité« noch unterstrich, drückte in einem einzigen Begriff allegorisch die Leidenschaft, die Aufwallung, den augenblicklichen Zustand des jungfräulichen Fauns aus, der beim Anblick der Nymphen vor Glut den Kopf verliert.

In diesem außergewöhnlichen Gedicht tauchten in jedem Vers überraschende, neue und noch nie gesehene Bilder auf, wenn der Dichter die Anwandlungen und Sehnsüchte des Ziegenfüßigen beschreibt, der am Teichufer die Schilfbüschel betrachtet, die in einem flüchtigen Abdruck noch die Hohlform der Najaden, die sie ausgefüllt hatten, bewahrte.

Zudem war es für Des Esseintes eine verfängliche Wonne, diese winzige Broschur zu betasten, deren Deckel aus japanischem, sauermilchweißem Filz zwei Seidenschnüre verschlossen, die eine chinarosa, die andere schwarz.

Verborgen hinter dem Deckel lief das geflochtene schwarze Band mit dem rosaroten zusammen, welches gleich einem samtenen Hauch einen Schimmer moderner, japanischer Schminke, ein liederliches Adjuvans auf die antike Weiße, auf die harmlose Hautfarbe des Buches warf; es umschlang das andere, verknotete in einer lockeren Rosette seine dunkle Farbe mit der hellen und deutete diskret und warnend die Reue und leicht drohend die Traurigkeit an, die auf den erloschenen Taumel und die gestillte Überreizung der Sinne folgen.

Des Esseintes legte den ›L'Après-midi du Faune‹ wieder auf den Tisch und blätterte in einer anderen Broschur, die er zu seinem Gebrauch hatte drucken lassen, einer Anthologie des Prosagedichts, einer kleinen Kapelle, die Baudelaire geweiht und zum Vorhof seiner Gedichte geöffnet war.

Diese Anthologie enthielt eine Auswahl des ›Gaspard de la nuit‹ jenes seltsamen Aloysius Bertrand, der die Verfahrensweise Leonardos in Prosa übertragen und mit seinen Metalloxyden kleine Gemälde verfertigt hat, deren lebhafte Farben wie lichtes Email schillerten. Des Esseintes hatte ihnen Villiers' ›Vox populi‹ beigestellt, ein nach dem Bilde Leconte de Lisles und Flauberts erlesen in einem goldenen Stil ziseliertes Stück, und einige Passagen des delikaten ›Livre de jade‹, dessen exotisches Ginseng- und Teeparfum sich mit der duftenden Frische eines Wassers vermischte, das durch das ganze Buch hindurch im Mondschein plätscherte.

Doch in dieser Sammlung waren auch einige aus alten Zeitschriften gerettete Gedichte zusammengetragen worden: ›Le Démon de l'analogie‹, ›La Pipe‹, ›Le Pauvre enfant pâle‹, ›Le Spectacle interrompu‹, ›Le Phénomène futur‹ und vor allem ›Plaintes d'automne‹ und ›Frisson d'hiver‹, die zu Mallarmés Meisterwerken gehörten und gleichfalls zu den Meisterwerken des Prosagedichts zählten, einte sie doch eine wunderbar ausgewogene Sprache, die ganz von selbst, wie eine wehmütige Beschwörungsformel, wie eine berauschende Melodie den Leser einlullte; dazu kamen Gedanken von unwiderstehlicher Suggestion und die Seelenregungen eines Sensitiven, dessen bloßliegende Nerven mit einer Heftigkeit vibrierten, die einem unter die Haut fuhr bis zum Entzücken, bis zum Schmerz.

Von allen literarischen Formen zog Des Esseintes das Prosagedicht allen anderen vor. Wurde sie von einem genialen Alchimisten gehandhabt, mußte sie, ihm zufolge, in ihrem kleinen Volumen, als Extrakt die Mächtigkeit eines Romans enthalten, dessen analysebedingte Längen und beschreibenden Überfluß sie vermied. So manches Mal hatte Des Esseintes über dieses beunruhigende Problem nachgedacht, wie man einen, auf einige Sätze verdichteten, Roman schreiben könnte, einen Roman, dessen Sätze den mehrmals destillierten Saft der aberhundert Seiten enthielten, die immer für die Schaffung des Milieus, die Schilderung der Charaktere und die zur Begründung angehäuften Beobachtungen und Einzelheiten verwendet werden. Die ausgewählten Worte wären dann so unvertauschbar, daß sie alle anderen ersetzten; das derart sinnreich und endgültig gesetzte Adjektiv könnte rechtmäßig seines Platzes nicht beraubt werden, es eröffnete solche Perspektiven, daß der Leser wochenlang seinem zugleich präzisen und mannigfaltigen Sinn nachträumen und gleichzeitig die Gegenwart erkennen, die Vergangenheit wiederherstellen und die seelische Entwicklung der Personen erahnen könnte, die sich durch die Funken dieses einzigen Epithetons offenbarten.

Der so verfaßte, so auf ein oder zwei Seiten zusammengedrängte Roman würde zu einer Gedankenkommunion zwischen einem magischen Schriftsteller und einem idealen Leser, zu einer einmütigen geistigen Zusammenarbeit zwischen zehn gebildeten, im Universum verstreuten Menschen, zu einer den Empfindsamen geschenkten und einzig ihnen zugänglichen Ergötzung.

Mit einem Wort: das Prosagedicht stellte für Des Esseintes den eingedickten Saft, den Fleischextrakt der Literatur, die Essenz der Kunst dar.

Dieses saftige, auf einen Tropfen reduzierte Kondensat gab es bereits bei Baudelaire und in jenen Gedichten Mallarmés, die er mit so tiefer Freude schlürfte.

Als er seine Anthologie wieder zugeklappt hatte, sagte sich Des Esseintes, daß seine Bibliothek, die über dieses letzte Buch nicht hinausreichte, wahrscheinlich nie mehr Zuwachs bekommen werde.

Denn tatsächlich hatte sich die Dekadenz der Literatur am vollkommensten und erlesensten in Mallarmé verkörpert, einer Literatur, die in ihrem Organismus irreparabel getroffen, vom Alter der Ideen geschwächt, von den Exzessen ihrer Syntax ausgepumpt war, die sich nur gegenüber den Wunderlichkeiten von Fieberkranken aufgeschlossen zeigte, die alles an ihrem Verfall zur Sprache bringen, die erbittert alle verpaßten Genüsse nachholen und die subtilsten Erinnerungen auf ihrem Totenbett weitergeben wollte.

Das war die bis zu ihrem letzten Ausdruck getriebene Quintessenz Baudelaires und Poes; das war ihre feine und kräftige, abermals destillierte Substanz, von der neue Gerüche und neue Räusche ausgingen.

Das war der Todeskampf der alten Sprache, die, nachdem sie von Jahrhundert zu Jahrhundert grünfleckiger geworden war, sich nun auflöste und schließlich den Zersetzungszustand der lateinischen Sprache erreichte, die in den mysteriösen Schriften und rätselhaften Ausdrücken des heiligen Bonifazius und des heiligen Aldhelm ihren Geist aufgegeben hatte.

Die Verwesung der französischen Sprache hatte übrigens mit einem Schlage eingesetzt. Im Lateinischen war ein langer Übergang, eine Spanne von vierhundert Jahren zwischen dem spritzigen, erlesenen Wort eines Claudianus, eines Rutilius und dem dekadenten Wort des 8. Jahrhunderts zu verzeichnen. In der französischen Sprache verging kein Zeitraum, folgten keine Zeitalter aufeinander; der spritzige, erlesene Stil der Goncourts und der dekadente Stil Verlaines und Mallarmés stießen in Paris mit den Ellbogen aneinander, lebten zur selben Zeit, in derselben Epoche, im selben Jahrhundert.

Und Des Esseintes lächelte, als er einen der Folianten ansah, die offen auf seinem Kirchenpult lagen, er dachte, daß die Zeit kommen würde, da ein Gelehrter zur Dekadenz der französischen Sprache ein ähnliches Glossar erstellte wie das, worin der hochgelehrte du Cange das letzte Stammeln, die letzten Zuckungen, die letzten leuchtenden Splitter der in der Tiefe der Klöster vor Altersschwäche röchelnden lateinischen Sprache aufgezeichnet hatte.

XV

Seine Begeisterung für den Dampfkochtopf, die wie ein Strohfeuer aufgeflammt war, erlosch auch ebenso rasch. Die zunächst überdeckte nervöse Verdauungsschwäche meldete sich von neuem, und die anheizende konzentrierte Nahrung rief eine solche Reizung der Gedärme hervor, daß Des Esseintes unverzüglich ihren Verzehr einstellen mußte.

Die Krankheit nahm wieder ihren Lauf; unbekannte Phänomene gaben ihr das Geleit. Nach den Albträumen, den Geruchshalluzinationen, den Sehstörungen, dem rauhen, wie nach der Uhr aufgezogenen Husten, dem lauten Arterien- und Herzpochen und den kalten Schweißausbrüchen traten Hörtäuschungen auf, eine Verschlechterung, wie sie nur im letzten Stadium des Leidens vorkommt.

Zermartert von glühendem Fieber, hörte Des Esseintes plötzlich das Geplätscher von Wasser und das Summen fliegender Wespen, dann verschmolzen diese Geräusche in eins und glichen dem Brummen einer Töpferscheibe; das Brummen wurde heller, wurde schwächer und ging allmählich in den Silberton einer Glocke über.

Da fühlte er, wie sein fieberndes Hirn auf Wellen von Musik fortgetragen, in den mystischen Strudel seiner Kindheit hineingewirbelt wurde. Die bei den Jesuiten erlernten Lieder tauchten wieder auf: durch sie erstanden von ganz alleine das Internat und die Kapelle, in denen sie einst erklangen, und sie übertrugen ihre Halluzinationen auch auf die Geruchs- und Sehorgane, indem sie sie mit Weihrauchschwaden und Schatten umschleierten, die vom Lichtschimmer, der durch die Kirchenfenster im hohen Gewölbe fiel, beleuchtet wurden.

Bei den Patres wurden die religiösen Zeremonien mit großem Prunk begangen; ein hervorragender Organist und eine bemerkenswerte Meisterschaft machten diese Andachtsübungen zu einem künstlerischen Leckerbissen, der dem Gottesdienst zugute kam. Der Organist war in die alten Meister verliebt und zelebrierte an Festtagen Messen von Palestrina und Orlando di Lasso, Psalmen von Marcello, Händeloratorien und Motetten von Sebastian Bach, führte vorzugsweise in der weichen und leichten Bearbeitung des bei den Priestern so hoch in der Gunst stehenden Paters Lambillotte ›Laudi spirituali‹ aus dem 16. Jahrhundert auf, deren sakrale Schönheit Des Esseintes so manches Mal gefesselt hatte.

Vor allem aber hatte er unaussprechliche Freude beim Anhören der gregorianischen Gesänge empfunden, die der Organist trotz aller neuen Ideen aufrechterhalten hatte.

Diese Form, die heutzutage als überholte, gotische Spielart der christlichen Liturgie gilt, als eine archäologische Kuriosität, als eine Reliquie vergangener Zeiten, war das Wort der alten Kirche, die Seele des Mittelalters; sie war das gesungene ewige Gebet, das entsprechend der seelischen Erregung moduliert wurde, war die seit Jahrhunderten zum Allerhöchsten hinaufgesandte immertönende Hymne.

Diese traditionelle Melodie war die einzige, die mit ihrem machtvollen Gleichklang, ihren wie Quadersteinen so massiven, feierlichen Harmonien zu den frühen Basiliken paßte, deren romanische Rundbögen sie erfüllte und deren Emanation und eigentliche Stimme sie zu sein schien.

Wie oft war Des Esseintes ergriffen und überwältigt

worden von einem unwiderstehlichen Anhauch, wenn das ›Christus factus est‹ des gregorianischen Gesangs aufstieg in das Kirchenschiff, dessen Pfeiler erzitterten zwischen den schwankenden Weihrauchwolken, oder wenn der Choral des ›De Profundis‹ aufstöhnte, schaurig wie ein verhaltenes Schluchzen, herzzerreißend wir ein verzweifelter Aufschrei der Menschheit, die ihr Todeslos beweint und die Barmherzigkeit ihres Heilands erfleht!

Im Vergleich mit diesem herrlichen, vom Genie der Kirche hervorgebrachten Gesang, unpersönlich und anonym wie die Orgel, deren Erfinder unbekannt ist, kam ihm alle religiöse Musik profan vor. In keinem Werk Jomellis oder Porporas, Carissimis oder Durantes, in keiner der herrlichsten Kompositionen von Händel oder Bach war der Verzicht auf den öffentlichen Erfolg, die Aufgabe des kunstvollen Effekts, die Abdankung des menschlichen Hochmuts, der sich beim Beten zuhört, zu spüren; höchstens mit den in Saint-Roch zelebrierten, imposanten Messen Lesueurs behauptete sich der getragene und erhabene religiöse Stil und näherte sich in seiner herben Schmucklosigkeit der strengen Majestät der alten Gregorianik.

Äußerst empört über die von Pergolesi und Rossini ersonnenen Vorwände gegen das ›Stabat‹; über dieses ganze Eindringen der weltlichen Kunst in die liturgische, hatte sich Des Esseintes fortan ferngehalten von diesen zweideutigen Werken, die die nachsichtige Kirche duldete.

Im übrigen hatte dieses Zugeständnis aus Gewinnsucht und unter dem trügerischen Anschein, eine Attraktion für die Gläubigen zu sein, bald zu Gesängen geführt, die italienischen Opern, gemeinen Kavatinen und unanständigen Quadrillen entlehnt waren; sie wurden mit großem Orchester in den Kirchen vorgetragen, die man in Boudoirs verwandelt und den auf den Emporen röhrenden Histrionen ausgeliefert hatte; unten teilten sich die Damen Fausthiebe in Form ihrer Toiletten aus und vergingen vor Entzücken unter den Schreien der Komödianten, deren unreine Stimme die heiligen Töne der Orgel besudelten.

Seit Jahren schon hatte sich Des Esseintes hartnäckig geweigert, an diesen frommen Vergnügungen teilzunehmen, er blieb seinen Kindheitserinnerungen verhaftet und bedauerte gar, einige von den großen Meistern geschaffene ›Te Deum‹ gehört zu haben, denn er entsann sich des wundervollen ›Te Deum‹ des gregorianischen Gesangs, der so schlichten, so grandiosen Hymne, komponiert von irgendeinem Heiligen, einem heiligen Ambrosius oder heiligen Hilarius, der in Ermangelung der komplizierten Hilfsquellen eines Orchesters, in Ermangelung der musikalischen Mechanik der modernen Wissenschaft einen glühenden Glauben und einen delirierenden Jubel kundtat, die in vergeistigten, inbrünstigen, ja himmlischen Tönen geradewegs aus der Seele der gesamten Menschheit kamen!

Übrigens standen Des Esseintes' Ideen über die Musik in einem flagranten Gegensatz zu den Theorien, die er über die anderen Künste verkündete. In der religiösen Musik billigte er wirklich nur die klösterliche Musik des Mittelalters, jene karge Musik, die auf seine Nerven unbewußt einwirkte ebenso wie manche Textseiten der alten, christlichen Latinität; schließlich gab er selbst zu, daß er außerstande war, die Listen zu begreifen, die zeitgenössische Meister in die katholische Kunst eingeführt haben mochten. Zum einen hatte er sich der Musik nicht mit der Leidenschaft gewidmet, die ihn zu Malerei und Literatur hinzog. Er spielte leidlich Klavier, war ungefähr in der Lage, holprig und stockend eine Partitur zu entziffern, wußte aber nichts von Harmonie und der Technik, die unerläßlich ist, um eine Nuance wirklich zu erfassen, eine Feinheit zu würdigen und sich mit Sachkenntnis eine Raffinesse auf der Zunge zergehen zu lassen.

Andererseits ist die weltliche Musik eine Kunst mit dem Odium der Promiskuität, wenn man sie nicht alleine bei sich zu Hause lesen kann wie ein Buch; um in ihren Genuß zu gelangen, hätte man sich unter das ewig gleiche Publikum mischen müssen, von dem die Theater überquellen und das diesen Winterzirkus besetzt hält, in dem man unter einer sengenden Sonne und in einer Waschküchenatmosphäre einen Menschen mit Zimmermannsfigur in der Luft eine Remoulade schlagen und herausgerissene Wagner-Episoden massakrieren hört – zur unendlichen Freude eines bewußtlosen Volkshaufens.

Er hatte nicht den Mut gehabt, in das Rad der Menge einzutauchen, um sich Berlioz anzuhören, obwohl ihn einige Bruchstücke durch ihre leidenschaftlichen Überspanntheiten und ihr sprunghaftes Ungestüm bestrickten, und er wußte auch sehr gut, daß nicht eine einzige Szene, nicht einmal ein Satz einer Oper des gewaltigen Wagner ungestraft aus ihrem Ganzen herausgelöst werden durfte.

Die abgeschnittenen und auf dem Tablett eines Konzertes dargereichten Stücke verloren jede Bedeutung, blieben ihres Sinns beraubt, weil die Melodien, wie Kapitel, die ineinandergreifen und alle in derselben Schlußfolgerung, in demselben Ziel zusammenlaufen, dazu dienten, den Charakter der Personen zu schildern, ihre Gedanken und ihre offensichtlichen oder heimlichen Motive auszudrücken, und weil ihre kunstreichen Schliche nur jenen Hörern begreiflich waren, die das Thema von seiner Exposition an verfolgten und die die Figuren allmählich in einer Umgebung sich abzeichnen und wachsen sahen, aus der man sie nicht entfernen konnte, ohne sie wie die von einem Baum abgehackten Zweige verdorren zu lassen.

Daher dachte Des Esseintes, daß in dem Schwarm von Musiknarren, die sonntags auf ihren Sitzbänken in Entzücken gerieten, kaum zwanzig die Partitur kannten, die verhunzt wurde – falls die Schließerinnen so freundlich waren, den Mund zu halten, damit man dem Orchester lauschen konnte.

Da auch der intelligente Patriotismus ein französisches Theater daran hinderte, eine Wagner-Oper aufzuführen, blieb den Wißbegierigen, die das Geheimnis der Musik nicht kannten und sich nicht nach Bayreuth begeben konnten oder wollten, nur übrig, zu Hause zu bleiben, und dies hatte er vernünftigerweise denn auch getan.

Im Grunde interessierte er sich kaum für die bekanntere, leichtere Musik und die von den alten Opern unabhängigen Stücke; das ordinäre Geträller eines Auber, Boieldieu, Adam oder Flotow und die rhetorischen Gemeinplätze, die Leute wie Ambroise Thomas und Bazin verkündeten, waren ihm ebenso zuwider wie das veraltete Getue und die pöbelhafte Grazie der Italiener. Er hatte sich also entschieden abgewandt von der musikalischen Kunst, und all die Jahre lang, die seine Enthaltung dauerte, erinnerte er sich mit Vergnügen nur an einige kammermusikalische Darbietungen, wo er Beethoven und vor allem Schumann und Schubert gehört hatte, die wie die intimsten und qualvollsten Gedichte Edgar Allan Poes seine Nerven zerrieben hatten.

Manche Stücke für Violoncello von Schumann hatten ihm wirklich den Atem genommen und ihn fast erwürgt mit dem Kloß ihrer beklemmenden Hysterie; aber es waren vor allem die Schubertlieder, die ihn erschütterten, ihn aufwühlten und ihn dann erschöpft zurückließen wie nach einem Verlust von Nervensubstanz, wie nach einem mystischen Rausch der Seele.

Diese Musik drang ihm bis ins Mark, ließ ihn schaudern und schwemmte ihm unendliches vergessenes Leid, alten Überdruß ins Herz, das erstaunt war, so viel verworrenes Elend und vagen Schmerz zu enthalten. Solche Musik der Trostlosigkeit, die aus der Tiefe des Wesens schrie, erschreckte ihn durch ihren Zauber. Nie hatte er sich, ohne daß nervöse Tränen ihm in die Augen stiegen, ›Des Mädchens Klage‹ wiederholen können, denn in diesem Lamento lag mehr als Betrübnis, lag etwas Losgerissenes, was ihm in die Gedärme fuhr, etwas wie das Ende einer Liebe in einer öden Landschaft.

Und immer, wenn sie ihm auf den Lippen lag, beschwor diese erlesene und unheilverkündende Klage einen stummen, kargen Ort irgendwo in der Bannmeile, wo sich in der Ferne lautlos tief gebeugte, vom Leben erschöpfte Leute in der Dämmerung verloren, während er sich, ganz durchtränkt von Bitterkeit, vollgestopft mit Ekel, in der verweinten Natur, ganz allein fühlte und niedergeschlagen von einer unsäglichen Wehmut, von einem hartnäckigen Jammer, dessen geheimnisvolle Heftigkeit jede Tröstung, jedes Erbarmen, jede Ruhe ausschloß. Wie eine Totenglocke verfolgte ihn dieser verzweifelte Gesang, jetzt, da er daniederlag, vom Fieber geschüttelt und von einer Bangigkeit erfüllt, die kaum zu beschwichtigen war, da er ihre Ursache nicht erkennen konnte. Er ließ sich schließlich willenlos treiben, vom Sturzbach der Ängste mitreißen, die von dieser Musik ausgingen; die jedoch plötzlich eine Minute lang eingedämmt wurde von einem gedehnten, tiefen Psalmengesang in seinem Kopf, während Glockenklöppel auf seine wunden Schläfen zu hämmern schienen.

Und doch ebbten diese Geräusche eines Morgens ab; er hatte sich wieder besser in der Gewalt und bat den Diener, ihm einen Spiegel zu reichen; dieser glitt ihm sofort wieder aus der Hand; er erkannte sich kaum wieder; sein Gesicht war erdfarben, seine Lippen waren aufgedunsen und trokken, die Zunge voller Furchen, die Haut runzelig; Haar und Bart, die der Diener seit Krankheitsbeginn nicht mehr gestutzt hatte, machten das eingefallene Antlitz und die übergroßen, wäßrigen Augen, die in fiebrigem Glanz in diesem Skelettkopf voller Stachelhaare brannten, noch grausiger. Mehr als seine Schwäche, als der unbezwingbare Brechreiz, der jeden Versuch einer Nahrungsaufnahme vereitelte, mehr als der Kräfteverfall erschreckte ihn dieses veränderte Gesicht. Er glaubte sich verloren; in der Niedergeschlagenheit, die ihn erdrückte, brachte die Energie eines in die Enge getriebenen Mannes ihn dann dazu, sich hinzusetzen und seinem Pariser Arzt einen Brief zu schreiben und dem Diener zu befehlen, sich unverzüglich auf dessen Suche zu machen und ihn, koste es, was es wolle, noch am selben Tag herzubringen.

Auf einmal wechselte er aus tiefster Mutlosigkeit in die tröstlichste Zuversicht über: dieser Arzt war ein berühmter Spezialist, ein für seine Kuren bei Nervenkrankheiten bekannter Doktor: »Er wird schon hartnäckigere, gefährlichere Fälle als den meinen geheilt haben«, sagte sich Des Esseintes, »gewiß bin ich in einigen Tagen wieder auf den Beinen.« Dann folgte völlige Ernüchterung auf seine Zuversicht; so gelehrt und einsichtig die Ärzte auch sein mochten – so verstanden sie doch nichts von Neurosen, deren Ursprung sie nicht einmal kannten. Wie die anderen würde ihm auch dieser das ewige Zinkoxyd, Chinin, Kaliumbromid und Baldrian verschreiben; »wer weiß«, fuhr er fort, sich an den letzten Strohhalm klammernd, »ob diese Mittel bei mir nicht nur deshalb versagten bisher, weil ich sie nicht in der richtigen Dosierung zu nehmen wußte!«

Trotz allem richtete ihn die erwartete Linderung wieder etwas auf, doch eine neue Furcht stellte sich ein: wenn der Arzt überhaupt nicht in Paris war und sich nicht herbemühen wollte – und sofort schmetterte ihn die Angst nieder, daß sein Diener ihn vielleicht nicht angetroffen hätte. Seine Kräfte verließen ihn von neuem, er fiel in Sekundenschnelle von der unsinnigsten Hoffnung in die wahnwitzigste Todesangst, übertrieb sowohl die Chancen einer plötzlichen

Heilung als auch seine Besorgnis einer unmittelbaren Gefahr; die Stunden verstrichen, und es kam der Augenblick, da er sich, verzweifelt, am Ende seiner Kräfte und davon überzeugt, daß der Arzt nun nicht mehr eintreffen werde, wütend eins ums andere Mal sagte, daß er bestimmt gerettet worden wäre, hätte man ihm beizeiten geholfen; dann verrauchte sein Zorn auf den Dienstboten und auf den Arzt, den er beschuldigte, ihn sterben zu lassen, und er erboste sich über sich selbst, er warf sich vor, zu lange gewartet zu haben, bis er um Hilfe nachsuchte, redete sich ein, daß er bereits wieder gesund wäre, wenn er nur am Vortag wirksamere Medikamente und angemessene Pflege in Anspruch genommen hätte.

Nach und nach hörte das Wechselbad von Schrecken und Erwartungen auf, die sich in seinem leeren Kopf jagten; diese Erschütterungen machten ihn vollends zu einem gebrochenen Mann; er fiel in einen Erschöpfungsschlaf, durch den wirre Träume zogen, in eine Art Ohnmacht, unterbrochen von bewußtlosem Erwachen; er hatte am Ende so sehr die Vorstellung von seinen Wünschen und Ängsten verloren, daß er bestürzt verharrte, nicht das geringste Erstaunen, nicht die geringste Freude verspürte, als plötzlich der Arzt eintrat.

Der Diener hatte ihn zweifellos von dem Leben, das Des Esseintes führte, und von den verschiedenen Symptomen in Kenntnis gesetzt, die er selbst seit dem Tage hatte beobachten können, da er seinen von der Gewalt der Düfte betäubten Herrn am Fenster aufgelesen hatte, denn er stellte dem Kranken wenig Fragen, dessen Vorgeschichte er im übrigen seit langen Jahren kannte; aber er untersuchte ihn, hörte ihn ab und betrachtete aufmerksam den Urin, in dem gewisse weiße Schlieren ihm eine der wichtigsten Ursachen für die Neurose anzeigten. Er schrieb ein Rezept auf und ging wortlos, eine baldige Rückkehr ankündigend.

Dieser Besuch stärkte Des Esseintes, der indes über das Schweigen verstört war und seinen Dienstboten bedrängte, ihm nicht länger die Wahrheit zu verheimlichen. Dieser bekräftigte, daß der Doktor keinerlei Beunruhigung habe erkennen lassen, und so mißtrauisch Des Esseintes war, konnte er doch kein einziges Anzeichen dafür entdecken, daß das Zögern auf dem ruhigen Gesicht des alten Mannes eine Lüge verraten hätte.

Da hellten sich seine Gedanken auf; seine Schmerzen waren verstummt, und die Schwäche, die er in allen Gliedern fühlte, paarte sich mit einer gewissen Wohligkeit, einem zugleich unbestimmten und schleichenden Behagen; nun endlich war er erstaunt und zufrieden, daß er nicht mit Medikamenten und Fläschchen überhäuft wurde, und so bewegte ein blasses Lächeln seine Lippen, als der Diener ein nahrhaftes Peptonklistier hereinbrachte und ihm mitteilte, daß er diese Übung dreimal innerhalb vierundzwanzig Stunden wiederholen werde.

Die Prozedur hatte Erfolg, und Des Esseintes konnte nicht umhin, sich stillschweigend zu diesem Ereignis zu beglückwünschen, das die Existenz, die er sich geschaffen hatte, gewissermaßen krönte: sein Hang zum Künstlichen hatte nun, ohne daß er es gewollt hätte, seine höchste Erfüllung erfahren; weiter vermochte man nicht mehr zu gehen; eine solcherart zugeführte Nahrung war ganz bestimmt die letzte Verirrung, die man begehen konnte.

Es wäre wunderbar, sagte er sich, wenn, ist man erst wieder völlig gesund, diese einfache Diät fortgesetzt werden könnte. Welche Zeitersparnis, welch gründliche Erlösung von der Aversion, die das Fleisch den Appetitlosen einflößt! Welch endgültige Befreiung von dem Verdruß, der stets mit der zwangsläufig beschränkten Auswahl der Speisen verbunden ist! Welch tatkräftiger Protest gegen die ordinäre Sünde der Völlerei! Welch entschiedene Beleidigung schließlich, die man da der alten Natur ins Gesicht warf, deren eintönige Forderungen auf immer ausgelöscht waren!

Und er fuhr fort, halblaut mit sich selbst sprechend: es wäre einfach, durch einen ordentlichen Apéritif den Appetit zu reizen, und wenn man sich dann logischerweise sagen könnte: »Wie spät ist es denn? Mir scheint, es ist Zeit, sich zu Tisch zu begeben, mir hängt der Magen in den Kniekehlen«, legte man das Gedeck auf, indem man das großartige Instrument auf das Tischtuch setzte, und während man das Tischgebet spräche, hätte man die langweilige und vulgäre Fron der Mahlzeit abgeschafft.

Einige Tage darauf brachte der Diener ein Klistier, dessen Farbe und Geruch sich völlig von denen des Peptons unterschieden.

»Aber das ist nicht mehr das gleiche!« rief Des Esseintes, der sehr bewegt die in den Apparat gefüllte Flüssigkeit betrachtete. Wie in einem Restaurant verlangte er die Karte und las das Rezept des Arztes:

Lebertran	20 Gramm
Rinderbrühe	200 Gramm
Burgunderwein	200 Gramm
Eigelb	1

Er grübelte. Er, der sich aufgrund seines verdorbenen Magens nie ernstlich für die Kochkunst hatte interessieren können, überraschte sich plötzlich dabei, wie er über vermeintliche Feinschmeckerkompositionen nachdachte; dann fuhr ihm ein verschrobener Gedanke durch den Kopf. Vielleicht hatte der Arzt geglaubt, daß der eigenartige Gaumen seines Patienten des Peptongeschmacks schon überdrüssig war; vielleicht hatte er wie ein geschickter Küchenchef Abwechslung in das Aroma der Lebensmittel bringen und verhindern wollen, daß die Eintönigkeit der Gerichte eine völlige Appetitlosigkeit bewirkte. Und Des Esseintes, den diese Überlegungen in Schwung gebracht hatten, verfaßte ganz neue Rezepte, entwarf karge Abendmahlzeiten für den Freitag, erhöhte die Dosis Lebertran und Wein und strich die Rinderbrühe sowie die von der Kirche ausdrücklich untersagte Fleischkost; aber er mußte bald nicht mehr über diese nahrhaften Getränke nachdenken, denn dem Arzt gelang es nach und nach, das Erbrechen zu bändigen und ihm auf dem üblichen Wege einen Punschsirup mit Fleischpuder verabreichen zu lassen, dessen leichter Kakaogeschmack seinem wirklichen Mund gefiel.

Wochen vergingen, und der Magen entschloß sich zu funktionieren; manchmal noch kam der Brechreiz wieder, den Ingwerbier und Rivières Antemetikum jedoch zu beheben vermochten.

Allmählich gesundeten die Organe; mit Hilfe der Pepsine konnte echtes Fleisch verdaut werden; die Kräfte kehrten wieder, und Des Esseintes konnte aufrecht in seinem Zimmer stehen, und, sich auf einen Stock stützend und an den Möbelecken sich festhaltend, Gehversuche machen; anstatt sich über diesen Erfolg zu freuen, vergaß er seine früheren Schmerzen, ärgerte sich über die lange Genesung und warf dem Arzt vor, ihn lediglich in kleinen Schritten vorwärts zu bringen. Sicherlich, fruchtlose Versuche verlangsamten die Heilung; so wenig wie Chinarinde schlug Eisen an, auch wenn es durch Laudanum gemildert wurde, und so mußte man beides nach vierzehn Tagen, die man über diesen nutzlosen Anstrengungen verloren hatte, wie Des Esseintes ungeduldig feststellte, durch arsenhaltige Präparate ersetzen.

Doch der Augenblick kam, da er ganze Nachmittage aufbleiben und ohne Beistand zwischen seinen Zimmern umherspazieren konnte. Jetzt ärgerte ihn sein Arbeitskabinett: Mängel, an die ihn der tägliche Umgang gewöhnt hatte, sprangen ins Auge, nun, da er nach langer Abwesenheit wieder eintrat. Die Farben, die auf die Lampenbeleuchtung hin ausgesucht worden waren, schienen sich im Tageslicht zu beißen; er dachte daran, sie zu verändern, und stellte stundenlang aufpeitschende Farbharmonien, hybride Stoff- und Lederpaarungen zusammen.

»Tatsächlich, ich befinde mich auf dem Weg der Gesundung«, sagte er zu sich, als er die Wiederkehr seiner ehemaligen Lieblingsbeschäftigungen und alten Neigungen feststellte.

Eines Morgens, als er seine orangefarbenen und blauen Wände betrachtete, an ideale Wandbespannungen aus Stolen der griechischen Kirche dachte und von goldverbrämten russischen Dalmatiken, Chormänteln aus Brokat, überrankt von slowakischen, mit Uralsteinen und Perlenreihen dargestellten Lettern, träumte, trat der Arzt ins Zimmer und stellte ihm, während er die Blicke seines Patienten beobachtete, einige Fragen.

Des Esseintes erzählte ihm von seinen schwer zu verwirklichenden Wünschen und begann, neue Farbuntersuchungen anzustellen und vom Konkubinat und der Brechung der Töne zu sprechen, die er zu verwenden gedachte, als der Arzt ihm eine eiskalte Dusche auf den Kopf prasseln ließ, indem er ihm, keinen Widerspruch duldend, erklärte, daß er in dieser Behausung jedenfalls solche Pläne nicht mehr in die Tat umsetzen werde.

Und ohne ihm Zeit zum Atemholen zu lassen, legte er ihm dar, daß er ein großes Tempo vorgelegt habe bei der Wiederherstellung der Verdauungsfunktionen und es nun gelte, die Neurose in Angriff zu nehmen, die keineswegs geheilt sei und Jahre der Diät und der Pflege erforderlich mache. Und er fügte hinzu, daß, bevor man noch an ein Medikament, an den Beginn einer freilich in Fontenay nicht durchführbaren Wasserkur denken dürfe, es unumgänglich sei, die Einsamkeit aufzugeben, nach Paris zurückzukehren, wieder in das Gemeinschaftsleben einzutauchen, kurz: zu versuchen, sich wie die anderen Zerstreuung zu verschaffen.

»Aber mich zerstreuen sie nicht, die Vergnügungen der anderen!« rief Des Esseintes empört.

Der Arzt diskutierte nicht über diese Ansicht, er versicherte lediglich, daß die radikale Lebensumstellung, die er verlange, seiner Meinung nach eine Frage von Leben oder Tod, eine Frage von Gesundheit oder Wahnsinn sei, der sich binnen kurzem durch eine Tuberkulose noch verschlimmern werde.

»Also habe ich die Wahl zwischen dem Tod und dem Bagno!« rief Des Esseintes erbittert.

Der Arzt, der durchdrungen war von allen Vorurteilen eines Mannes von Welt, lächelte und ging zur Tür, ohne ihm zu antworten.

XVI

Des Esseintes schloß sich in sein Schlafzimmer ein und verstopfte sich die Ohren vor den Hammerschlägen, die die von den Dienstboten gepackten Umzugskisten zunagelten; jeder Schlag traf ihn ins Herz, trieb ihm einen stechenden Schmerz ins lebendige Fleisch. Das vom Arzt gefällte Urteil wurde vollstreckt; die Furcht, noch einmal die Leiden ertragen zu müssen, denen er ausgesetzt war, und die Angst vor einer gräßlichen Agonie hatten auf Des Esseintes eine stärkere Wirkung getan als der Haß auf das abscheuliche Dasein, wozu ihn der medizinische Richterspruch verdammte.

Und doch gibt es Leute, sagte er sich, die einsam leben, mit niemandem sprechen, die abseits der Welt in sich gehen wie die Zuchthäusler und die Trappisten, und nichts beweist, daß diese Unseligen und diese Weisen wahnsinnig oder schwindsüchtig werden. Vergeblich hatte er dem Arzt diese Beispiele angeführt; dieser hatte in harschem Ton, der keine Erwiderung mehr zuließ, wiederholt, daß sein im übrigen von der Meinung aller Neurosenspezialisten gestütztes Urteil laute, daß einzig die Zerstreuung, das Amüsement und die Freude diese Krankheit beeinflussen könnte, deren geistige Seite nicht in den chemischen Machtbereich der Medikamente falle; und, die Geduld verlierend bei den Gegenvorwürfen seines Kranken, hatte er ein letztes Mal erklärt, daß er sich weigere, ihn weiterhin zu behandeln, wenn er nicht in eine Luftveränderung, in ein Leben unter veränderten hygienischen Bedingungen einwillige.

Des Esseintes hatte sich unverzüglich nach Paris begeben, hatte andere Spezialisten aufgesucht, ihnen unparteiisch seinen Fall vorgetragen, hatte, nachdem sie alle, ohne zu zögern, die Anweisungen ihres Kollegen gebilligt hatten, in einem neuerbauten Haus eine noch verfügbare Wohnung gemietet, war nach Fontenay zurückgefahren und hatte, weiß vor Wut, angeordnet, daß der Diener die Koffer richte.

In seinem Sessel vergraben, kaute er jetzt auf diesen strikten Vorschriften herum, die seine Pläne umstürzten, die Bindungen an sein gegenwärtiges Leben zerrissen und seine künftigen Vorhaben beerdigten. So also war es aus mit seiner Seligkeit! Den Hafen, der ihm Schutz geboten hatte, hieß es zu verlassen und sich mitten in die Unbilden der Dummheit zu stürzen, die ihn einst erschlagen hatte!

Die Ärzte sprachen von Amüsement, von Zerstreuung; aber mit wem und womit denn wollten sie, daß er sich aufheitere und vergnüge?

Hatte er sich denn nicht selbst aus der Gesellschaft verbannt? Kannte er einen Menschen, der so wie er, mit seiner ganzen Existenz, versuchte, sich in die Beschaulichkeit zurückzuziehen, sich im Traum gefangenzuhalten? Kannte er einen Menschen, der imstande war, die Feinheit eines Satzes, das Subtile eines Gemäldes, die Quintessenz einer Idee zu würdigen, einen Menschen, dessen Seele so empfindsam gemeißelt war, daß er Mallarmé verstehen und Verlaine lieben konnte?

Wo, wann, in welcher Welt mußte er seine Fühler ausstrecken, um einen Zwillingsgeist, einen von Gemeinplätzen losgelösten Geist zu entdecken, der das Schweigen als eine Wohltat, die Undankbarkeit als eine Erleichterung, das Mißtrauen als eine Hut, als einen Hafen pries?

In der Welt, in der er vor seiner Umsiedelung nach Fontenay gelebt hatte? – Aber die meisten Krautjunker, mit denen er Umgang gepflegt hatte, mußten sich seit jener Zeit noch mehr erniedrigt haben in den Salons, mußten verblödet sein an den Spieltischen und sich an den Lippen der Mädchen vollends zugrunde gerichtet haben; die meisten mußten sogar verheiratet sein; nachdem sie ihr Leben lang bekommen hatten, was die Zuhälter übriggelassen hatten, besaßen ihre Frauen jetzt, was die Nutten noch übriggelassen hatten, denn allein das Volk, Herr über die ersten Versuche, bekam keinen Ausschuß! Welch hübsches Bäumchenwechsle-dich-Spiel, welch schöner Tausch seitens einer sonst so spröden Gesellschaft! sagte Des Esseintes zu sich.

Überdies war der verfaulte Adel tot; die Aristokratie war dem Schwachsinn anheimgefallen oder der Unmoral! Sie erlosch in der Verblödung ihrer Nachkommen, deren Fähigkeiten von Generation zu Generation abnahmen und in Gorillainstinkte mündeten, die in ihren Stallknecht- und Jockeyhirnkästen gärten, oder sie wälzte sich wie die Choiseul-Praslins, die Polignacs und die Chevreuses im Schlamm der Gerichtsprozesse, die sie an Schändlichkeiten den anderen Klassen gleichstellten.

Sogar die Stadtpalais', die jahrhundertealten Wappenschilde, das heraldische Auftreten, die pompöse Lebensführung dieser alten Kaste waren verschwunden. Da die Ländereien nichts mehr einbrachten, waren sie zusammen mit den Schlössern versteigert worden, denn den abgestumpften Abkömmlingen der alten Rassen fehlte das Geld, um sich venerischen Zauber zu kaufen.

Die Gewissenlosesten und Aufgewecktesten legten alle Scham ab; sie waren in Gaunereien verwickelt, wateten in der Verschwendung, erschienen wie vulgäre Spitzbuben vor dem Schwurgericht und gaben der menschlichen Gerechtigkeit, die sich nicht immer davon freimachen konnte, parteiisch zu sein, ein wenig Ansehen, indem sie sie letztlich in den Zuchthäusern zu Bibliothekaren ernannte.

Diese Gewinnsucht, dieser pekuniäre Juckreiz blieben nicht ohne Rückwirkung auf jene andere Klasse, die sich ständig auf den Adel gestützt hatte, den Klerus. Jetzt sah man auf der vierten Seite der Zeitungen Annoncen, in denen Priester anboten, Hühneraugen zu heilen. Die Klöster hatten sich in Fabriken für Pillendreher und Likörhändler verwandelt. Sie verkauften Rezepturen oder stellten sie selbst her: so der Orden von Citeaux Schokolade, einen Likör namens Trappistine, Kornschnaps und Arnikageist; die Maristenmönche das als Heilmittel dienende Kalziumbiphosphat und Wundwasser; die Dominikaner ein Elixier gegen den Schlagfuß; die Jünger des heiligen Benedikt den Bénédictine; die Ordensbrüder des heiligen Bruno den Chartreuse.

Der Handel war in die Klöster eingedrungen, wo an Stelle der Choralbücher dicke Rechnungsbücher auf den Pulten lagen. Wie die Lepra zerfraß die Gier die Kirche, beugte die Mönche über Verzeichnisse und Rechnungen und machte die Superioren zu Zuckerbäckern und Quacksalbern und die Laienbrüder und Klosterdiener zu gewöhnlichen Packern und niederen Apothekerlehrlingen.

Und dennoch konnte Des Esseintes trotz allem nur bei den Geistlichen auf Beziehungen hoffen, die seinen Neigungen bis zu einem gewissen Grade entgegenkamen; in Gesellschaft der im allgemeinen gelehrten und wohlerzogenen Kleriker hätte er einige freundliche und behagliche Abende verbringen können; doch dazu hätte er ihre Überzeugungen teilen müssen und nicht zwischen skeptischen Ideen und Glaubensanwandlungen schwanken dürfen, die hin und wieder, aufgewirbelt von seinen Kindheitserinnerungen, an die Oberfläche trieben.

Er hätte die gleichen Ansichten vertreten müssen und nicht, was er gerne in seinen inbrünstigen Momenten tat, einen mit etwas Magie wie unter Heinrich III. und mit etwas Sadismus wie am Ende des letzten Jahrhunderts gesalzenen Katholizismus, dieser verdorbene und kunstvoll perverse Mystizismus, auf den er sich in manchen Stunden zubewegte, konnte mit einem Priester nicht einmal erörtert werden, da dieser ihn nicht verstanden oder sogleich mit Abscheu verdammt hätte.

Zum hundertsten Mal erregte ihn dieses unlösbare Problem. Er hätte sich gewünscht, der Zustand des Argwohns, mit dem er sich in Fontenay vergeblich herumgeschlagen hatte, nähme ein Ende; jetzt, da er die alte Haut abstreifen mußte, hätte er sich gerne zum Glauben gezwungen, hätte er ihn gerne in sich verankert, nachdem er in dessen Besitz gelangt wäre, hätte er ihn sich gerne mit Krampen in der Seele festgemacht und endlich vor all den Überlegungen in Schutz genommen, die ihn erschüttern und entwurzeln; doch je mehr er ihn herbeisehnte, und je weniger sich seine geistige Leere füllte, desto länger ließ die Offenbarung durch Christus auf sich warten. In dem Maße, wie sein religiöser Hunger zunahm, wie er aus Leibeskräften, wie ein Lösegeld für die Zukunft, wie ein Hilfsgeld für sein neues Leben, diesen Glauben herbeirief, den er ahnte, dessen Ferne ihn aber entsetzte, überschlugen sich die Gedanken in seinem immer noch glühenden Geist und schreckten seinen laschen Willen ab und verwarfen aus Gründen des gesunden Menschenverstandes und mit mathematischen Beweisen alle Mysterien und Dogmen!

Man müßte sich daran hindern können, mit sich selbst zu diskutieren, sagte er sich schmerzlich bewegt; man müßte die Augen schließen, sich von einem Strom mittragen lassen und diese verfluchten Entdeckungen vergessen können, die seit zwei Jahrhunderten das Fundament der Religion zerstören.

Und dabei, seufzte er, sind es nicht einmal die Physiologen oder die Ungläubigen, die den Katholizismus zertrümmern, es sind die Priester persönlich, deren ungeschickte Werke noch den festesten Glauben ausrotteten.

Hatte sich doch in der Bibliothek der Dominikaner die ›Von der Fälschung der sakramentalen Substanzen‹ betitelte Broschüre des R. P. Rouard de Card, eines Predigermönchs, befunden, der darin unwiderlegbar bewiesen hatte, daß der Großteil der Messen deshalb ungültig sei, weil die zum Gottesdienst verwandten Materialien von den Geschäftsleuten verfälscht würden.

Seit Jahren schon wurde das geweihte Öl mit Geflügelfett verdorben, Wachs mit Knochenpulver, Weihrauch mit gewöhnlichem Harz und alter Benzoe. Doch schlimmer noch: die Substanzen, die unentbehrlich waren für das Meßopfer, die beiden Substanzen, ohne die eine Eucharistie nicht möglich ist, waren ebenfalls denaturiert worden: der Wein wurde mehrmals verschnitten, ihm wurden unerlaubt Fernambukholz, Holunderbeeren, Alkohol, Alaun, Salicyl und Lithium zugesetzt; dem Brot, dem Brot der Eucharistie, das mit feinstem Weizenmehl geknetet werden muß, wurden Bohnenmehl, Pottasche und Tonerde beigemengt!

Und jetzt war man noch weiter gegangen; man hatte es gewagt, das Getreide wegzulassen, und schamlose Händler stellten nun fast alle Hostien aus Kartoffelmehl her!

Gott aber weigerte sich, in Stärkemehl herabzusteigen. Dies war eine unleugbare, unumstößliche Tatsache; im zweiten Band seiner Moraltheologie hatte S. E. Kardinal Gousset ebenfalls lange diese Betrugsfrage aus göttlicher Sicht abgehandelt; und der unbestreitbaren Autorität dieses Meisters zufolge konnte man kein aus Hafer-, Buchweizen- oder Gerstenmehl bestehendes Brot weihen, und wenn die Sache zumindest im Falle des Roggenbrotes zweifelhaft blieb, so konnte sie doch keinerlei Diskussion hervorrufen, keinen Streit auslösen, wenn es sich wie Stärkemehl handelte, das, wie sich der Kirchenmann ausdrückte, in keiner Hinsicht ein für das Sakrament geeigneter Stoff war.

Infolge der raschen Verarbeitung des Stärkemehls und des schönen Aussehens, das die mit dieser Substanz gebackenen ungesäuerten Brote boten, hatte sich dieser unwürdige Betrug derart verbreitet, daß sich das Mysterium der Transsubstantiation kaum noch ereignete und Priester und Gläubige, ohne es zu wissen, mit Neutra kommunizierten.

Ach! Die Zeit war fern, daß Radegunde, Königin von Frankreich, selbst das für den Altar bestimmte Brot bereitete, die Zeit, da, wie es Brauch war in Cluny, drei Priester oder drei Diakone, mit nüchternem Magen, angetan mit dem weißen Chorhemd und dem Schultertuch, sich Gesicht und Finger wuschen, den Weizen Korn für Korn verlasen, ihn unter dem Mühlstein zermalmten, den Teig mit kaltem, reinem Wasser kneteten und ihn auf einem hell lodernden Feuer selbst buken, indes sie Psalmen sangen!

All dies, sagte sich Des Esseintes, ändert nichts an der Tatsache, daß die Aussicht, ständig, und sogar am Tisch des Herrn, geprellt zu werden, nicht gerade dazu beiträgt, einen bereits schwach gewordenen Glauben zu festigen; und wie sollte man eine Allmacht, die eine Prise Stärkemehl und ein Schuß Alkohol antasten, gelten lassen können?

Bei diesen Überlegungen zeigte sich ihm sein künftiges Leben wieder in einem dunklen Licht, wurde sein Horizont bedrohlicher und schwärzer.

Für ihn gab es entschieden keinen Ankerplatz, kein Ufer. Was sollte aus ihm werden in diesem Paris, in dem er weder Familie noch Freunde hatte? Nichts band ihn mehr an diesen Faubourg Saint-Germain, der vor Altersschwäche meckerte, abblätterte unter seinem uralten Staub und in der neuen Gesellschaft wie eine abgelebte, leere Hülse dahindämmerte! Und welche Berührungspunkte konnte es zwischen ihm und der bürgerlichen Klasse geben, die nach und nach hoch gekommen war, weil sie jedes Unheil ausnutzte, um sich zu bereichern, weil sie Katastrophen auslöste, um sich für ihre Übergriffe und ihre Diebstähle Achtung zu verschaffen!

Nach dem Geburtsadel war nun der Geldadel an der Reihe, hatte man es mit dem Kalifat der Kontore, der Despotie der Rue du Sentier, der Tyrannei des Kommerzes samt seinen feilen und kleinlichen Ideen, seinen eitlen und arglistigen Instinkten zu tun.

Die Bourgeoisie, verruchter und gemeiner als der geplünderte Adel und der verluderte Klerus, entlieh ihnen ihre frivole Prahlerei und ihre überholte Großsprecherei, die sie durch ihren Mangel an Lebensart noch verschlimmerte und stahl ihnen ihre Schwächen, die sie in scheinheilige Laster verwandelte; autoritär und heimtückisch, niederträchtig und feige, wie sie war, kartätschte sie erbarmungslos den ewig und zwangsläufig von ihr Geprellten, den Pöbel, nieder, dem sie doch selbst den Maulkorb abgenommen, den sie dazu abgerichtet hatte, den alten Kasten an die Gurgel zu springen.

Jetzt stand es fest: nachdem der Plebs seine Arbeit getan hatte, hatte man ihn aus Hygienegründen ausbluten lassen; der beruhigte Bourgeois, saß jovial, kraft seines Geldes und seiner ansteckenden Dummheit, auf dem Thron. Das Ergebnis seines Regierungsantritts war die Unterdrückung jeglicher Intelligenz, die Negation jeder Rechtschaffenheit, der Tod jeglicher Kunst gewesen, und in der Tat: die entwürdigten Künstler hatten sich auf den Boden gekniet und mit glühenden Küssen die stinkenden Füße der hohen Roßtäuscher und der niederen Satrapen bedeckt, von deren Almosen sie lebten!

In der Malerei verdeutlichte sich dies in einer Sintflut

weichlicher Albernheiten, in der Literatur in einem Unmaß von stilistischen Plattheiten und verlogenen Ideen, denn der Spekulant brauchte Wohlanständigkeit, der Freibeuter, der einer Mitgift für seinen Sohn nachjagte und sich weigerte, sie für seine Tochter zu bezahlen, brauchte Tugend; und der Voltairianer, der den Klerus beschuldigte, Vergewaltigungen zu begehen, und selbst, scheinheilig und dumpf und ohne echte künstlerische Verderbtheit, in dämmrigen Zimmern am fettigen Wasser der Waschschüsseln und am lauen Pfeffer der schmutzigen Röcke schnüffelte, brauchte eine keusche Liebe.

Das war das große Bagno Amerikas, das man auf unseren Kontinent verpflanzt hatte, war die unermeßliche, tiefe, gewaltige Flegelei der Bankiers und der Parvenus, die wie eine verworfene Sonne über der sich selbst vergötternden Stadt strahlte, welche, auf dem Bauch vor dem gotteslästerlichen Tabernakel der Banken, unreine Lobgesänge ejakulierte!

Ah! brich zusammen, Gesellschaft! Stirb, alte Welt! rief Des Esseintes, empört über das schmähliche Schauspiel, das er beschwor. Dieser Schrei unterbrach den Albtraum, der auf ihm lastete.

Ach! seufzte er, dabei ist all dies kein Traum! Ich werde wirklich in das schändliche, servile Gewühl des Jahrhunderts zurückkehren! Um seine Wunden vernarben zu lassen, rief er die tröstlichen Maximen Schopenhauers zu Hilfe, wiederholte er sich Pascals schmerzliches Axiom: »Die Seele sieht nichts, was sie nicht betrübt, wenn sie darüber nachdenkt«, doch die Worte verhallten in seinem Geist wie sinnlose Töne; sein Überdruß zersetzte sie, raubte ihnen jede Bedeutung, jede beruhigende Wirkung, jede wirksame und besänftigende Kraft.

Er sah schließlich ein, daß die Gedankengänge des Pessimismus ihm keine Erleichterung zu verschaffen vermochten, daß einzig der unmögliche Glaube an ein künftiges Leben Beschwichtigung versprach.

Ein Wutanfall fegte wie ein Orkan seine Versuche, sich abzufinden, seine Bemühungen, gleichgültig zu bleiben, hinweg. Er konnte es sich nicht verhehlen: es gab nichts mehr, gar nichts mehr, alles lag am Boden; die Bürger fraßen aus dem Papier auf ihren Knien so wie in Clamart unter den grandiosen Ruinen der Kirche, die zu einem Treffpunkt, zu einem Abfallhaufen geworden waren, besudelt mit unbeschreiblichen Anzüglichkeiten und skandalösen Zoten. Sollten nicht der schreckliche Gott der Schöpfungsgeschichte und der bleiche, in Golgatha vom Kreuz Genommene, um ein für alle Mal zu beweisen, daß sie existierten, die versiegten Sintfluten wieder aufbranden lassen, den Flammenregen wieder entfachen, der die einst verdammten Reiche und die toten Städte unter sich begrub? Sollte dieser Kot noch weiter fließen und mit seiner Pestilenz die alte Welt bedecken, in der nur noch die Saat des Frevels aufging und man die Ernte der Schande einbrachte?

Da wurde die Tür aufgerissen; eingerahmt von der Türfassung, tauchten im Hintergrund Männer auf mit einer Mütze auf dem Kopf, rasierten Wangen und einem Bartansatz an der Unterlippe, die mit Kisten hantierten und Möbel verluden, dann schloß sich die Tür wieder hinter dem Diener, der Bücherpacken hinaustrug.

Niedergeschmettert fiel Des Esseintes auf einen Stuhl.

»In zwei Tagen bin ich in Paris«, sagte er, »jetzt ist alles zu Ende; wie eine Springflut steigen die Wogen der menschlichen Mittelmäßigkeit gen Himmel und werden den Zufluchtsort verschlingen, dessen Deiche ich gegen meinen Willen öffne. Ach! Mir fehlt der Mut; und der Ekel schüttelt mich! Herr, erbarme dich eines Christen, der zweifelt, eines Ungläubigen, der glauben möchte, eines Galeerensklaven des Lebens, der sich einschifft, allein in der Nacht, unter einem Firmament, das die tröstlichen Leuchtfeuer der alten Hoffnung nicht mehr erhellen!«

Nachwort

>»Notre vérité est dans nos rêves,
dans l'imagination.« Eugène Ionesco

J.-K. Huysmans literarischer Werdegang

Joris-Karl Huysmans war sechsunddreißig Jahre alt, als ›A rebours‹ (›Gegen den Strich‹) im Jahre 1884 erschien. Er hatte sich als naturalistischer Autor und als Kunstkritiker bereits einen Namen gemacht. Als Sohn eines holländischen Vaters, der Maler war und einer Künstlerfamilie entstammte, und einer französischen Mutter wurde er 1848 in Paris geboren. Nach dem Baccalauréat und einer kurzen juristischen Ausbildung fand er im französischen Innenministerium seine hauptberufliche Tätigkeit, die er zweiundzwanzig Jahre lang ausübte in einer Doppelexistenz als kleiner Beamter und Schriftsteller.

Huysmans' frühe Romane, ›Marthe. Histoire d'une fille‹, ›Les Sœurs Vatard‹, ›En Ménage‹, sind dem Naturalismus stark verhaftet. 1876 lernte Huysmans Emile Zola kennen, dessen literarischem Freundeskreis, der ›Group de Médan‹, er sich anschloß. Zu einer gemeinsamen Publikation konnte er seine Erzählung ›Sac au dos‹ besteuern.

In den ›Croquis parisiens‹, einer Sammlung der besten, seit 1876 in Zeitschriften erschienenen Prosagedichte, mischen sich genaue Beschreibungen von Pariser Typen mit Traumvisionen: beide Tendenzen, eine naturalistische und eine symbolistisch-phantastische, sind durch Huysmans ganzes Werk zu verfolgen, auch in seinen Kunstkritiken, die in den Bänden ›Art moderne‹ und ›Certains‹ zusammengefaßt wurden. Huysmans setzte sich leidenschaftlich für die Avantgardisten seiner Zeit ein, für Degas und die impressionistischen Maler, vor allem aber für die Symbolisten Gustave Moreau und Odilon Redon, denen er in ›A rebours‹ besonders intensive Texte, eigentlich Prosagedichte, widmet.

Die 1882 entstandene Erzählung ›A vau-l'eau‹ mit ihrer Hauptfigur Folantin wird vielfach als Vorläufer von ›A rebours‹ und dessen Protagonisten Des Esseintes angesehen: aus der erbärmlichen Existenz Folantins wurde nun eine raffinierte ›Thébaïde‹, ein Elfenbeinturm, wo es keine materiellen Beschränkungen für die Phantasie mehr gibt.

›A rebours‹, das einen Wendepunkt markiert, löste heftige Diskussionen aus; die einen priesen es als ›Brevier der Dekadenz‹, die anderen sahen in diesem schwierigen Buch einen zu extremen Ästhetizismus oder, wie Zola, einen Verrat an der naturalistischen Richtung.

›Là-bas‹, das sieben Jahre nach ›A rebours‹ erschien und das Ergebnis okkultistischer und mystizistischer Studien und Erfahrungen war, zeigt Huysmans nun endgültig auf dem Weg zu Gläubigkeit und Katholizismus. Weitere autobiografisch und katholisch geprägte Werke folgten. Nachdem er den Staatsdienst verlassen hatte, trat er 1900 als Laienbruder in den Benediktinerorden ein. Im gleichen Jahr wurde er Präsident der Académie Goncourt. 1907 starb J.-K. Huysmans, der sein ganzes Leben lang unter Nerven- und Magenkrankheiten gelitten hatte, im Alter von 59 Jahren an Krebs.

Sein Hauptwerk ›A rebours‹ hat Huysmans nach seiner Wandlung nie widerrufen; im 1903 geschriebenen Vorwort zur zweiten Auflage betont er ausdrücklich, seine sehr kritische Analyse der Kirche behalte ihre Gültigkeit, ›A rebours‹ sei die Basis, der Ausgangspunkt für seine späteren katholischen Bücher gewesen. Das hier soeben erwähnte Vorwort wurde für die vorliegende Neu-Übersetzung, die sich auf die Erstausgabe von 1884 bezieht, nicht übernommen. Dem Leser soll ein unmittelbarer Einstieg ermöglicht werden, ohne Umweg über die etwas konstruiert wirkenden, sehr ausführlichen Bemerkungen, die Huysmans zwanzig Jahre später glaubte, als Erklärung und Verteidigung, der zweiten Auflage voranstellen zu müssen.

›A rebours‹ – ein Antiroman

»Diese Notwendigkeit, die ich empfand, die Fenster zu öffnen, aus einem Milieu zu fliehen, das mich erstickte; der Wunsch, die Vorurteile abzuschütteln, die Grenzen des Romans aufzubrechen, Kunst, Wissenschaft, Geschichte in ihn zu integrieren, kurz gesagt, die Romanform nur als Rahmen für ernstere Themen zu benutzen. Ich wollte, und das bewegte mich zu dieser Zeit ausschließlich, die traditionelle Intrige, sogar die Leidenschaft und die Frau unterdrücken, den Lichtstrahl auf eine einzige Person konzentrieren – ich wollte um jeden Preis etwas Neues schaffen.«

So erklärt Huysmans im Vorwort von 1903 seine Intentionen, die ihn veranlaßt hatten, einen ›Antiroman‹ (R. Hess) zu schreiben. Es lassen sich Verbindungslinien zur Literatur des 20. Jahrhunderts ziehen: zu Prousts Suche nach der verlorenen Zeit, zu stilistisch kühnen Formen der Surrealisten bis hin zum Verzicht auf eine eigentliche Fabel im nouveau roman.

Im Mittelpunkt des Buches, dem Huysmans den provisorischen Titel ›Seul‹ gegeben hatte, steht Floressas Des

Esseintes, wirklich ein ›Einsamer‹, letzter Sproß eines alten Adelsgeschlechts, krank und neurotisch, der seine Tröstungen im Irrealen, im Künstlichen und Exotischen sucht. Er ist nicht nur aus Huysmans Phantasie entsprungen, sondern es gibt für ihn einige Vorbilder: Ludwig II. von Bayern, der in den ›Traum‹wäldern, die er sich auf die Wände seiner Räume hatte malen lassen, Glück und Entspannung fand – Edmond de Goncourt, der in seinem Buch ›La maison d'un artiste‹ all die exotischen Nippsachen seines Hauses in Auteuil beschrieben hatte – Robert de Montesquiou vor allen anderen, ein eleganter Dandy, zu dessen extravaganter Inneneinrichtung eine mit Blattgold belegte Schildkröte gehörte, dem armen Tier ähnlich, das Des Esseintes für seine ›Thébaïde‹ in Fontenay-aux-Roses mit Edelsteinen ausstaffieren ließ. Vielleicht aber ist das eigentliche Modell zu Des Esseintes der Autor Huysmans selbst gewesen – so hat Léon Bloy es gesehen. Das soll nicht heißen, daß die äußeren Umstände, in denen Huysmans lebte, dem adlig-degenerierten, sehr wohlhabenden Milieu von Des Esseintes in irgendeiner Weise entsprochen hätten; doch verdichten sich in der Phantasiegestalt von Des Esseintes Huysmans' geheime Wünsche; in ihrer krankhaften Sensibilität, ihrem Ekel vor der Mittelmäßigkeit, ihrem Verlangen nach neuen, ganz besonderen Empfindungen sind der Autor und sein Protagonist ein- und dieselbe Person. Seinem ihm verwandten ›Helden‹ hat Huysmans, sicherlich nicht zufällig, einen nicht nur gut klingenden, sondern bedeutungsträchtigen Namen gegeben. Alain Vircondelet schreibt in seiner 1990 in Frankreich erschienenen Huysmans-Biographie:

»Des Esseintes. Der Name öffnete sich anderen Worten, spielte mit anderen Bedeutungen. Des Esseintes war nicht nur Des Esseintes, Huysmans gefiel sich darin, andere Begriffe wegen des Klangs damit in Verbindung zu bringen. Des Esseintes war eine Paranomie, die Bilder aufbrechen und die komplexe Persönlichkeit seines Helden vollständiger hervortreten ließ. Des Esseintes..., des Saintes (Heilige), des Essences (Wesen, Essenzen), des Enceintes (Wälle, abgeschlossener Raum), ein ganzes imaginäres Universum entstand, das notwendig war, um dem Abscheu vor der realen Welt zu entfliehen.«

Die karge ›Handlung‹ in ›A rebours‹ läßt sich in wenigen Worten wiedergeben: Des Esseintes, der nach seiner Erziehung an einer Jesuitenschule alle erdenklichen Ausschweifungen einer dekadenten Gesellschaftsschicht kennenlernt, findet nirgendwo eine Befriedigung. Da ihm menschliche Beziehungen unmöglich sind, zieht er sich in ein erlesen eingerichtetes Landhaus, seine ›Thébaïde‹ zurück, um sich dort seinen Liebhabereien – dem Sammeln und Betrachten besonderer Bücher und Bilder, seltener exotischer Pflanzen, von Edelsteinen und anderen erlesenen Dingen – zu widmen. Sein exzentrischer Lebensstil verschlimmert seine Neurose bis zu einem völligen körperlichen und psychischen Zusammenbruch. Die Frage, ob durch eine Rückkehr in die Gesellschaft und zu einer normalen Lebensführung für Des Esseintes eine Heilung noch möglich ist, wird offengelassen und kann vom Leser wohl nur negativ beantwortet werden.

›A rebours‹ ist aus der distanzierten Perspektive des Autors, der sich jeder Anteilnahme und Einmischung enthält, geschrieben; dadurch wird »der Charakter des nüchternen, von nur geringen Dialogteilen unterbrochenen Berichts betont, eines beinahe klinischen Berichts, Psychogramm eines Autisten...« (R. Hess) Huysmans benutzte für dieses Psychogramm seines ›Helden‹, den er als Opfer einer schweren Neurose, der damaligen Modekrankheit, schildert, einen ›Traitée des névroses‹ eines gewissen Dr. Alexander Axenfeld, erschienen 1883, was er selbst in einem Brief an Zola bestätigt. In guter naturalistischer Tradition verwendet Huysmans wissenschaftlich abgesicherte Unterlagen für seinen Roman: »Ein Buch, aus dem ich nichts lernen kann, interessiert mich nicht«, schreibt er im Vorwort von 1903. So lassen sich auch noch andere wissenschaftliche Quellen ausfindig machen, die er benutzte: das 3. Kapitel, in dem Huysmans sich mit der spätlateinischen und mittelalterlichen Literatur befaßt, basiert auf einem Werk von Adolf Ebert, einem Gelehrten an der Leipziger Universität, das 1883, also genau ein Jahr vor ›A rebours‹ in französischer Übersetzung erschienen war. – Das 10. Kapitel behandelt die ›Kunst der Parfums‹. Huysmans besaß in seiner Bibliothek einen Band ›Düfte, Parfums, Kosmetiks‹ von Septimus Piesse aus dem Jahr 1877; er ließ sich von diesem Werk inspirieren, und so konnte er seinen Des Esseintes neue Duftkompositionen erfinden lassen. – Im Jahre 1880 war unter dem Titel ›Pensées, Maximes et Fragments‹ eine Auswahl von Schopenhauer-Texten in Frankreich erschienen; Huysmans, der sich schon seit einigen Jahren mit diesem Philosophen befaßte, wurde von dessen Pessimismus, einem Modethema der damaligen Epoche, stark beeinflußt. In einem Brief an Zola, wie auch in einem Schopenhauer gewidmeten Absatz des 7. Kapitels rückte er dessen pessimistische Weltanschauung in die Nähe der ›Tristesse Chrétienne‹.

Die sechzehn Kapitel des Buches haben jeweils einen thematischen Schwerpunkt; sie sind Rückblenden, aber auch »Leidensstationen« Des Esseintes'. Huysmans entwickelt keinen Handlungsverlauf, der passive ›Held‹ tritt zurück hinter einer Fülle von Erinnerungen und Assoziationen. So, wie Huysmans im späteren Vorwort schreibt, benutzte er einen Rahmen, in den er Untersuchungen und Gedanken zu verschiedenen Themen einbringen konnte. Er untersucht nicht nur die Neurose seines Protagonisten, sondern er analysiert gleichzeitig die Krankheiten seiner

Zeit, ein Thema, das ihn fesselte und durch das, in immer neuen Reflexionen und Varianten, der ›Etat d'âme‹, die Befindlichkeit der Epoche des Fin-de-siècle dargestellt wird.

»Je suis l'empire à la fin de la Décadence.«

... das sagt, in einem berühmten Gedicht von Paul Verlaine, die ›Langeur‹. Apathie, Melancholie, Kraftlosigkeit, Erschöpfung, Leere – all das ist in ›Langeur‹ enthalten.

Des Esseintes ist der Inbegriff dieses Spätzeitgefühls, ein ›Décadent par excellence‹. Huysmans hat ihn zum Sprecher eines Epochenbewußtseins gemacht, zur Inkarnation eines geistig-seelischen Syndroms der letzten beiden Jahrzehnte des 19. Jahrhunderts. Dieses Dekadenzgefühl hat verschiedenartige Wurzeln: die Romantik mit ihrem Weltschmerz, die Entdeckung der spätlateinischen Niedergangsepoche und ihre Gleichsetzung mit dem zweiten Kaiserreich Napoleons III., Baudelaires Kritik an der demokratischen Zivilisation und seine Verherrlichung alles Künstlichen und Verfeinerten, die pessimistische Philosophie Schopenhauers...

In Des Esseintes kristallisieren sich all diese Einflüsse, er lebt *gegen den Strich,* das bedeutet gegen die Natur, gegen das Normale (für ihn ist das Normale, das Gewöhnliche und Triviale). Er wird selbst zum Kunstgeschöpf, das dem Künstlichen und Morbiden Altäre errichtet. »Die Natur hat ihre Zeit gehabt«, stellt er fest, und er baut, in der Nachfolge von Baudelaire, den er tief verehrt, ›künstliche Paradiese‹, um die eigentliche Wirklichkeit durch den Traum von der Wirklichkeit zu ersetzen.

Er rückt an die Stelle des Natürlichen, des Üblichen das

Exzentrisch-Artifizielle: er bevorzugt künstliches Licht und künstliche Blumen, durch Drogen künstlich hervorgerufene Farb- und Geruchshalluzinationen, ›künstliche‹ Frauen, vorzugsweise Lokomotiven anstelle von Frauen, schließlich, als alle seine Magennerven versagen, künstliche Ernährung durch Klistiere.

Für diese von Baudelaire eingeleitete moderne Programmatik war 1884, als ›A rebours‹ erschien, die Zeit einfach reif. »Hier ist es, dieses einmalige Buch, das geschrieben werden mußte... und das in keinem anderen literarischen Moment als gerade jetzt!« schreibt Mallarmé in einem enthusiastischen Brief an den Autor. Huysmans war, vielleicht ohne es zu wollen, aber mit einem feinen Gespür für die Bewußtseinslage des Fin-de-siècle, auf ein Lesepublikum gestoßen, daß unbewußt nach einem solchen Buch verlangte: er traf die geheimsten Bedürfnisse einer Generation, die an ihrem Dasein litt.

Ulla Momm

ANMERKUNGEN

1. (Seite 221)
So sank die Nacht, von deutungsreichem Spiel belebt:
Die Schönen, die verträumt an unseren Armen hingen,
raunten vertraulich von so seltsam süßen Dingen,
daß seit dem Tage unsre Seele staunend bebt.
                              Übertragen von Stefan Zweig

2. (Seite 221)
Wir wollen Farbe nicht, nur Schatten,
Den leisen feinen Übergang,
....
Der Rest gehört den Literaten!
                    Übertragen von Richard von Schaukal

3. (Seite 232)
                         O spiegel
Wasser durchs leid im rahmen eingefroren
Wie oft und während stunden in verzweiflung
Ob träumen und erinnerungen suchend
Wie blätter unter deinem tiefen eise
Erschien ich mir in dir ein ferner schatten!
Doch schrecken! nachts · bei deiner strengen quelle
Ward meines irren traumes nacktheit kund.
                             Übertragen von Stefan George

4. (Seite 233)
Erwachend recke ich mich zur ersten Glut,
grad und allein, von frühstem Licht umflutet,
und, Lilien! einer an Freimut euch allen ebenbürtig.
        Übertragen von Friedhelm Kemp und Hans T. Siepe